全国高等院校土建类应用型规划教材
住房和城乡建设领域关键岗位技术人员培训教材

建设工程劳动力管理

《住房和城乡建设领域关键岗位技术人员培训教材》编写委员会 编

主　　编：郎士奇　高　鹏
副 主 编：孟远远　王天琪
组编单位：住房和城乡建设部干部学院
　　　　　北京土木建筑学会

中国林业出版社

图书在版编目（CIP）数据

建设工程劳动力管理 /《住房和城乡建设领域关键岗位技术人员培训教材》编写委员会编. —北京 ：中国林业出版社，2018.12

住房和城乡建设领域关键岗位技术人员培训教材

ISBN 978-7-5038-9192-2

Ⅰ. ①建… Ⅱ. ①住… Ⅲ. ①建筑工程－劳动力资源－资源管理－技术培训－教材 Ⅳ. ①F407. 961. 5

中国版本图书馆 CIP 数据核字（2017）第 171401 号

本书编写委员会

主　编：郎士奇　高　鹏

副主编：孟远远　王天琪

组编单位：住房和城乡建设部干部学院　北京土木建筑学会

国家林业和草原局生态文明教材及林业高校教材建设项目

策　　划：杨长峰　纪　亮

责任编辑：陈　惠　王思源　吴　卉　樊　菲

出版：中国林业出版社

（100009 北京西城区德内大街刘海胡同 7 号）

网站：http://lycb.forestry.gov.cn/

印刷：固安县京平诚乾印刷有限公司

发行：中国林业出版社

电话：(010)83143610

版次：2018 年 12 月第 1 版

印次：2018 年 12 月第 1 次

开本：1/16

印张：14.5

字数：230 千字

定价：60.00 元

编写指导委员会

组编单位：住房和城乡建设部干部学院　北京土木建筑学会
名誉主任：单德启　骆中钊
主　　任：刘文君
副 主 任：刘增强
委　　员：许　科　陈英杰　项国平　吴　静　李双喜　谢　兵
李建华　解振坤　张媛媛　阿布都热依木江·库尔班
陈斯亮　梅剑平　朱　琳　陈英杰　王天琪　刘启泓
柳献忠　饶　鑫　董　君　杨江妮　陈　哲　林　丽
周振辉　孟远远　胡英盛　缪同强　张丹莉　陈　年

参编院校：清华大学建筑学院
大连理工大学建筑学院
山东工艺美术学院建筑与景观设计学院
大连艺术学院
南京林业大学
西南林业大学
新疆农业大学
合肥工业大学
长安大学建筑学院
北京农学院
西安思源学院建筑工程设计研究院
江苏农林职业技术学院
江西环境工程职业学院
九州职业技术学院
上海市城市科技学校
南京高等职业技术学校
四川建筑职业技术学院
内蒙古职业技术学院
山西建筑职业技术学院
重庆建筑职业技术学院
策　　划：北京和易空间文化有限公司

前　言

“全国高等院校土建类应用型规划教材”是依据我国现行的规程规范，结合院校学生实际能力和就业特点，根据教学大纲及培养技术应用型人才的总目标来编写。本教材充分总结教学与实践经验，对基本理论的讲授以应用为目的，教学内容以必需、够用为度，突出实训、实例教学，紧跟时代和行业发展步伐，力求体现高职高专、应用型本科教育注重职业能力培养的特点。同时，本套书是结合最新颁布实施的《建筑工程施工质量验收统一标准》（GB50300—2013）对于建筑工程分部分项划分要求，以及国家、行业现行有效的专业技术标准规定，针对各专业应知识、应会和必须掌握的技术知识内容，按照“技术先进、经济适用、结合实际、系统全面、内容简洁、易学易懂”的原则，组织编制而成。

考虑到工程建设技术人员的分散性、流动性以及施工任务繁忙、学习时间少等实际情况，为适应新形势下工程建设领域的技术发展和教育培训的工作特点，一批长期从事建筑专业教育培训的教授、学者和有着丰富的一线施工经验的专业技术人员、专家，根据建筑施工企业最新的技术发展，结合国家及地方对于建筑施工企业和教学需要编制了这套可读性强，技术内容最新，知识系统、全面，适合不同层次、不同岗位技术人员学习，并与其工作需要相结合的教材。

本教材根据国家、行业及地方最新的标准、规范要求，结合了建筑工程技术人员和高校教学的实际，紧扣建筑施工新技术、新材料、新工艺、新产品、新标准的发展步伐，对涉及建筑施工的专业知识，进行了科学、合理的划分，由浅入深，重点突出。

本教材图文并茂，深入浅出，简繁得当，可作为应用型本科院校、高职高专院校土建类建筑工程、工程造价、建设监理、建筑设计技术等专业教材；也可作为面向建筑与市政工程施工现场关键岗位专业技术人员职业技能培训的教材。

目　　录

第一章 概 述

第一节 劳务管理概述

一、我国劳务管理现状

作为我国国民经济支柱产业的建筑行业，容纳了巨大的就业人群，这是由建筑施工企业本身的劳动密集型产业特点所决定的。每一年建筑行业所使用的大量务工人员，为国家稳定就业、经济快速增长以及国民收入的提高都做出了巨大的贡献。随着建筑行业管理方法的细分，对施工企业管理业进行了分工，施工生产过程逐渐由建筑企业的固定用工模式转向劳务工和建筑企业职工两种混合型的劳务用工形式，在某些建筑企业中甚至出现了纯劳务用工的形式。做好建筑行业的劳务管理工作一方面能够增强作业层活力，另一方面能够提升建筑企业的核心竞争力和实力。最重要的是强化建筑施工企业的劳务管理能够优化建筑行业的管理模式，转变企业的经济增长方式，提高管理效率，最终使其企业走向集约化。

随着上世纪80年代中后期市场经济改革的深化，建筑施工企业为应对市场的周期性特点，建筑施工企业在一些技能要求相对较低以及劳动力相对短缺的行业选择引入劳务用工模式。随着社会的不断发展，劳务用工的数量以及涉及面不断的扩展，甚至以及延伸至各种辅助型工种和主体工种。劳务用工方式因为这样的用工规模而逐渐发展而走向成熟。从现阶段的调查结果显示，建筑施工企业劳务作业层主要采用混岗劳务用工形式、劳务分包形式、劳务派遣用工形式三种。所谓混岗劳务用工形式指的是以自己工人队伍作为主力队伍，混合使用劳务用工的形式。这种用工形式给企业带来的负担过重，并且效率偏低。所谓劳务分包形式指的是建筑施工企业通过劳务分包的形式将其权利下放给有资质的劳务公司，在实际操作中的作业层工作人员由分包单位负责组织管理。所谓劳务派遣用工形式指的是建筑施工企业与劳务派遣机构合作实现的用人计划，当建筑企业想要增加自己的劳动力时，就直接向劳务派遣机构申请用人，劳务派遣机构通过自己的方式将劳工派遣到建筑施工企业的人员组织方式。这三种劳务形式各有各自的优缺点，但是都存在着频繁出进、工作人员更替量大的特点，而这些都无疑是对建筑施工企业人力资源管理方面的挑战。

二、劳动力管理的主要内容

1. 建设单位工作内容

建设单位应合理安排资金支付计划，切实做好对总承包企业工程款的结算支付工作；强化对总承包企业工程款使用的监管，监督总承包企业按约定支付劳务费，确保支付劳务作业人员工资的资金链畅通；视情况筹措劳务作业人员工资应急支付资金。

2. 劳务作业发包人工作内容

劳务作业发包人应设置劳务管理机构，所属项目应配备专职劳动力管理员。

劳务作业发包人的项目经理对劳务费结算支付承担直接责任，对所使用的劳务分包企业日常用工管理、劳务作业人员实名制管理、劳务作业人员工资发放等负有监管责任。

应建立与其具有长期稳定合作关系的劳务分包企业组成的合格方名录。直接发包劳务作业及劳务作业招标发包的，应选用具有相应资质等级并取得有效安全生产许可证的劳务企业，不得向无资质的企业、“包工头”发包劳务作业，不得使用未登记且无相应证书的劳务分包企业、施工队长。

应当积极发挥企业工会及项目部工会联合会在劳动争议调解中的作用；制定劳务费结算支付纠纷和突发性事件的协调处理预案；对劳务管理中出现的问题和纠纷隐患，应当本着友好协商的原则及时化解，一时难以根本解决的重大疑难问题，要做好稳控工作，同时及时上报有关部门。

3. 劳务作业承包人工作内容

应配备与劳务作业发包人项目部相对应的各类管理人员和专职劳动力管理员。

应与劳务作业人员签订劳动合同，依法在合同中明确约定劳动工资、工作时间、福利待遇等关系劳务作业人员切身利益的内容。

在进场作业前，应将劳务作业人员身份证、劳动合同、岗位技能证书的复印件报劳务作业发包人核验，慎重使用市住房城乡建设委发布的信用警戒名单上的施工队长、班组长和务工人员。

建立劳务作业人员个人档案，每周根据实际情况更新劳务作业人员花名册，每月编制劳务作业人员花名册、出勤表、工资表并报劳务作业发包人备查，每月核发的工资必须经劳务作业人员本人确认。

落实工资"月结月清"制度，按合同约定每月足额支付劳务作业人员的工资，如确有困难，可以和劳务作业人员进行协商缓发，同时在工资表中明示欠付数额，并于每季度末结清欠付工资。坚持企业直接为劳务作业人员发放工资的做法，严禁由施工队长、班组长发放劳务作业人员工资。

4. 劳务员的工作内容

劳务员主要负责参与制定劳务管理计划，参与组建项目劳务管理机构和制定劳务管理制度，参与劳动合同、劳务纠纷以及资料管理。

随着工人维权意识以及劳务管理要求的不断提高，劳务员在具体工作中应主要做好以下几方面的工作：

(1)具体落实劳务用工管理，适度地提高企业管理要求。在现有阶段，施工企业设立劳务管理岗位，将劳务管理职责固定到人，形成劳务管理明晰化、纠纷问题有人管的格局。

(2)引导建筑业工人自我维权，逐步增强他们自我管理的意识。建筑业农民工是施工企业的主体，也是建筑工程的创作者，增强他们的自我维权、自我管理意识，不仅可以保障工人的权益，而且还能从根本上提高施工企业的劳务管理能力。

(3)引导社会加大对建筑业农民工的关注，全面构建农民工管理和服务体系。要通过对农民工进行全方位的关怀，解决他们的居住、教育、医疗等现实问题，使他们留得住、干得好、少顾虑。

三、劳务管理保障体系的建设

1. 组织管理

工程项目要成立"劳务管理工作领导小组"，小组成员应包含建设单位项目负责人、施工总承包单位项目经理、监理单位负责人、作业分包单位项目经理、劳务分包单位施工队长、各总(分)包单位专职劳动力管理员。

劳务管理工作领导小组由总承包单位项目经理牵头，负责组织做好劳务队伍选用、进场、合同履约、结算支付、隐患排查化解等各环节的工作。

2. 建立相应规章制度

承包单位项目部应按照住房城乡建设部相关文件规定，结合本项目劳务管理现状建立劳务管理各项制度和规范化的工作流程，并将劳务管理体系图、劳务管理工作领导小组例会制度、项目经理工作职责、劳动力管理员工作职责、劳务作业人员培训等进行明示。明确各管理环节的责任人，确保体系正常运转，达到制度健全，流程顺畅、责权清晰、措施到位的工作目标。

3. 运行管理

劳务管理工作领导小组应当认真履行相关文件规定，根据工程实际情况制定本项目劳务管理制度并认真执行。监督检查总、分包单位劳务管理员工作开展情况，预防和化解群体性事件，维护行业和社会稳定。

劳务管理工作领导小组应每月定期召开“项目劳务管理工作例会”，审议各参建单位劳动力管理员提交的本月劳务管理、矛盾隐患排查等相关工作开展情况，并对本项目合同履约、结算支付、工资发放、资料归档等各项工作进行总结。

参会单位应当对本月发生的变更等情况进行讨论并及时确认。对工程款、劳务费支付情况参照合同进行核对。参会单位应当对劳务管理工作存在的问题制定整改方案，对纠纷、隐患制定化解方案，并进行落实。

第二节　劳务员职业能力标准

为了加强建筑工程施工现场专业人员队伍建设，规范专业人员的职业能力评价，指导专业人员的使用与教育培训，促进科学施工，确保施工质量和安全生产，住房和城乡建设部制定了《建筑与市政工程施工现场专业人员职业标准》JGJ/T 250—2011。此标准对劳务员的职业能力标准作出规定。

一、一般要求

建筑与市政工程施工现场专业人员应具有中等职业（高中）教育及以上学历，并具有一定实际工作经验，且身心健康。

建筑与市政工程施工现场专业人员应具备必要的表达、计算、计算机应用能力。

建筑与市政工程施工现场专业人员应具备下列职业素养：

(1)具有社会责任感和良好的职业操守，诚实守信，严谨务实，爱岗敬业，团结协作；

(2)遵守相关法律法规、标准和管理规定；

(3)树立安全至上、质量第一的理念，坚持安全生产、文明施工；

(4)具有节约资源、保护环境的意识；

(5)具有终生学习理念，不断学习新知识、新技能。

建筑与市政工程施工现场专业人员工作责任，标准规定分为“负责”、“参与”两个层次：

(1)“负责”表示行为实施主体是工作任务的责任人和主要承担人；

(2)“参与”表示行为实施主体是工作任务的次要承担人。

建筑与市政工程施工现场专业人员教育培训的目标要求，本标准规定，专业知识的认知目标要求分为“了解”、“熟悉”、“掌握”三个层次：

(1)“掌握”是最高水平要求，包括能记忆所列知识，并能对所列知识加以叙述和概括，同时能运用知识分析和解决实际问题；

(2)“熟悉”是次高水平要求，包括能记忆所列知识，并能对所列知识加以叙述和概括；

(3)“了解”是最低水平要求，其内涵是对所列知识有一定的认识和记忆。

二、劳务员职业能力标准

1. 劳务员应具备的专业知识

(1)通用知识

①熟悉国家工程建设相关法律法规；

②了解工程材料的基本知识；

③了解施工图识读的基本知识；

④了解工程施工工艺和方法；

⑤熟悉工程项目管理的基本知识。

(2)基础知识

①熟悉流动人口管理和劳动保护的相关规定；

②掌握信访工作的基本知识；

③了解人力资源开发及管理的基本知识；

④了解财务管理的基本知识。

(3)岗位知识

①熟悉与本岗位相关的标准和管理规定；

②熟悉劳务需求的统计计算方法和劳动定额的基本知识；

③掌握建筑劳务分包管理、劳动合同、工资支付和权益保护的基本知识；

④掌握劳务纠纷常见形式、调解程序和方法；

⑤了解社会保险的基本知识。

2. 劳务员应具备的专业技能

(1)劳务管理计划

能够参与编制劳务需求及培训计划。

(2)资格审查培训

①能够验证劳务队伍资质；

②能够审验劳务人员身份、职业资格；

③能够对劳务分包合同进行评审，对劳务队伍进行综合评价。

(3)劳动合同管理

①能够对劳动合同进行规范性审查；

②能够核实劳务分包款、劳务人员工资；

③能够建立劳务人员工资台账。

(4)劳务纠纷处理

①能够参与编制劳务人员工资纠纷应急预案，并组织实施；

②能够参与调解、处理劳资纠纷和工伤事故的善后工作。

(5)劳务资料管理

能够编制、收集、整理劳务管理资料。

第二章　建筑业企业资质管理

第一节　建筑业企业资质管理概述

一、建筑业企业资质管理的概念

建筑业企业：根据建设部发布的《建筑业企业资质管理规定》(建设部令第159号)，建筑业企业是指从事土木工程，建筑工程，线路管道设备安装工程，装修工程的新建、扩建、改建等活动的企业。

资质：本书是指企业从事施工的资格证明。

《建筑业企业资质管理规定》就建筑业企业资质明确规定：建筑业企业应当按照其拥有的注册资本、专业技术人员、技术装备和已完成的建筑工程业绩等条件申请资质，经审查合格，取得企业资质证书后，方可在资质许可的范围内从事建筑施工活动。形象地说，企业资质是建筑企业进入建筑市场的“准入证”。

二、建筑业企业资质类别和等级

建筑业企业资质分为施工总承包、专业承包和劳务分包三个序列。

1. 施工总承包资质的企业

取得施工总承包资质的企业(简称施工总承包企业)，可以承接施工总承包工程。施工总承包企业可以对所承接的施工总承包工程内各专业工程全部自行施工，也可以将专业工程或劳务作业依法分包给具有相应资质的专业承包企业或劳务分包企业。

2. 专业承包资质的企业

取得专业承包资质的企业(简称专业承包企业)，可以承接施工总承包企业分包的专业工程和建设单位依法发包的专业工程。专业承包企业可以对所承接的专业工程全部自行施工，也可以将劳务作业依法分包给具有相应资质的劳务分包企业。

3. 劳务分包资质企业

取得劳务分包资质的企业(简称劳务企业)，可以承接施工总承包企业或专业承包企业分包的劳务作业。

施工总承包、专业承包、劳务分包的资质序列按照工程性质和技术特点分别划分为若干资质类别。各资质类别按照规定的条件划分为若干资质等级。建筑业企业资质等级标准和各类别等级资质企业承担工程的具体范围，由国务院建设主管部门会同国务院有关部门制定。

三、建筑业企业资质管理

建设行政主管部门对建筑业企业资质的管理十分重视。为加强对建筑活动的监督管理，维护公共利益和建筑市场秩序，保证建设工程质量安全，建设部于2007年6月26日发布了修订后的《建筑业企业资质管理规定》(建设部令第159号)，于2007年9月1日起施行。

《建筑业企业资质管理规定》(建设部令第159号)就建筑企业资质的管理做出了具体规定。

1. 第三章"资质许可"就企业资质有关问题作出规定

(1)就企业资质的许可(审批权限)作出具体规定；

(2)就建筑业企业资质证书法律效力等问题作出具体规定；

(3)就企业首次申请或增项申请建筑业企业资质、申请资质升级、申请资质变更等问题作出具体规定。

本章特别明确规定：取得建筑业企业资质的企业，申请资质升级、资质增项的，在申请之日起前一年内有"超越本企业资质等级或以其他企业的名义承揽工程，或允许其他企业或个人以本企业的名义承揽工程"等12种情形之一的，资质许可机关不予批准企业的资质升级申请和增项申请。

2. 第四章"监督管理"就企业资质监督管理作出规定

(1)相关条款规定：各级建设主管部门应加强对建筑业企业资质的监督管理，及时纠正资质管理中的违法行为。同时有权对违反纪律以及对违法从事建筑活动行为的查处作出具体规定。

(2)相关条款规定：企业取得建筑业企业资质后不再符合相应资质条件的，建设主管部门或其他有关部门可以责令其限期改正；逾期不改正的，可以撤回其资质。被撤回资质的企业需重新核定资质。建筑业企业有"资质证书有效期届满，未依法申请延续"等4种情形之一的，资质许可机关应当依法注销其企业资质。

3. 第五章"法律责任"就企业资质管理中的违法违规行为的法律责任作出规定

(1)相关条款规定：企业资质申请人(单位)隐瞒有关情况或提供虚假材料或

以不正当手段取得建筑企业资质证书的，给予警告或依法处以罚款，申请人在规定的期限内不得再次申请建筑企业资质。

(2)相关条款规定：建筑企业有本规定第三章第二十一条行为之一，现有法律法规对处罚机关和处罚方式有规定的，依照法律、法规的规定执行，未作规定的，由县级以上建设主管部门或其他部门给予警告，责令改正，并处以1万元以上、3万元以下的罚款；未按规定及时办理资质证书变更手续或未按规定提供企业信用档案信息的，给予警告，限期改正，逾期未改的，可处以1000元以上、1万元以下的罚款。

(3)相关条款规定：建设主管部门及其工作人员违反规定，有“对不符合条件的申请人准予建筑业企业资质许可”或“利用职务上的便利，收受他人财物或者其他好处”等五种情形之一的，责令其改正；情节严重的，对主管人员或责任人员依法给予行政处分。

第二节 建筑业企业资质等级标准

一、施工总承包企业资质等级标准

1. 施工总承包企业特级资质标准

(1)根据《施工总承包企业特级资质标准》(建市[2007]72号)，建筑业企业申请特级资质，必须具备以下条件：

1)企业资信能力

①企业注册资本金3亿元以上；

②企业净资产3.6亿元以上；

③企业近3年上缴建筑业营业税均在5000万元以上；

④企业银行授信额度近3年均在5亿元以上。

2)企业主要管理人员和专业技术人员要求

①企业经理具有10年以上从事工程管理工作经历；

②技术负责人具有15年以上从事工程技术管理工作经历，且具有工程系列高级职称及一级注册建造师或注册工程师执业资格；主持完成过两项及以上施工总承包一级资质要求的代表工程的技术工作，或甲级设计资质要求的代表工程或合同额2亿元以上的工程总承包项目；

③财务负责人具有高级会计师职称及注册会计师资格；

④企业具有注册一级建造师50人以上；

⑤企业具有本类别相关的行业工程设计甲级资质标准要求的专业技术人员。

3)科技进步水平

①企业具有省部级(或相当于省部级水平)及以上的企业技术中心；

②企业近3年科技活动经费支出平均达到营业额的0.5%以上；

③企业具有国家级专利3项以上；近5年具有与工程建设相关的，能够推动企业技术进步的专利3项以上，累计有效专利8项以上，其中至少有1项发明专利；

④企业近10年获得过国家级科技进步奖项或主编过工程建设国家或行业标准；

⑤企业已建立内部局域网或管理信息平台，实现了内部办公、信息发布、数据交换的网络化；已建立并开通了企业外部网站；使用了综合项目管理信息系统和人事管理系统、工程设计相关软件，实现了档案管理和设计文档管理。

4)代表工程业绩

代表工程按专业细分为房屋建筑工程、公路工程、铁路工程、港口与航道工程、水利水电工程、电力工程、矿山工程、冶炼工程、石油化工工程、市政公用工程。其中，房屋建筑工程施工总承包企业特级资质标准代表工程业绩如下：

近五年承担过下列5项工程总承包或施工总承包项目中的3项，且工程质量合格。

①高度在100米以上的建筑物；

②28层以上的房屋建筑工程；

③单体建筑面积5万平方米以上的房屋建筑工程；

④钢筋混凝土结构单跨30米以上的建筑工程或钢结构单跨36米以上的房屋建筑工程；

⑤单项建安合同额2亿元以上的房屋建筑工程。

(2)承包工程范围

1)取得施工总承包特级资质的企业可承担本类别各等级工程施工总承包、设计及开展工程总承包和项目管理业务。

2)取得房屋建筑、公路、铁路、市政公用、港口与航道、水利水电等专业中任意1项施工总承包特级资质和其中2项施工总承包一级资质，即可承接上述各专业工程的施工总承包、工程总承包和项目管理业务及开展相应设计主导专业人员齐备的施工图设计。

3)取得房屋建筑、矿山、冶炼、石油化工、电力等专业中任意1项施工总承包特级资质和其中2项施工总承包一级资质，即可承接上述各专业工程的施工总承包、工程总承包和项目管理业务及开展相应设计主导专业人员齐备的施工图设计。

4)特级资质的企业，限承担施工单项合同额3000万元以上的房屋建筑工程。

2. 施工总承包(房屋建筑工程)一级资质标准

(1)建筑业企业申请一级资质,必须具备以下条件:

1)企业近5年承担过下列6项中的4项以上工程的施工总承包或主体工程承包,工程质量合格。

①25层以上的房屋建筑工程;

②高度100m以上的构筑物或建筑物;

③单体建筑面积30000m^2以上的房屋建筑工程;

④单跨跨度30m以上的房屋建筑工程;

⑤建筑面积100000m^2以上的住宅小区或建筑群体;

⑥单项建安合同额1亿元以上的房屋建筑工程。

2)企业经理具有10年以上从事工程管理工作经历或具有高级职称;总工程师具有10年以上从事建筑施工技术管理工作经历并具有本专业高级职称;总会计师具有高级会计师职称;总经济师具有高级职称。

企业有职称的工程技术和经济管理人员不少于300人,其中工程技术人员不少于200人;工程技术人员中,具有高级职称的人员不少于10人,具有中级职称的人员不少于60人。企业具有一级资质项目经理不少于12人。

3)企业注册资本金5000万元以上,企业净资产6000万元以上。

4)企业近3年最高年工程结算收入2亿元以上。

5)企业具有与承包工程范围相适应的施工机械和质量检测设备。

(2)承包工程范围

可承担单项建安合同额不超过企业注册资本金5倍的下列房屋建筑工程的施工:

1)40层以下,各类跨度的房屋建筑工程;

2)高度240m及以下的构筑物;

3)建筑面积200000m^2及以下的住宅小区或建筑群体。

3. 施工总承包(房屋建筑工程)二级资质标准

(1)施工总承包二级资质标准具体条件

1)企业近5年来承担过下列6项中的4项以上工程的施工总承包或主体工程承包,工程质量合格。

①12层以上的房屋建筑工程;

②高度50m以上的构筑物或建筑物;

③单体建筑面积10000m^2以上的房屋建筑工程;

④单跨跨度21m以上的房屋建筑工程;

⑤建筑面积50000m^2以上的住宅小区或建筑群体;

⑥单项建安合同额3000万元以上的房屋建筑工程。

2)企业经理具有8年以上从事工程管理工作经历或具有中级以上职称;技术负责人具有8年以上从事建筑施工技术管理工作经历并具有本专业高级职称;财务负责人具有中级以上会计职称。

企业有职称的工程技术和经济管理人员不少于150人,其中工程技术人员不少于100人;工程技术人员中,具有高级职称的人员不少于2人,具有中级职称的人员不少于20人。企业具有二级资质以上项目经理不少于12人。

3)企业注册资本金2000万元以上,企业净资产2500万元以上。

4)企业近3年最高年工程结算收入8000万元以上。

5)企业具有与承包工程范围相适应的施工机械和质量检测设备。

(2)承包工程范围

可承担单项建安合同额不超过企业注册资本金5倍的下列房屋建筑工程的施工:

1)28层以下,单跨度36m及以下的房屋建筑工程;

2)高度120m及以下的构筑物;

3)建筑面积120000m^2及以下的住宅小区或建筑群体。

4. 施工总承包(房屋建筑工程)三级资质标准

(1)施工总承包(房屋建筑工程)三级资质具备条件

1)企业近5年来承担过下列5项中的3项以上工程的施工总承包或主体工程承包,工程质量合格。

①6层以上的房屋建筑工程;

②高度25m以上的构筑物或建筑物;

③单体建筑面积5000m^2以上的房屋建筑工程;

④单跨跨度15m以上的房屋建筑工程;

⑤单项建安合同额500万元以上的房屋建筑工程。

2)企业经理具有5年以上从事工程管理工作经历;技术负责人具有5年以上从事建筑施工技术管理工作经历并具有本专业中级以上职称;财务负责人具有初级以上会计职称。

企业有职称的工程技术和经济管理人员不少于50人,其中工程技术人员不少于30人,工程技术人员中,具有中级以上职称的人员不少于10人。企业具有三级资质以上项目经理不少于10人。

3)企业注册资本金600万元以上,企业净资产700万元以上。

4)企业近3年最高年工程结算收入2400万元以上。

5)企业具有与承包工程范围相适应的施工机械和质量检测设备。

(2)承包工程范围

可承担单项建安合同额不超过企业注册资本金5倍的下列房屋建筑业建筑工程的施工：

1)14层以下，单跨度24m及以下的房屋建筑工程，

2)高度70m及以下的构筑物；

3)建筑面积6万m^2及以下的住宅小区或建筑群体。

房屋建筑工程是指工业、民用与公共建筑(建筑物、构筑物)工程。工程内容包括地基与基础工程、土石方工程、结构工程、屋面工程、内外部的装修装饰工程、上下水、供暖、电器、卫生洁具、通风、照明、消防、防雷等安装工程。

二、专业承包企业资质等级标准

根据《等级标准2001版》，专业承包企业资质等级标准(2001-3-8)按专业细分为地基与基础工程专业承包企业资质等级标准、土石方工程专业承包企业资质等级标准……体育场地设施工程专业承包企业等级标准、特种专业工程专业承包企业资质等级标准等60类。其具体标准介绍，本教材从略。

三、劳务分包企业资质标准

建筑业劳务分包企业(简称劳务企业)资质标准，将劳务企业分为13类。其中木工作业分包企业等6类企业分为一级和二级资质等级标准；抹灰作业分包企业等1类企业资质等级标准不分等级。根据企业类别及资质等级标准，其作业分包范围有所不同。详见表2-1。

表2-1 劳务分包企业资质标准

资质标准		注册资本金	技术人员	技术工人	企业业绩	作业分包范围
木业作业分包企业资质	一级	30万元以上	具有相关专业技术员或本专业高级工以上的技术负责人	初级工以上木工不少于20人，其中，中、高级工不少于50%；作业人员持证上岗率100%	企业近3年最高年完成劳务分包合同额100万元以上	可承担各类工程的木工作业分包业务，但单项合同额不超过企业注册资本金的5倍
	二级	10万元以上	具有本专业高级工以上的技术负责人	初级工以上木工不少于10人，其中，中、高级工不少于50%；作业人员持证上岗率100%	企业近3年承担过2项以上木工作业分包，工程质量合格	同上

（续）

资质标准		注册资本金	技术人员	技术工人	企业业绩	作业分包范围
砌筑作业分包企业资质	一级	30万元以上	具有相关专业技术员或高级工以上的技术负责人	初级工以上砖瓦、抹灰技术工人不少于50人，其中，中、高级工不少于50%；作业人员持证上岗率100%	企业近3年最高年完成劳务分包合同额100万元以上	可承担各类工程砌筑作业（不含各类工业大户窑砌筑）分包业务，但单项合同额不超过企业注册资本金的5倍
	二级	10万元以上	具有相关专业技术员或中级工以上的技术负责人	初级工以上砖瓦、抹灰技术工人不少于20人，其中，中、高级工不少于30%；作业人员持证上岗率100%	企业近3年承担过2项以上砌筑作业分包，工程质量合格	同上
抹灰作业分包企业资质		30万元以上	具有相关专业技术员或本专业高级工以上的技术负责人	初级工以上抹灰工不少于50人，其中，中、高级工不少于50%；作业人员持证上岗率100%	企业近3年承担过2项以上抹灰作业分包，工程质量合格	可承担各类工程抹灰作业分包业务，但单项合同额不超过企业注册资本金的5倍
石制作分包企业资质		30万元以上	具有相关专业技术员或具有5年以上石制作经历的技术负责人	具有石制作工人不少于10人	企业近3年承担过2项以上石制作作业分包，工程质量合格	可承担各类工程石刻作业分包业务，但单项合同额不超过企业注册资本金的5倍
油漆作业分包企业资质		30万元以上	具有相关专业技术员或本专业高级工以上的技术负责人	初级工以上油漆工不少于20人，其中，中、高级工不少于50%；作业人员持证上岗率100%	企业近3年承担过2项以上油漆作业分包，工程质量合格	可承担各类工程油漆作业分包业务，但单项合同额不超过企业注册资本金的5倍
钢筋作业分包企业资质	一级	30万元以上	具有相关专业助理工程师或技师以上职称的技术负责人	初级工以上钢筋、焊接技术工人不少于20人，其中，中、高级工不少于50%；作业人员持证上岗率100%	企业近3年最高年完成劳务分包合同额100万元以上	可承担各类工程钢筋绑扎、焊接作业分包业务，但单项合同额不超过企业注册资金本的5倍
	二级	10万元以上	具有专业技术员或高级工以上的技术负责人	初级工以上的钢筋、焊接技术工人不少于10人，其中，中、高级工不少于30%；作业人员持证上岗率100%	企业近3年承担过2项以上钢筋绑扎、焊接作业分包，工程质量合格	可承担各类工程钢筋绑扎、焊接作业分包业务，但单项合同额不超过企业注册资本金的5倍

（续）

资质标准		注册资本金	技术人员	技术工人	企业业绩	作业分包范围
混凝土作业分包企业资质		30万元以上	具有相关专业助理工程师职称或技师以上的技术负责人	初级工以上混凝土技术工人不少于30人，其中，中、高级工不少于50%；企业作业人员持证上岗率100%	企业近3年最高年完成劳务分包合同额100万元以上	可承担各类工程混凝土作业分包业务，但单项合同额不超过企业注册资本金的5倍
脚手架搭设作业分包企业资质	一级	50万元以上	具有相关专业助理工程师或技师以上的技术负责人	初级工以上架子工技术工人不少于50人，其中，中、高级工不少于50%；企业作业人员持证上岗率100%	企业近3年最高年完成劳务分包合同额100万元以上	可承担各类工程脚手架（不含附着升降脚手架）搭设作业分包业务，但单项合同额不超过企业注册资本金的5倍
	二级	20万元以上	具有相关专业技术员或高级工以上的技术负责人	初级工以上架子工技术工人不少于20人，其中，中、高级工不少于30%；作业人员持证上岗率100%	企业近3年最高年完成劳务分包合同额100万元以上	可承担20层或高度60m以下各类工程脚手架（不含附着升降脚手架）作业分包业务，但单项合同额不超过企业注册资本金的5倍
模板作业分包企业资质	一级	30万元以上	具有相关专业助理工程师或技师以上职称的技术负责人	初级工以上相应专业的技术工人不少于30人，其中，中、高级工不少于50%；作业人员持证上岗率100%	企业近3年最高年完成劳务分包合同额100万元以上	可承担各类工程模板作业分包业务，但单项合同额不超过企业注册资本金的5倍
	二级	10万元以上	具有相关专业技术员或高级工以上的技术负责人	初级工以上相应专业的技术工人不少于15人，其中，中、高级工不少于30%；作业人员持证上岗率100%	企业近3年最高年完成劳务分包合同额100万元以上	可承担普通钢模、木模、竹模、复合模板作业分包业务，但单项合同额不超过企业注册资本金的5倍

（续）

资质标准		注册资本金	技术人员	技术工人	企业业绩	作业分包范围
焊接作业分包企业资质	一级	30万元以上	具有相关专业助理工程师或技师以上职称的技术负责人	企业具有初级工以上焊接技术工人不少于20人，其中，中、高级工不少于50%；作业人员持证上岗率100%	企业近3年最高年完成劳务分包合同额100万元以上	可承担各类工程焊接作业分包业务，但单项合同额不超过企业注册资本金的5倍
	二级	10万元以上	具有相关专业技术员或高级工以上的技术负责人	初级工以上焊接技术工人不少于10人，其中，中、高级工不少于50%；作业人员持证上岗率100%	企业近3年承担过2项以上焊接作业分包，工程质量合格	可承担普通焊接作业的分包业务，但单项合同额不超过企业注册资本金的5倍
水暖电安装作业分包企业资质		30万元以上	具有相应专业助理工程师或技师以上的技术负责人	初级工以上水暖、电工及管道技术工人不少于30人，其中，中、高级工不少于50%；作业人员持证上岗率100%	企业近3年承担过2项以上水暖电安装作业分包，工程质量合格	可承担各类水暖电安装作业分包业务，但单项合同额不超过企业注册资本金的5倍
钣金工程作业分包企业资质		30万元以上	具有相应专业助理工程师或技师以上的技术负责人	初级工以上钣金等技术工人不少于20人，其中，中、高级工不少于50%；作业人员持证上岗率100%	企业近3年承担过2项以上钣金作业分包，工程质量合格	可承担各类工程的钣金作业分包业务，但单项合同额不超过企业注册资本金的5倍
架线工程作业分包企业资质		50万元以上	具有本专业工程师以上职称的技术负责人	初级工以上架线技术工人不少于60人，其中，中、高级工不少于50%；作业人员持证上岗率100%	企业近3年承担过2项以上架线作业分包，工程质量合格	可承担各类的架线作业分包业务，但单项合同额不超过企业注册资本金的5倍

第三节 建筑业企业资质申请和审批

一、建筑业企业资质申请

劳务企业与其他建筑业企业的资质申请大体相同，主要包括首次申请、增项申请、申请资质升级、申请资质证书变更等情形。

1. 企业首次申请、增项申请

企业首次申请即新设立的企业在工商办理登记注册手续取得企业法人营业执照后，方可办理资质申请；增项申请即在原有企业主项资质基础上申请增加相近类别的企业资质。

企业首次申请或增项申请应当向建设行政主管部门提交以下材料：

(1)建筑业企业资质申请表及相应的电子文档；

(2)企业法人营业执照副本；

(3)企业章程；

(4)企业负责人和技术、财务负责人的身份证明、职称证书、任职文件及相关资质标准要求提供的材料；

(5)建筑业企业资质申请表中所列注册执业人员的身份证明、注册执业证书；

(6)建筑业企业资质标准要求的非注册的专业技术人员的职称证书、身份证明及养老保险凭证；

(7)部分资质标准要求企业必须具备的特殊专业技术人员的职称证书、身份证明及养老保险凭证；

(8)建筑业企业资质标准要求的企业设备、厂房的相应证明；

(9)建筑业企业安全生产条件有关材料。

根据有关规定，劳务企业首次申请或增项申请企业资质，还应提供标准要求的人员岗位证书和劳动合同。

企业首次申请、增项申请建筑企业资质，不考核其工程业绩，其资质等级按照最低资质等级核定。

根据《资质管理规定》劳务企业可以申请本序列内各类别资质，但不得申请施工总承包序列、专业承包序列各类别资质。

2. 申请资质升级

申请资质升级，企业除应提供前述首次申请提供的第(1)、(2)、(4)、(5)、

(6)、(8)、(9)项材料外，还应当提交以下材料：

(1)企业原资质证书副本复印件；

(2)企业年度财务、统计报表；

(3)企业安全生产许可证副本；

(4)满足资质标准要求的企业工程业绩的相关证明材料。

3. 资质证书及申请资质证书变更

建筑业企业资质证书分为正本和副本，正本一份，副本若干份，由国务院建设行政主管部门统一印制，正副本具备同等法律效力。资质证书有效期为5年。资质有效期届满，企业需要延续资质证书有效期的，应在有效期届满60日前申请办理延续手续。经资质许可(审批)机关同意，资质证书有效期延续5年。

企业在资质证书有效期内名称、地址、注册资本、法定代表人等发生变更的，应在工商部门办理变更手续后，向企业工商注册所在地省、自治区、直辖市建设主管部门提出变更申请。

申请资质证书变更，应当提交以下材料：

(1)资质证书变更申请；

(2)企业法人营业执照复印件；

(3)建筑业企业资质证书正、副本原件；

(4)与资质变更事项有关的证明材料。

企业改制的，除提供上述材料外，还应提供改制重组方案、上级资产管理部门或者股东大会的批注决定、企业职工代表大会同意改制重组的决议。

二、建筑业企业资质审批

企业申请施工总承包序列特级资质、一级资质，应向其工商注册所在地省、自治区、直辖市建设主管部门提出申请；省、自治区、直辖市建设主管部门自受理申请之日起20日内完成初审并将初审意见和申请材料上报国务院建设主管部门。

国务院建设主管部门自省、自治区、直辖市建设主管部门受理申请材料之日起60日内完成审查，公示审查意见，公示时间为10日。其中涉及铁道、交通、水利、信息产业、民航等方面的建筑业企业资质，由国务院建设行政主管部门送国务院有关部门审核，国务院有关部门在20日内审核完毕并将审核意见送国务院建设主管部门。

企业申请施工总承包序列二级资质(不含国务院国资委直接监管的企业及其下属一层级企业的施工总承包二级资质)，专业承包序列一级资质(不含铁道、交通、水利、信息产业、民航等方面的专业承包一级资质)，专业承包序列二级资质(不含民航、铁路方面的专业承包二级资质),专业承包不分等级资质(不含公路交通和轨道交通专业承包序列的不分等级资质),应向工商注册所在地省、自治区、直辖市建设主管部门提出申请。省、自治区、直辖市建设主管部门应按依法确定的审批程序办理,并在自作出决定30日内,将资质审批的决定报国务院建设主管部门备案。

企业申请施工总承包三级资质(不含国务院国资委直接监管的企业及其下属一层级企业的施工总承包三级资质),专业承包序列三级资质,劳务分包序列资质,燃气燃烧器具安装、维修企业资质,应向工商注册所在地设区的市人民政府建设主管部门提出申请。该建设主管部门应按依法确定的审批程序办理,并在自作出决定30日内,通过省、自治区、直辖市建设主管部门报国务院建设主管部门备案。

第四节　建筑业企业资质动态管理

为维护建筑市场秩序,规范建筑业企业及其人员行为,提高行业管理水平,各省、自治区、直辖市结合各自实际情况,制定了相应的措施与方法。现以北京市现行的《北京市建筑业企业资质及人员资格动态监督管理暂行办法》(京建[2007]825号)为例,详述应如何进行建筑业企业资质监督管理。

一、资质动态监管

在北京市区域内从事建筑活动的本市建筑业企业、中央在京建筑业企业和外地来京建筑业企业及其负责人(指企业的总经理、厂长等),项目负责人(指负责工程项目管理的总承包、专业承包或劳务分包项目负责人)和安全生产管理人员(指在工程项目专职从事安全生产管理的人员,包括安全管理机构负责人、工作人员和现场专职安全员)的动态管理,适用于本办法。

企业资质及人员资格动态监管包括对企业、人员违法违规行为(以下简称“双违”行为)的记分、处理和对本市建筑业企业资质条件的日常核查两部分。

北京市建委建立全市统一的企业资质及人员资格动态监管平台,采用记分机制;市和区县建委在对企业、人员“双违”行为进行处罚或处理时记分,并由市建委进行累加,按照规定对企业资质及人员资格作出相应处理。

市和区县建委依照有关规定对本市建筑业企业的资质条件进行日常核查,对不达标的企业采取相应的处理措施。

实行企业资质和人员资格动态监管,不改变现有的对企业和人员依法处罚、处理的程序,市和区县建委不得将对企业、人员的记分代替对企业、人员的处罚处理。

二、记分标准与积分处理

1. 记分标准

北京市建委依据法律、法规、规章和规范性文件的规定，制定《北京市建筑业企业违法违规行为记分标准》(以下简称《记分标准》)，并可根据法律法规和政策变化适时予以补充调整。

市和区县建委在对企业、人员违法违规行为进行处罚、处理时，应依据《记分标准》在执法文书上记分。

(1)记分周期从每年1月1日起至12月31日止，记分周期届满，企业和人员的年度积分清零，重新记分。

企业被降低资质等级后，企业当前积分清零；项目负责人和专职安全员被暂停执业资格或暂扣相应证书的，人员当前积分清零。

(2)市和区县建委应于做出行政处罚或处理决定的当日内将对企业、人员的处罚、处理情况和记分情况上传至企业资质和人员资格动态监管平台。

(3)市建委通过企业资质及人员资格动态监管平台对企业、人员的违法违规信息进行汇总和整理，并依照有关规定在指定媒体予以公示。

企业、人员可以通过监管平台，及时查询自身积分情况。

2. 企业积分处理

(1)企业积分达到8分时，市建委对企业提出书面警示，并提示市建设系统及有关协会在组织企业评优活动时，对该企业的资格慎重考评。

单项工程项目积分达到8分时，市建委提示市建设系统及有关协会在组织工程评优活动时，对该工程项目的资格慎重考评。

(2)企业积分达到16分时，市建委在有形建筑市场公示企业违法违规行为信息，提示招标人在选择投标人时予以慎重考虑，并依法限制企业申请资质升级和增项。

(3)企业积分达到24分时，市建委将企业的违法违规行为和处罚或处理结果在动态监管信息平台上予以公示，同时依法核查企业安全生产条件和资质条件。企业安全生产条件经核查不达标的，责令30日内改正，并依法暂扣安全生产许可证。企业资质条件经核查不达标的，责令3个月内改正，改正期间企业不得承揽新工程。

(4)企业积分达到30分时，市建委依法核查企业的安全生产条件和资质条件；核查不达标的，依法降低资质等级或者吊销企业资质证书、安全生产许可证。

上述处理措施中，依法应当由建设部、外省建设行政主管部门进行资质降级、吊销资质证书和暂扣、吊销安全生产许可证的，由市建委将企业违法违规行为信息和处理建议报告建设部或者抄送企业注册地的省级建设行政主管部门。在上述部门做出处罚或处理决定前，限制企业在北京承揽新工程。

市建委建立企业定期讲评制度。在每季度第1个月内，市建委对企业积分达到8分以上(含8分)的企业负责人进行动态监管工作讲评。

3. 人员积分处理

根据人员积分，市和区县建委对企业负责人、项目负责人和专职安全生产管理人员分别进行如下处理：

(1)企业负责人

1)企业负责人积分达到16分时，市建委约谈企业负责人并要求其参加不少于3天的专业学习，并进行考核；

2)企业负责人积分达到24分时，市建委将该企业违法违规行为及处罚、处理结果等信息通报该企业注册地工商行政管理部门，该企业属于国有资产管理委员会(以下简称国资委)管理的，函告国资委，同时在指定媒体上予以公示。

(2)项目负责人

1)项目负责人积分达到4分时，由工程所在地区县建委对该项目负责人提出书面警示，同时市建委提示市建设系统及有关协会在组织项目负责人评优活动时，对该人员的资格慎重考评；

2)项目负责人积分达到8分时，由工程所在地区县建委对该项目负责人进行约谈，并要求其参加不少于两天的专业学习，并经考核合格后再上岗；

3)项目负责人积分达到12分时，市建委建议企业撤换该项目负责人，并将项目负责人违法违规行为在有形建筑市场和指定媒体上公示，同时依法对该项目负责人行为进行监督检查。对于本市颁发证书的项目经理和注册的建造师，发现应当暂扣、撤销注册证书或者吊销项目经理证书的情形时，依法办理；对于非本市颁发证书的项目经理和注册的建造师，将其违法违规行为信息和处理建议抄送其发证机关或注册机关，在上述机关做出处罚或处理决定前，禁止其作为项目负责人在京承揽工程。

(3)专职安全生产管理人员

1)专职安全生产管理人员积分达到2分时，由工程所在地区县建委组织其参加不少于1天的专业学习，并经考核合格后再上岗；

2)专职安全生产管理人员积分达到4分时，由工程所在地区县建委建议项目负责人撤换该人员，同时依法对该专职安全生产管理人员行为进行监督检查；发现应当暂扣、撤销相关证书的情形时，依法办理。

第三章　建筑业劳务管理专业技能

第一节　劳动力需求计划

一、劳动力的类型和结构特点

1. 施工劳动力的类型

(1)企业自有工人；

(2)聘用外来劳务企业工人；

(3)使用劳务派遣工人。

2. 施工劳动力的结构特点

(1)总承包企业自有劳动力少，使用劳务分包企业劳动力多

建筑施工企业实行管理层与作业层“两层分离”的用工体制，总承包企业只在关键工种、特殊工种保留企业自有一线作业工人，施工现场一线的工人以劳务分包企业劳动力为主，总承包企业只派出相关管理人员和技术骨干监督、管理工作。

(2)城镇劳动力少，农村劳动力多

建筑业目前属于“脏、累、险、差”的劳动密集型行业，多年来难于从城镇招收建筑业工人，同时由于使用农民工的成本低廉，使大量农村剩余劳动力成为建筑业工人的主要来源。

(3)长期工少，短期工多

这是由于建筑施工劳动的流动性和间断性引起的。在不同地区之间流动施工时，招聘的工人都是短期的合同工或临时工，聘用期最长为该建筑产品的整个施工期。通常是按各分部、分项工程的技术要求雇用不同工种和不同技术等级的工人，有时甚至可能按工作日或工时临时雇用工人。对于管理人员、技术人员、各工种的技术骨干，聘用期会相对较长。

(4)高技能工人少，一般技工和普通工多

这是由于建筑生产总体技术水平不高和劳动技能要求不均衡决定的。建筑施工劳动的许多方面一般技工和普通工即可胜任。即使对技术要求较高的工

种,也常常需要一定数量的普通工做一些辅助工作。只有少数工种,如电工、电焊工、测量工、装饰工等高技能工人的比重相对高一些。

(5)女性工人少,男性工人多

由于建筑业的劳动强度和作业方式的特殊性,是不适宜妇女从事的行业。妇女适宜在建筑业从事一些辅助性工作、后勤服务工作,但这些工作岗位的比例有限,一般不超过10%,与社会上其他行业妇女的平均就业率相差甚远。

二、劳动力需求计划编制原则

劳动力需求计划编制原则如下:

(1)控制人工成本,实现企业劳动力资源市场化的优化配置;

(2)符合企业(项目)施工组织设计和整体进度要求;

(3)根据企业需要遴选专业分包、劳务分包队伍,提供合格劳动力,保证工程进度及工程质量、安全生产;

(4)依据国家及地方政府的法律法规对分包企业的履约及用工行为实施监督管理。

三、劳动力需求计划编制要求

(1)要保持劳动力均衡使用。劳动力使用不均衡,不仅会给劳动力调配带来困难,还会出现过多、过大的需求高峰,同时也增加了劳动力的管理成本,还会带来住宿、交通、饮食、工具等方面的问题。

(2)根据工程的实物量和定额标准分析劳动需用总工日,确定生产工人、工程技术人员的数量和比例,以便对现有人员进行调整、组织、培训,以保证现场施工的劳动力到位。

(3)要准确计算工程量和施工期限。劳动力管理计划的编制质量,不仅与计算的工程量的准确程度有关,而且与工期计划得合理与否有直接的关系。工程量越准确,工期越合理,劳动力使用计划越准确。

四、劳动力需求计划编制方法

1. 劳动力总量需求计划的编制程序

确定建筑工程项目劳动力的需求量,是劳动力管理计划的重要组成部分,它不仅决定了劳动力的招聘计划、培训计划,而且直接影响其他管理计划的编制。劳动力需求计划的编制程序如下:

(1)确定劳动效率

确定劳动力的劳动效率,是劳动力需求计划编制的重要前提,只有确定了劳动力的劳动效率,才能制定出科学、合理的计划。建筑工程施工中,劳动效率通常用"产量/单位时间"或"工时消耗量/单位工作量"来表示。

在一个工程中,分项工程量一般是确定的,它可以通过图纸和工程量清单的规范计算得到,而劳动效率的确定却十分复杂。在建筑工程中,劳动效率可以在劳动定额中直接查到,它代表社会平均先进水平的劳动效率。但在实际应用时,必须考虑到具体情况,如环境、气候、地形、地质、工程特点,实施方案的特点,现场平面布置、劳动组合、施工机具等,进行合理调整。

(2)确定劳动力投入量

劳动力投入量也称劳动组合或投入强度,在劳动力投入总工时一定的情况下,假设在持续的时间内,劳动力投入强度相等,而且劳动效率也相等,在确定每日班次及每班次的劳动时间时,可计算:

$$\text{某活动劳动力投入量}=\frac{\text{劳动力投入总工时}}{\text{班次/日}\times\text{工时/班次}\times\text{活动持续时间}}$$

$$=\frac{\text{工程量}\times\text{工时消耗量}\times\text{单位工程量}}{\text{班次/日}\times\text{工时/班次}\times\text{活动持续时间}}$$

(3)劳动力需求计划的编制

在编制劳动力需求量计划时,由于工程量、劳动力投入量、持续时间、班次、劳动效率,每班工作时间之间存在一定的变量关系,因此,在计划中要注意他们之间的相互调节。

在工程项目施工中,经常安排混合班组承担一些工作任务,此时,不仅要考虑整体劳动效率,还要考虑到设备能力的制约,以及与其他班组工作的协调。

劳动力需求量计划还应包括对现场其他人员的使用计划,如为劳动力服务的人员(如医生、厨师、司机等)、工地警卫、勤杂人员、工地管理人员等,可根据劳动力投入量计划按比例计算,或根据现场实际需要安排。

2. 劳动力总量需求计划的编制方法

(1)经验比较法

与同类项目进行模拟比较计算。可用产值人工系数或投资人工系数来比较计算。在资料比较少的情况下,仅具有施工方案和生产规模的资料时可用这种方法。

(2)分项综合系数法

利用实物工程量中的综合人工系数计算总工日。例如机械挖土方,平时定额为 0.2 工时/立方米;设备安装,大型压缩机安装为 20 工时/吨。

(3)概算定额法

用概(预)算中的人工含量计算劳动力需求总量。

第二节　农民工培训管理

一、农民工安全教育培训

随着我国经济的快速发展，大批的农民工涌入城市建设和社会主义新农村建设的大军当中。这无疑给建筑施工带来了众多安全问题，当前，建筑施工现场的安全生产形势十分严峻，建筑施工的安全生产问题始终是建筑施工企业永恒不变的主题。施工现场安全生产管理控制的三大重点是人的不安全行为、物的不安全状态以及作业环境的不安全因素和管理缺陷，据统计分析，全国建筑业伤亡事故80%以上都是由于违章指挥、违章作业、违反劳动纪律等人的不安全行为和管理缺陷造成的，因此如何提高农民工的安全素质和操作技能，规范作业人员的安全行为，最终实现安全标准化作业、规范化施工是摆在我们面前的一个重要问题，而这些都可以通过对农民工的安全教育培训来实现。

1. 农民工安全教育培训的重要性

目前，我国建筑业企业施工现场的安全生产教育培训工作主要针对两部分群体：建筑企业职工和农民工。作为建筑企业的职工，一方面由于知识水平较高，接受能力较强，另一方面由于人员较为固定，多为具有丰富施工经验的施工管理人员，且根据国家相关法律法规均能按时接受各级安全生产教育培训并进行考核，所以，他们的安全生产意识较高，能够自觉遵守施工现场安全生产纪律，是施工现场安全生产工作的主要力量。但是作为施工现场的另一部分群体：农民工，他们是我国目前建筑业企业安全生产教育培训工作的薄弱环节，造成这种现状的原因是多方面的，首先是农民工的文化知识水平低，接受能力较差；其次是农民工流动性较大；第三是有些建筑施工企业和专业（劳务）承包队伍，受利益驱动，片面追求经济效益，安全意识淡薄，放松了安全管理，在经济上和时间上不舍得投入，导致作业工人安全技术水平低下，特别是新进场或转换工种的农民工没有接受过任何安全教育就直接上岗作业，特种作业人员无证上岗，不懂本工种操作规程，不掌握安全技术规范标准等问题。这些人完全没有安全防护意识，缺乏自我保护能力，导致建筑业企业伤亡事故时有发生。综上所述，突出针对进城务工的农民工进行安全教育培训已迫在眉睫。

对员工的安全培训教育是企业的责任，也是我们想做好企业的基本理念之一。这里所说的员工包括农民工。我们认为培训、教育是提高员工的安全生产意识的最基础的工作和最重要的手段。也可以说，要想提高员工对安全管理工作的认识，除了进行教育没有别的好办法，对员工进行教育，尤其是对农民工的教育不是一朝一夕的事,入场教育当然必不可少,但坚持日常教育、专项教育或经常性教育才能充分发挥教育的作用,任何形式的教育不能只停留在口头上,必须注重实效,必须留有文字资料和影像资料。

2. 依法实施安全教育培训是关键

我国安全生产管理的方针是"安全第一,预防为主"。安全第一,是指在一切生产活动中要把安全工作放在首要位置;预防为主,是指在一切生产活动开始之前针对生产活动的特点,对生产要素采取科学管理手段和措施,有效地控制不安全因素的发展和扩大,把事故消灭在萌芽状态,防患于未然。

安全生产教育培训工作必须建立在"安全第一,预防为主"的基础上,这样才能使对农民工进行的安全生产知识技能培训落到实处。《安全生产法》第二十一条规定:"生产经营单位应当对从业人员进行安全生产教育和培训,保证从业人员具备必要的安全生产知识,熟悉有关的安全生产规章制度和安全操作规程,掌握本岗位的安全操作技能。未经安全生产教育和培训合格的从业人员,不得上岗作业。"第二十三条规定:"生产经营单位的特种作业人员必须按照国家有关规定经专门的安全作业培训,取得特种作业操作资格证书,方可上岗作业。"《建筑法》第四十六条规定:"建筑施工企业应当建立健全劳动安全生产教育培训制度,加强对职工安全生产的教育培训,未经安全生产教育培训的人员,不得上岗作业。"为加强建筑业企业职工安全教育培训工作,建设部印发了《建筑业企业职工安全培训教育暂行规定》,对建筑业企业安全教育培训提出了具体实施办法。

建筑施工企业必须严格执行相关法律法规要求,严格按照相关规定内容对工人进行安全生产教育培训,同时各级安全生产主管部门必须严格执法,加强对建筑施工企业安全生产教育培训特别是对农民工的培训进行监督,真正做到有法必依、执法必严,才能确保建筑企业安全教育培训工作的实效性,才能够实现安全生产。

3. 安全教育培训制度要落实

建立健全安全教育培训责任制,明确安全教育责任,落实安全教育培训制度。首先要明确施工现场各级教育培训的责任,确立安全教育培训的实施责任人,同时明确现场安全教育接受者的主体——施工现场全体人员;其次要加强对责任主体的监督和考核,对考核不合格的责任人进行换岗或清退;第三要注意培养安全教育实施责任人的职业素养和责任感。

建立健全三级安全教育培训制度和安全技术交底制度,明确安全教育内容、学时,加强作业人员的教育培训,在每一位新工人入场(或转换工种)后严格按照《建筑业企业职工安全培训教育暂行规定》中相关要求做好每一级安全教育培训工作和安全技术交底工作,真正做到先培训,后上岗。

实行安全教育登记制度和考核制度，对每一位农民工建立安全教育培训资料卡，实施一人一卡制度，主要包括需要培训内容、学时、培训人、时间、地点以及考核成绩等。对每一位经过培训的农民工进行安全考核，不合格者不得上岗作业，提高作业人员的安全生产意识、自我保护意识。

建立安全教育培训经费管理制度，在安全生产措施费中将安全教育培训费单独列项，并对培训经费的使用情况进行张榜公布，做到专款专用，为安全教育培训提供资金保障，确保安全教育培训教材等培训费用的资金投入。

4. 安全教育的形式

(1)新工人“三级安全教育”

三级安全教育是企业必须坚持的安全生产基本教育制度。对新工人(包括新招收的合同工、临时工、学徒工、农民工及实习和代培人员)必须进行公司、项目、作业班组三级安全教育，时间不得少于40小时。

三级安全教育由安全、教育和劳资等部门配合组织进行。经教育考试合格者才准许进入生产岗位；不合格者必须补课、补考。对新工人的三级安全教育情况，要建立档案。新工人工作一个阶段后还应进行重复性的安全再教育，加深安全感性、理性知识的意识。

三级安全教育的主要内容如下：

1)公司进行安全基本知识、法规、法制教育，主要内容是：

①党和国家的安全生产方针、政策；

②安全生产法规、标准和法制观念；

③本单位施工(生产)过程及安全生产规章制度，安全纪律；

④本单位安全生产形势、历史上发生的重大事故及应吸取的教训；

⑤发生事故后如何抢救伤员、排险、保护现场和及时进行报告。

2)项目进行现场规章制度和遵章守纪教育，主要内容是：

①本单位(工区、工程处、车间、项目)施工(生产)特点及施工(生产)安全基本知识；

②本单位(包括施工、生产场地)安全生产制度、规定及安全注意事项；

③本工种的安全技术操作规程；

④机械设备、电气安全及高处作业等安全基本知识；

⑤防火、防雷、防尘、防爆知识及紧急情况安全处置和安全疏散知识；

⑥防护用品发放标准及防护用具、用品使用的基本知识。

3)班组安全生产教育由班组长主持，或由班组安全员及指定技术熟练、重视安全生产的老工人进行本工种岗位安全操作及班组安全制度、纪律教育，主要内容是：

①本班组作业特点及安全操作规程；

②班组安全活动制度及纪律；

③爱护和正确使用安全防护装置(设施)及个人劳动防护用品；

④本岗位易发生事故的不安全因素及其防范对策；

⑤本岗位的作业环境及使用的机械设备、工具的安全要求。

(2)转场安全教育

新转入施工现场的工人必须进行转场安全教育，教育时间不得少于8小时，教育内容包括：

1)本工程项目安全生产状况及施工条件；

2)施工现场中危险部位的防护措施及典型事故案例；

3)本工程项目的安全管理体系、规定及制度。

(3)变换工种安全教育

凡改变工种或调换工作岗位的工人必须进行变换工种安全教育，变换工种安全教育时间不得少于4小时，教育考核合格后方准上岗。教育内容包括：

1)新工作岗位或生产班组安全生产概况、工作性质和职责；

2)新工作岗位必要的安全知识，各种机具设备及安全防护设施的性能和作用；

3)新工作岗位、新工种的安全技术操作规程；

4)新工作岗位容易发生事故及有毒有害的地方；

5)新工作岗位个人防护用品的使用和保管。

(4)特种作业安全教育

从事特种作业的人员必须经过专门的安全技术培训，经考试合格取得操作证后方准独立作业。特种作业的类别及操作项目包括：

1)电工作业；

2)金属焊接作业；

3)起重机械作业；

4)登高架设作业；

5)厂内机动车辆驾驶。

有下列疾病或生理缺陷者，不得从事特种作业：

1)器质性心脏血管病。包括风湿性心脏病、先天性心脏病(治愈者除外)、心肌病、心电图异常者；

2)血压超过160/90mmHg，低于86/56mmHg；

3)精神病、癫痫病；

4)重症神经官能症及脑外伤后遗症；

5)晕厥(近一年有晕厥发作者)；

6)血红蛋白男性低于90%,女性低于80%者;

7)肢体残废,功能受限者;

8)慢性骨髓炎;

9)报考驾驶大型车身高不足155cm的;驾驶小型车身高不足150cm的;

10)耳全聋及发声不清者;厂内机动车驾驶听力不足5m者;

11)色盲;

12)双眼裸视力低于0.4,矫正视力不足0.7者;

13)活动性结核(包括肺外结核);

14)支气管哮喘(反复发作者);

15)支气管扩张(反复感染、咯血)。

对特种作业人员的培训、取证及复审等工作严格执行国家、地方政府的有关规定。对从事特种作业的人员要进行经常性的安全教育,时间为每月1次,每次教育4小时。教育内容包括:

1)特种作业人员所在岗位的工作特点,可能存在的危险、隐患和安全注意事项;

2)特种作业岗位的安全技术要领及个人防护用品的正确使用方法;

3)本岗位曾发生的事故案例及经验教训。

(5)班前安全活动交底

班前安全讲话作为施工队伍经常性安全教育活动之一,各作业班组长于每班工作开始前(包括夜间工作前)必须对本班组全体人员进行不少于15分钟的班前安全活动交底。班组长要将安全活动交底内容记录在专用的记录本上,各成员在记录本上签名。班前安全活动交底的内容应包括:

1)本班组安全生产须知;

2)本班工作中的危险点和应采取的对策;

3)上一班工作中存在的安全问题和应采取的对策。在特殊性、季节性和危险性较大的作业前,责任工长要参加班前安全讲话并对工作中应注意的安全事项进行重点交底。

(6)每周一安全活动

周一安全活动作为施工项目经常性安全活动之一,每周一开始工作前应对全体在岗工人开展至少1小时的安全生产及法制教育活动。活动形式可采取看录像、听报告、分析事故案例、图片展览、急救示范、智力竞赛、热点辩论等形式进行。工程项目主要负责人要进行安全讲话,主要内容包括:

1)上周安全生产形势、存在的问题及对策;

2)最新安全生产信息;

3)重大和季节性的安全技术措施;

4)本周安全生产工作的重点、难点和危险点;

5)本周安全生产工作的目标和要求。

二、建筑工人安全技术操作注意事项

1. 施工现场

(1)参加施工的工人(包括学徒工、实习生、代培人员和民工)要熟知工种的安全技术操作规程。在操作中应坚守工作岗位,严禁酒后操作。

(2)电工、焊工、司炉工、爆破工、起重机司机、打桩司机和各种机动车辆司机,必须经过专门训练,考试合格发给操作证后,方准独立操作。

(3)正确使用个人防护用品和安全防护措施,进入施工现场,必须戴好安全帽,禁止穿拖鞋或光脚,在没有防护设施的情况下高空、悬崖和陡坡施工必须系安全带,上下交叉作业有危险的出入口要有防护棚或其他隔离设施,距地面 2m 以上作业要有防护栏杆、挡板或安全网。安全帽、安全带、安全网要定期检查,不符合要求的严禁使用。

(4)施工现场的脚手架、防护设施、安全标志和警告牌不得擅自拆动,需要拆动的要经工地负责人同意。

(5)施工现场的洞、坑、沟、升降口、漏斗等危险处,应有防护设施或明显标志。

(6)施工现场要有交通指示标志,交通频繁的交叉路口,应设指挥;火车道口两侧,应设落杆,危险地区,要悬挂"危险"或"禁止通行"牌,夜间设红灯示警。

(7)工地行驶斗车、小平车的轨道坡度不得大于 3%,铁轨终点应有车挡,车辆的制动闸和挂钩要完好可靠。

(8)坑槽施工应经常检查边壁土质稳固情况,发现有裂缝、疏松或支撑走动,要随时采取加固措施,根据土质、沟深、水位、机械设备重量等情况确定堆放材料和施工机械坑边距离,往坑槽运材料应用信号联系。

(9)调配酸溶液,应先将酸缓慢的注入水中,搅拌均匀,严禁将水倒入酸中。储存酸液的容器应加盖和设有标志。

(10)做好女工在月经、怀孕、生育和哺乳期间的保护工作,女工在怀孕期间对原工作不能胜任时,根据医生的证明,应调换轻便工作。

2. 机电设备

(1)机械操作时要束紧袖口,女工发辫要挽入帽内。

(2)机械和动力机的机座必须稳固,转动的危险部位要安设防护装置。

(3)工作前必须检查机械、仪表、工具等,确认完好方准使用。

(4)电气设备和线路必须绝缘良好，电线不得与金属物绑在一起，各种电动机具必须按规定接地，接零，并设置单一开关，还有临时停电或停工休息时，必须拉闸加锁。

(5)施工机械和电气设备不得带病运行和超负荷作业。发现不正常情况应停机检查，不得在运行中修理。

(6)电气、仪表和设备试运转，应严格按照单项安全技术措施运行，运转时不准清洗和修理，严禁将头手伸入机械行程范围内。

(7)在架空输电线路下面工作应停电，不能停电时，应有隔离防护措施，起重机不得在架空输电线下面工作，通过架空输电线路应将起重臂落下，在架空输电线路一侧工作时，不论在任何情况下，起重臂、钢丝绳或重物等与架空输电线路的最近距离应符合规范要求。

(8)受压容器应有安全阀、压力表，并避免曝晒、碰撞，氧气瓶严防沾染油脂；乙炔发生气、液化石油气，必须有防止回火的安全装置。

3. 高空作业

(1)从事高空作业要定期体检，经医生诊断，凡患高血压、心脏病、贫血病、癫痫病以及其他不适于高空作业的，不得从事高空作业。

(2)高空作业衣着要灵便，禁止穿硬底和带钉易滑的鞋。

(3)高空作业所用材料要堆放平稳，工具应随手放入工具袋内，上下传递物体禁止抛掷。

(4)遇有恶劣气候(如风力在六级以上)影响施工安全时，禁止进行露天高空、起重和打桩作业。

(5)梯子不得缺档，不得垫高使用，梯子横档间距以30cm为宜，使用时上端要扎牢，下端应采取防滑措施，单面梯与地面夹角以60°～70°为宜，禁止两人同时在梯上作业，如需接长使用，应绑扎牢固，人字梯底脚应拉牢，在通道处使用梯子，应有人监护或设置围栏。

(6)没有安全防护措施，禁止在屋架的上弦、支撑、桁条、挑架的挑梁和半固定的构件上行走或作业，高空作业与地面联系，应设通讯装置，并有专人负责。

(7)乘人的外用电梯、吊笼，应有可靠的安全装置，除指派的专业人员外，禁止攀登起重臂、绳索和随同运料的吊笼吊装物上下。

4. 季节施工

(1)暴雨台风前后，要检查工地临时设施、脚手架、机电设备、临时线路，发现倾斜、变形、下沉、漏雨、漏电等现象，应及时修理加固，有严重危险的，立即排除。

(2)高层建筑、烟囱、水塔的脚手架及易燃、易爆的仓库、塔吊、打桩机等机械应设临时避雷装置，对机电设备的电气开关，要有防雨、防潮设施。

(3)现场道路应加强维护,斜道和脚手板应有防滑措施。

(4)夏季作业应调整作息时间,从事高温工作的场所,应加强通风和降温措施。

(5)冬期施工使用煤炭取暖,应符合防火要求和指定专人负责管理,并有防止一氧化碳中毒的措施。

第三节　劳务用工实名制管理

实名制管理是指现场施工的劳务分包队伍的企业资质证书、安全生产许可证、企业营业执照等资料真实有效,劳务队伍进场人员的各种证件、劳动合同、工资表和考勤表等资料与实际作业人员一一对应,并以此按工时或工程量进行结算,及时支付劳务工资。

一、劳务工人实名制管理的内容

1. 实名制管理的作用

建筑业劳务用工实名制管理是近年来建筑业的一项创新管理,是强化现场合法用工管理和保证农民工工资发放到个人的一项重要措施;是规范建筑市场的正常秩序、加强建筑企业用工合法性管理的一项重要举措。实名制管理的作用如下。

(1)通过实名制管理,对规范总、分包单位双方的用工行为,杜绝非法用工和劳资纠纷,维护农民工合法权益,具有一定的积极作用。

(2)通过实名制数据采集,能及时掌握、了解施工现场的人员状况,有利于工程项目施工现场劳动力的管理和调剂。

(3)通过实名制数据公示,公开劳务分包单位企业人员考勤状况,公开每一个农民工的出勤状况,避免或减少因工资和劳务费的支付而引发的纠纷隐患或恶意讨要事件的发生。

(4)通过实名制方式,为项目经理部施工现场劳务作业的安全管理、治安保卫管理提供第一手资料。

(5)通过实名制管理卡的金融功能的使用,可以简化企业工资发放程序,避免农民工因携带现金而产生的不安全,为农民工提供了极大的便利。

2. 实名制管理需要收集的资料

实名制管理需收集的资料如下。

(1)劳务分包队伍资料(加盖企业公章且应有合格有效的复印件)包括:企业法人营业执照、企业资质证书、安全生产许可证、劳务队长资格证、劳动力管理员岗位证书、分包项目经理(队长)所属劳务企业法人授权委托书、《交易备案登记证书》、加盖备案章的劳务分包合同。

(2)劳务人员资料包括：劳动合同书原件、《人员备案通知书》、项目用工备案花名册、人员身份证复印件名册、岗位证书复印件、工人参保的相关保险凭证复印件。

(3)项目统计台账资料包括：项目施工人员进出场动态统计表、施工队伍及班组负责人联系方式一览表、作业班组人员分布情况表、分包队伍使用情况登记台账、工程项目分包合同备案情况登记台账。

(4)工资考勤资料包括：每月考勤表(负责人签字并加盖企业公章)、每月工资单(负责人签字并加盖企业公章)。

(5)劳务费结算支付资料包括：劳务费结算支付凭证复印件、劳务费结算支付台账。

(6)各类报表资料包括：劳务管理工作相关报表、住房和城乡建设委员会和劳动局等上级行政主管部门报表。

(7)检查及考核资料包括：日常检查记录、劳务队伍考核评估资料。

所有的劳务管理资料必须及时更新，以保证资料的真实性和有效性，劳务管理资料必须留存至项目竣工结算完成后 3 个月，有条件的项目建议建立相应的电子文档。

3. 实名制管理的程序

(1)施工现场封闭管理

项目部按照相关要求，将施工现场分为施工区和生活区，并进行独立的封闭管理。项目部进出大门 24 小时设立安全保卫人员，负责核实进入人员。初次进入施工现场的人员，首先进入生活区，安全保卫人员要对其进行登记管理，务工人员的登记内容包括：本人姓名、身份证号、籍贯、所属单位(队伍)，并出示本人身份证明，由其所在分包单位现场负责人签认后，方可进入生活区。无法提供上述登记内容、无身份证明或无所在单位负责人签认的，一律不得进入项目从事施工。安全保卫人员登记后，要将登记人员及时上报项目部安全保卫负责人，通知项目部劳务管理人员核对人员花名册。

(2)进场人员花名册管理

进场人员花名册是实名制管理的基础。项目部劳务管理人员必须要求外施队伍负责人在工人进场前，统一按照主管部门规定的格式制作花名册，报项目部劳务管理人员审验。对于新进场人员，项目部劳务管理人员应根据进场人员登记，及时与花名册核对，对于与花名册不符的人员，应要求外施队伍负责人按实际进场人员调整人员花名册，确保进入生活区人员与花名册相一致。劳务分包单位同时应配备持有行政主管部门颁发的《劳务员岗位证书》的专兼职劳务员，以配合总承包单位的劳务管理人员共同做好实名制管理工作。

(3)入场安全教育管理

由项目部安全管理人员对进场人员进行入场安全教育,组织学习有关法律法规、管理规定,进行安全知识问答,对新进场人员进行考核。安全生产教育必须以答卷形式进行考试,考试合格后方可上岗,否则清退出场。参加安全教育的人员必须与花名册中人员相一致,不得代笔,凡未进行安全教育或考核不合格的人员,必须予以清退。

(4)身份证与暂住证管理

身份证:凡进入现场的人员,必须提供身份证复印件,由项目部安全管理人员及劳务员留存。没有身份证的必须从户口所在地公安部门开具证明,以证明其身份。无身份证或身份证明的一律不得进入施工现场。项目部劳务管理人员应与安全管理人员及时沟通,保证花名册中人员均持有身份证明。

暂住证:在进行入场教育工作的同时,项目部劳务员应督促协助外施队伍及时到派出所办理暂住证。

(5)劳动合同签订管理

凡进入施工现场的务工人员,其所在单位必须提供与务工人员签订的劳动合同,劳动合同必须符合行政主管部门提供的最新合同范本样式。项目劳务管理人员必须督促、检查进场的分包企业(用人单位)与每位务工人员签订劳动合同,并留存备案。与务工人员签订的劳动合同必须与花名册相一致,劳动合同签订不得代笔,代笔的视为未签订劳动合同。凡未签订劳动合同的人员,劳务管理人员必须限分包企业(用人单位)在 3 日内与每位务工人员签订劳动合同,并留存备案。

(6)岗位证书管理

项目部劳务管理人员必须要求施工队伍负责人在人员进场后 3 日内,将务工人员上岗证书进行审验,劳务分包合同签订后 7 日内办理人员注册备案手续。劳务管理人员必须按照现场花名册审核务工人员持证上岗情况,督促无证人员进行相关培训,及时上报人员上岗证书审验手续。对于无证人员,劳务员应要求施工队伍负责人必须在相应时间内安排对其进行培训并取得相关岗位职业资格证书,否则按非法用工予以处罚。施工队伍应在取得证书后及时办理证书审验,劳务员须将务工人员岗位证书以复印件形式进行存档。

(7)工作卡、床头卡管理

1)由项目部行政后勤管理人员负责落实务工人员工作卡、床头卡发放工作。务工人员具备身份证或身份证明,持有岗位证书及签订劳动合同,完成入场安全教育后,行政后勤管理人员根据进场花名册,为务工人员办理工作卡、床头卡,并与实际进场人员进行核对。每间工人宿舍要按住宿情况，根据“双卡”填写住宿表。工作卡、床头卡、住宿表根据人员流动情况随时办理和修改。出现务工人员工作卡、床头卡丢失情况，施工队伍负责人应在3日内为务工人员重新办理工作卡、床头卡，否则将视为非法用工予以处罚。

2)务工人员必须佩戴胸卡，由保安人员登记后方可进出项目部大门。如无胸卡人员离开项目部大门外出必须持有劳务分包单位负责人签认的出门条，并进行登记后方可离开。属于撤离人员的，安全保卫人员登记后，要将登记人员及时上报项目部安全保卫负责人，通知项目劳务员核减人员花名册。

(8)施工区人员管理

进入施工区的务工人员必须具备身份证或身份证明，持有岗位证书及签订劳动合同，完成入场安全教育、办理“双卡”后，由项目部信息录入人员根据各外施队伍具备上述条件的务工人员花名册，进行统一编号，并通过身份识别设备进行信息采集。外施队伍现场负责人要根据项目部统一要求，指定专人负责组织本队伍人员完成信息采集工作。完成信息采集的务工人员，方可进入施工区进行上岗作业。

(9)考勤表与工资表管理

1)劳务分包企业劳务员负责建立每日人员流动台账，掌握务工人员的流动情况，为项目部提供真实的基础资料。项目部劳务员必须要求施工队伍负责人每日上报现场实际人员人数，施工队伍负责人必须对上报人数签字确认，劳务管理人员对比记录人员流动情况。每周要求施工队伍负责人上报施工现场人员考勤，由项目部劳务管理人员与现场花名册进行核对，确定人员增减情况，对于未在花名册中的人员，要求施工队伍负责人按规定办理相关手续。

2)项目部每次结算劳务费时，劳务员必须要求施工队伍负责人提供劳务人员工资表，并留存备案。工资表中人员必须与考勤表中人员相一致，且必须由劳务人员本人签字、施工队伍负责人签字和其所在企业盖章，方可办理劳务费结算。项目部根据施工队伍负责人所提供的工资表，按时向务工人员的实名制卡内支付工资。

二、实名制管理的责任制度

1. 实名制管理的三级责任体系

(1)建筑施工总承包企业管理责任

1)明确管理职责。按照“谁用工，谁管理”的原则，建筑施工总承包企业(以下简称总包企业)应将其所使用的劳务分包班组农民工实名制与工资支付纳入企业管理范畴，实施有效管理，不得“以包代管”。

2)建立健全的用工管理组织机构。总包企业应成立专职用工管理组织机构负责农民工管理业务，制订管理方案，明确岗位责任，对农民工直接实施规范化、动态化管理。

3)落实农民工实名制管理。总包企业要不断完善内部劳务分包管理办法，制订并实施强化农民工实名制管理的用工登记、日常考勤、工资支付与发放等相关制度，委托项目部经理与所雇用的农民工签订劳动合同，提高建筑业农民工管理水平。

4)规范分包合同管理。总包企业发包劳务工程，必须按规定提请劳务分包班组长填写《提示书》，签订劳务分包合同，分包合同签订后半个月内到地方建设主管部门处进行备案。劳务分包合同应约定分包款支付时间、计价方式和标准、支付方式等内容，按合同及时足额支付农民工工资。

5)制订突发事件应急预案。总包企业要根据相关规定，成立突发事件应急处置机构，制订处理因拖欠农民工工资引起突发事件应急预案，将工资纠纷事件处置在萌芽状态。

(2)项目经理部实名制管理责任

1)项目部必须配置专职的劳务管理员并与其签订《授权委托书》，委托其负责施工现场农民工管理，并明确其工作职责：填写农民工花名册，发放《建设领域农民工劳动计酬手册》，为每位农民工办理并发放出入工地胸卡，胸卡必须包括农民工姓名、照片、性别、身份证号码、工程名称、从事工种和证件有效期等，受项目部委托及时与所雇用的农民工签订建筑业专用《劳动合同》，配合安全员做好农民工进场安全教育等工作。

2)项目部应指派劳务管理员每天如实检查农民工出勤情况，填写《分包人员考勤及工资明细表》；每月考勤表应在施工现场进行公示，并按月向地方建设主管部门和总包企业报备。

3)项目部要及时掌握劳务承包班组施工现场人员变动情况，督促劳务承包班组严格执行农民工身份管理的有关规定。

4)项目部应在施工现场的醒目处设立农民工维权告示牌，公布本企业劳动纠纷举报投诉电话和地方建设主管部门维权举报投诉电话，落实受理人员，建立畅通的投诉举报渠道，及时处理本项目部的各类投诉。

5)工程竣工或分包合同终(中)止后，项目部要做好该项工程的《提示书》《授权委托书》《分包人员花名册》《分包人员考勤及工资明细表》以及《分包人员撤场清算表》等资料的签收、整理、汇总和存档工作(至少保存3年，以备检查)。

(3)劳务承包班组用工管理责任

1)劳务承包班组应服从项目部的管理，与项目部签订《提示书》，负责收集农民工身份证复印件(农民工必须具有合法身份证明),配合项目部经理和劳务管理员,做好本班组农民工实名制管理与工资支付。

2)劳务承包班组进入施工现场前,必须与项目部签订劳务分包合同,班组所有员工必须与项目部签订劳动合同。

3)承包班组负责人应按照有关规定和项目部的要求,配合项目部劳务管理员负责每天核对本班组农民工出勤情况,记录人员变动情况,配合项目部进行在册人数的确认和检查工作,配合项目部解决本班组务工人员内部的争议。

4)劳务承包班组负责人应按照有关规定配合项目部经理或劳务管理员,统计、核实每月农民工出勤记录,依据分包合同,每月结算本班组完成工程量(产值),并据此核定农民工日工资单价,计算出每月农民工工资数额,审核后上报项目部。

5)工程竣工或分包合同终止后,承包班组负责人应按分包合同规定与项目部算清劳务工程款,结清剩余劳务费,填写《分包人员撤场清算表》交项目部,经项目部认可后方可离场。

2. 实名制备案系统管理

一些地区在推行实名制管理的过程中,还借助于信息化手段,实现劳务企业的网络备案管理。现以某地区为例,介绍实名制备案管理的做法。

(1)远程登录

由劳务分包企业远程登录指定网站,使用USB锁通过身份认证进入合同及人员登记页面,填写劳务分包合同及施工人员基本信息。

(2)提交审核

系统会自动生成项目管理作业人员名单和预约办理单,企业通过系统提交,并携带以下材料到住建委建管中心办理备案:

1)劳务分包合同副本原件;

2)合同用工备案人员花名册;

3)预约办理单;

4)未进行身份认证人员的身份证复印件;

5)发包方承接工程已备案的相关证明材料复印件:施工许可证、交易备案登记证书、加盖行政主管部门备案章的中标通知书或施工合同等任一资料均可;

6)对于劳务招标投标项目需携带已备案的中标通知书原件。

住建委建管中心审核是否通过。通过审核的,打印《施工人员实名制备案通知书》。未通过审核的,退回修改。

三、劳务用工实名制管理政府监管

1. 地方建设行政主管部门的监管

通常，地方建设行政主管部门负责对所管辖地区在施工项目实名制管理制度和农民工工资支付情况进行督导，主要工作职责是：

（1）监管辖区内注册的施工总承包企业、专业承包企业和劳务企业保证金的缴存和使用；

（2）监督本辖区在施工程项目落实农民工实名制管理制度；

（3）监管本辖区在施工程项目预储账户的设立和使用；

（4）监督本辖区在施工程项目的农民工工资支付情况；

（5）按照有关规定，审核总承包企业提供的书面材料，包括《分包人员花名册》《分包人员考勤及工资明细表》《分包人员撤场清算表》等，同时网络审核企业的填报信息；

（6）做好日常检查和纠纷调解工作。

2. 奖励和惩罚机制

一些地方的建设行政主管部门作出规定。

对连续三年积极落实劳动用工实名制管理规范有序、无欠薪投诉举报的施工企业，住房和城乡建设委员会、人力资源和社会保障局等将其作为评选劳动用工管理优秀单位、给予减免缴存或免缴农民工工资保障金的必要条件之一。

施工企业及项目负责人未按规定落实实名制管理，现场劳务用工管理混乱引发农民工工资纠纷群体性事件或其他产生不良社会影响事件的，由建设行政主管部门和人社部门依法进行处理，并予以通报批评曝光，情节严重的企业记入不良行为记录，禁止其参加新的工程项目投标活动，外地企业将会被驱逐出本地建筑市场。

第四章　建筑业劳务管理相关知识

第一节　流动人口管理

一、流动人口享有的权益

由于流动人口大多数长期在恶劣的条件下劳动，主要分布在建筑、服务等以体力劳动为主的行业，他们不仅缺乏最基本的社会保障，还时常遭受不法侵害，被隔离在社会安全网之外，权益得不到保障。只有真正树立以人为本的科学发展观，走现代民主法治道路，综合运用和不断创新社会治理的制度、机制和手段，确保效率和公平的相对平衡，保障作为弱势群体的劳工尤其是最弱势群体的流动人口劳工的合法权益，才能促进劳资关系的长期和谐稳定，促进社会主义和谐社会建设。

结合中央社会治安综合治理委员会《意见》的精神和各地区实施的相应政策内容来看，流动人口享有的权益主要体现在以下几个方面：

(1)享有就业、生活和居住的城镇公共服务的权益；

(2)享有在流入地就业的权益；

(3)享有子女平等接受义务教育权益；

(4)享有改善居住条件的权益；

(5)享有医疗保障的权益(包括传染病防治和儿童计划免疫保健服务)；

(6)享有计划生育服务的权益；

(7)享有就业服务和培训的权益；

(8)享有社会保障的权益。

二、流动人口从业管理

1. 流动人口从事生产经营活动相关证件的办理

随着改革开放的不断深化，市场经济意识、竞争意识和流动意识的加强和一系列体制障碍被打破，为流动人口经商提供了现实的可能性。

我国对流动人口经商的管理没有全国统一使用的法律法规，各地方政府根据自身情况制定过一些政策法规。随着中国经济社会发展的变化，城镇化进程的加快，国务院要求取消对流动人口务工就业中的不合理限制。2003 年十届全国人大常委会通过的《中华人民共和国行政许可法》，明确地方立法设定的行政许可，不得限制其他地区的个人或者企业到本地区从事生产经营和提供服务。如北京在 2005 年废止了 1995 年颁布了《北京市外地来京务工经商人员管理条例》。该条例适用于外地来京务工经商人员，是指无本市常住户口，暂住本市从事劳务、经营、服务等活动，以取得工资收入或者经营收入的外地人员。

外地来京受聘从事科技、文教、经贸等工作的专业人员，不适用本条例。务工经商人员到北京后，必须按照户籍管理规定持本人身份证以及其他有效证明，育龄妇女需同时持婚育状况证明，到暂住地公安机关办理暂住登记。未取得《暂住证》的，任何单位和个人不得向其出租房屋或者提供生产经营场所；劳动行政机关不予核发《外来人员就业证》；工商行政管理机关不予办理营业执照。对向务工经商人员出租房屋的单位和个人实行许可制度。单位和个人向务工经商人员出租房屋，必须取得房屋土地管理机关核发的《房屋租赁许可证》、公安机关核发的《房屋租赁安全合格证》。外地来京务工人员必须持《暂住证》和其他有关证件向本市劳动行政机关申请办理《外来人员就业证》，作为在本市务工的有效证件。单位或者个人招用外地来京务工人员，必须经过劳动行政机关指定的职业介绍机构办理手续。禁止私自招用外地来京务工人员。外地来京人员在本市从事经营活动，必须持《暂住证》和经营场地合法证明以及其他有关证明，向本市工商行政管理机关申请办理营业执照，并进行税务登记，承包、租赁、使用本市企业或者商业、服务业的门店、摊点、柜台、场地等进行经营的，应当向所在地工商行政管理机关登记备案。

该条例确定的主要管理制度，是计划经济下的政府管理模式和思维，属于制度性歧视，没有尊重公民的基本权利，与社会现实和国家政策法规不符。条例的废止取消了《外来人员就业证》《健康凭证》《房屋租赁许可证》等行政许可事项。北京市政府部门也取消了对外来人员在经商方面的行业、经营范围、经营方式等限制。相应的，外来人员务工经商的一些手续、专门设置的登记事项也不再执行。同时，针对外来人员务工经商的管理服务费也不再收取。但《暂住证》《婚育证》仍将继续保留。

2. 流动人口就业持证上岗的规定

《就业促进法》《就业服务与就业管理规定》等法律法规对劳动者依法享有平等就业和自主择业的权利的保护和管理。

(1)劳动者平等的就业、择业权

(2)就业失业登记

《中华人民共和国宪法》规定:法律面前人人平等。《劳动法》第三条规定,劳动者有平等就业和选择职业的权利。2007 年《中华人民共和国就业促进法》第三条再次强调了,劳动者依法享有平等就业和自主择业的权利。还有大量的法规规章也规定了劳动者平等的就业权,劳动者就业,不因民族、种族、性别、宗教信仰等不同而受歧视。目前,流动人口的平等就业权已经不存在法律上的障碍。

为全面落实就业政策,满足劳动者跨地区享受相关就业扶持政策的需要,从 2011 年 1 月 1 日起,实行全国统一样式的《就业失业登记证》。《就业失业登记证》是记载劳动者就业与失业状况、享受相关就业扶持政策、接受公共就业人才服务等情况的基本载体,是劳动者按规定享受相关就业扶持政策的重要凭证。《就业失业登记证》中的记载信息在全国范围内有效,劳动者可凭《就业失业登记证》跨地区享受国家统一规定的相关就业扶持政策。《就业失业登记证》实行全国统一编号制度。《就业失业登记证》的证书编号实行一人一号,补发或换发证书的,证书编号保持不变。公共就业人才服务机构在发放《就业失业登记证》时,应根据情况向发放对象告知相关就业扶持政策和公共就业人才服务项目的内容和申请程序。登记失业人员凭《就业失业登记证》申请享受登记失业人员相关就业扶持政策;就业援助对象凭《就业失业登记证》及其"就业援助卡"中标注的内容申请享受相关就业援助政策;符合税收优惠政策条件的个体经营人员凭《就业失业登记证》申请享受个体经营税收优惠政策;符合条件的用人单位凭所招用人员的《就业失业登记证》申请享受企业吸纳税收优惠政策。

三、地方政府部门流动人口管理职责

1. 公安机关负责对流动人口的户籍管理和治安管理

(1)办理暂住户口登记,签发和查验《暂住证》;

(2)对流动人口中 3 年内有犯罪记录的和有违法犯罪嫌疑的人员进行重点控制;

(3)对出租房屋、施工工地、路边店、集贸市场、文化娱乐场所等流动人口的落脚点和活动场所进行治安整顿和治安管理;

(4)依法严厉打击流窜犯罪活动,建立健全社会治安防范网络;

(5)协助民政部门开展收容遣送工作;

(6)与有关部门一起疏导"民工潮"。

2. 劳动部门负责对流动就业人员的劳动管理与就业服务

(1)为流动就业人员提供就业信息和职业介绍、就业训练、社会保险等服务;

(2)对单位招用外地人员、个人流动就业进行调控管理;

(3)办理《外出就业登记卡》和《外来人员就业证》;

(4)对用人单位和职业介绍机构遵守有关法规的情况进行劳动监察,维护劳动力市场秩序;

(5)依法处理用人单位与外来务工经商人员有关的劳动争议,保护双方的合法权益;

(6)负责疏导“民工潮”。

3. 工商行政管理部门负责对外来人员从事个体经营活动的管理

(1)在核发营业执照时,核查《暂住证》《外来人员就业证》等有关证件;

(2)对集贸市场中的务工经商人员进行管理,配合有关部门落实流动人口管理的各项措施;

(3)对外来个体从业人员进行职业道德和遵纪守法等教育。

4. 民政部门

(1)负责收容遣送工作;

(2)主管流浪儿童保护教育中心的管理工作;

(3)管理流动人口婚姻登记。

5. 司法行政部门

负责对流动人口的法制宣传教育、法律服务和纠纷调解工作。

6. 计划生育部门

(1)负责流动人口计划生育证明的发放和查验工作;

(2)为流动人口提供避孕药具和有关服务;

(3)开展计划生育宣传教育。

7. 卫生部门

负责对流动人口的健康检查、卫生防疫工作。为流动人口提供节育技术服务。

8. 建设部门

(1)负责对成建制施工队伍和工地的管理以及流动人口聚集地的规划管理,协助有关部门落实流动人口管理的各项措施;

(2)负责小城镇的开发建设,促进农村剩余劳动力的就地就近转移;

(3)负责对房屋出租的管理和市容、环境卫生监察。

第二节　人力资源开发与管理

一、人力资源开发与管理的基本原理

1. 人力资源管理的概念

(1)人力资源

指能够推动整个社会和经济发展的、且具有智力劳动和体力劳动能力的劳动者的总和。人力资源包括人的智力、体力、知识和技能。

首先,人力资源的本质是人所具有的脑力和体力的总和,可以统称为劳动能力。其次,这一能力要能够对财富的创造起贡献作用,成为社会财富的源泉。最后,这一能力还要能够被组织所利用,这里的“组织”可以大到一个国家或地区,也可以小到一个企业或作坊。

(2)人力资源管理

宏观地讲是围绕着充分开发人力资源效能的目标,对人力资源的取得、开发、保持和利用等方面所进行的管理活动的总称。微观地讲,是指根据组织发展战略的要求,有计划地对人力资源进行合理配置,通过对组织中员工的招聘、培训、使用、考核、激励、调整等一系列过程,调动员工的积极性,发挥员工的潜能,为组织创造价值,确保组织战略目标的实现。

人力资源管理是企业的一系列人力资源政策以及相应的管理活动。这些活动主要包括人力资源战略的制定,员工的招募与选拔,培训与开发,绩效管理,薪酬管理,员工流动管理,员工关系管理,员工安全与健康管理等,即:企业运用现代管理方法,对人力资源的获取、开发、保持和利用等方面所进行的计划、组织、指挥、控制和协调等一系列活动,最终达到实现企业发展目标的一种管理行为。

2. 人力资源管理基本原理

一般来讲,人力资源管理通常遵循下列原理进行:

(1)系统优化原理

指人力资源系统经过组织、协调、运行、控制,使其整体动能获得最优绩效的过程。

在这方面,表现得最为简单的就是有关企业组织架构的设计,亦即人力资源部门为满足系统优化而进行的战略性人力资源调整。

(2)能级对应原理

不同能力的人,其在企业中的责、权、利应有所差别,合适的人放到合适的位置上,亦即通常进行的职位分类所做的工作,在职位分类完成之后,一个系统的人力资源部门还需要进行工作分析。工作分析提供了(Who)用谁做、(What)做什么、(When)何时做、(Where)在什么地方做、(How)怎么做、(Why)为什么要做、(For Whom)为谁做的信息，从而形成职位描述等相关的文件。

(3)系统动力原理

通过一定的方式激发人的工作热情，包括物质动力(物质的奖罚)、精神动力(成就感与挫折感、危机意识)。亦即通常讲的绩效考核机制，从X理论到Y理论到现代的人本管理理念，无一不是为最大限度地发挥人员潜能而发展的。

(4)反馈控制原理

人力资源管理中的各个环节是相互关联的，形成一个反馈环，某一环节发生变化都会产生连锁反应。这个原理的利用在于如何建立企业内部的沟通机制。通常，业界一般认为有关沟通的事宜应该由行政部门来进行，而作为人力资源管理系统，同样也需要组织沟通。比如说组织进行内部员工满意度调查，是一件上到企业最高领导、下到基层员工的一个全面的工作信息沟通过程，通过这个沟通过程，可以系统地做出包括公司宏观发展战略、经营管理理念、各项规章制度、组织管理和企业文化等方面的评价。

二、人力资源规划的定义、原则和内容

1. 人力资源规划的定义

人力资源规划是从企业人力资源开发与管理的战略层面出发，人力资源管理者所做的人力资源战略谋划及其实施方案。

它是一个企业为实现其自身发展目标而对其人力资源进行供求预测，制定系统的管理制度，以满足自身人力资源需求的活动过程。

2. 人力资源规划的原则

人力资源规划的原则一般有如下几点：

(1)充分考虑内部、外部环境的变化

人力资源计划只有充分地考虑了内、外环境的变化，才能适应需要，真正地做到为企业发展目标服务。内部变化主要指销售的变化、开发的变化、或者说企业发展战略的变化，还有公司员工的流动变化等；外部变化指社会消费市场的变化、政府有关人力资源政策的变化、人才市场的变化等。为了更好地适应这些变化，在人力资源计划中应该对可能出现的情况做出预测和风险变化，最好能有面对风险的应对策略。

(2)提供企业的人力资源保障

企业的人力资源保障问题是人力资源计划中应解决的核心问题。它包括人员的流入预测、流出预测、人员的内部流动预测、社会人力资源供给状况分析、人

员流动的损益分析等。只有有效地保证了对企业的人力资源供给，才可能去进行更深层次的人力资源管理与开发。

(3)使企业和员工都得到长期的利益

人力资源计划不仅是面向企业的计划，也是面向员工的计划。企业的发展和员工的发展是互相依托、互相促进的关系。如果只考虑企业的发展需要，而忽视了员工的发展，则会有损企业发展目标的达成。优秀的人力资源计划，既是使企业和员工达到长期利益的计划，也是能够使企业和员工共同发展的计划。

3. 人力资源规划的内容

人力资源规划过程最终要形成一份书面的文件，这份文件就是名词意义上的人力资源规划。狭义的人力资源规划仅包括与人员变化有关的内容，如配备计划、退休解聘计划、补充计划、使用计划、职业计划等。广义的人力资源规划还包含总体规划、培训开发计划、绩效与薪酬福利计划、劳动关系计划以及人力资源预算等。

各项内容简介如下。

(1)人力资源总体规划

根据企业经营目标与长期发展战略，通过人力资源管理各子系统，做好人力资源的供求平衡与职工开发计划。

(2)人力资源补充和更新计划

优化人力资源结构，满足企业对人力资源数量和质量的要求。

(3)人力资源使用和调整计划

提高劳动生产率，充分利用劳动时间，保证企业内部人力资源合理流动。

(4)人力资源发展计划

人力资源发展计划的目标是为本组织选拔后备人才，形成人才群体，规划员工职业生涯。与之相关的政策与措施包括管理者与技术工作者的岗位选拔制度、提升职位的确定、未提升资深人员的安排、员工职业生涯计划。

(5)评估计划

一般而言，组织(企业)内部因为分工不同，对于人员的评估方法也不同，在提高、公平、发展的原则下，应该根据员工对公司所作出的贡献为评估的依据。评估计划要从员工工作成绩的数量和质量两个方面，对员工在工作中的优缺点进行测定。一个好的评估计划可以增加职工参与性，增进绩效，增强组织凝聚力。

(6)职工工资计划

职工工资计划是为确定员工工资满足生活基本需要制定的。一个好的职工工资计划，还要对员工起到激励作用。

三、人员招聘与录用

1. 招聘的原则

(1)公开招聘

将招聘单位、招聘种类、招聘条件、招聘数量、招聘方法、时间地点等通过登报或其他方式公布于众,这样一方面可以将录用工作置于公开监督之下,以防止不正之风;另一方面也可以吸引广大应聘者,形成竞争局面,有利于找到高素质的人才。

(2)公平公正

在招聘过程中,坚持公平竞争原则;对所有的应聘者应一视同仁,杜绝“拉关系、走后门”等腐败现象。也不得主观片面地根据个人的好恶进行选拔,要以严格的标准、科学的方法,通过全面考核,公正地选拔真正的优秀人才。

(3)全面考核

要对应聘者的德、智、能、体等各个方面进行综合考察和测试。劳动者的德决定劳动者的智能的使用方向,关系到劳动者能力的发挥。智,是指一个人的知识和智慧;能,是指一个人的技能和能力。对智、能的考核,不仅是对知识的测试,还包括智慧、技能、能力和人格等各方面的测试。体,是指身体素质。体质是劳动者智、能得以发挥的生理基础,对“体”的考核是其他一切考核的前提。如果没有一个健康的身体,有再高的智、能也不能胜任工作。

(4)择优录用

根据应聘者的考核成绩,从中选择优秀者录用。择优录用的依据是对应聘者的全面考核的结论和录用标准。是否做到择优录用是人员招聘成败的关键。

(5)双向选择

企业根据自己的各种职务的需要选择优秀者,同时劳动者也可以根据自己的条件自主地选择职业,在招聘过程中,招聘者不能以主观意志为转移,只考虑自身一个方面的需要去选择,更要考虑所需人员的要求,创造条件吸引他们,使他们愿意为本企业工作。

(6)效率优先

以尽可能少的招聘成本录用到合适的人员,选择最合适的招聘渠道和科学合理的考核方法,在保证所聘人员质量的基础上节约招聘费用,避免长期职位空缺而造成的损失。

2. 招聘的程序

(1)制定招聘计划

首先必须根据本组织目前的人力资源分布情况及未来某时期内组织目标的

变化，分析从何时起本组织将会出现人力资源的缺口是数量上的缺口，还是层次上需要提升。这些缺口分布在哪些部门，数量分布如何，层次分布是怎样的。根据对未来情况的预测和对目前情况的调查来制定一个完整的招聘计划。拟定招聘的时间、地点、欲招聘人员的类型、数量、条件、具体职位的具体要求、任务以及应聘后的职务标准及薪资等。

(2)组建招聘小组

对许多企业，招聘工作是周期性或临时性的工作，因此，应该有专人来负责此项工作，在招聘时成立一个专门的临时招聘小组，该小组一般应由招聘单位的人事主管以及用人部门的相关人员组成。专业技术人员的招聘还必须由有关专家参加，如果是招聘高级管理人才，一般还应有经济管理等相关方面的专家参加，以保证全面而科学地考察应聘人员的综合素质及专项素质。招聘工作开始前应对有关人员进行培训，使其掌握政策、标准，并明确职责分工，协同工作。

(3)确立招聘渠道，发布招聘信息

根据欲招聘人员的类别、层次以及数量，确定相应的招聘渠道。一般可以通过有关媒介(如专业报刊、杂志、电台、电视、大众报刊)发布招聘信息，或去人才交流机构招聘，或者直接到大中专院校招聘应届毕业生。

(4)甄别录用

一般的筛选录用过程是：根据招聘要求，审核应聘者的有关材料，根据从应聘材料中获得的初步信息安排各种测试，包括笔试、面试、心理测试等，最后经高级主管面试合格，办理录用手续。在一些高级人员的招聘过程中，往往还要对应聘者进行个性特征、心理健康水平以及管理能力、计算机水平模拟测试等。

(5)工作评估

人员招聘进来以后，应对整个招聘工作进行检查、评估，以便及时总结经验，纠正不足。评估结果要形成文字材料，供下次参考。此外，在新录用人员试用一段时间后，要调查其工作绩效，将实际工作表现与招聘时对其能力所做的测试结果做比较，确定相关程度，以判断招聘过程中所使用的测试方法的可信度和有效度，为测试方法的选择和评价提供科学的依据。

3. 招聘的渠道

人员招聘可分为内部征召和外部招聘两个渠道。

(1)内部征召

内部征召是指吸引现在正在企业任职的员工，填补企业的空缺职位。这也是企业重要的征召来源，特别是对企业管理职位来说，是最重要的来源。内部征召渠道有两个：

1)内部提升。当企业中有些比较重要的职位需要招聘人员时,让企业内部符合条件的员工,从一个较低级的职位晋升到一个较高级的职位的过程就是内部提升。

2)职位转换。指企业空缺的职位与现有员工职位调到同一层次的职位上去,即平调或者调到下一层次的空缺职位上去的过程。

(2)外部招聘

外部招聘的方法主要有以下几种:

1)员工推荐。员工推荐是指组织内的员工从他们的朋友或熟悉的人中引荐求职者。

2)顾客中挖掘。顾客本人可能就在寻求变动职业,或者他们认识的某些人可能成为优秀的员工。可以向顾客发送招聘传单或向顾客发送产品广告时附一张招聘传单等,也可更有选择性地仅给那些你愿意招聘的顾客发送招聘传单,还可以利用任何联系顾客的方法来把你的要求提示给顾客,也可以亲自邀请他们推荐工作应聘者。

3)刊登广告。广告可能是最广泛地通知潜在求职者工作空缺的办法,借助不同的媒体做广告,会带来不同的效果,可以选择报纸、杂志、广播、电视和其他印刷品刊登广告。

4)人才招聘会。人才招聘会有两种:专场招聘会和非专场招聘会。企业如果决定以招聘会的方式招聘人员就要制定好招聘方案,因为一个大型的招聘会有几百家或更多的企业同时招聘,同样性质的职位,可能有许多企业都在招聘。

5)校园招聘。校园招聘的优点是企业可以找到足够数量的高素质的人才,而且新毕业学生的学习愿望和学习能力强,可塑性也很强。不足之处是没有工作经验,需要进行一定的培训,对自身能力估计不现实,容易对工作产生不满,毕业后的前几年有较高的更换单位的几率。

6)就业机构介绍。就业机构是帮助企业招聘员工和帮助个人找到工作的一种中介组织。包括各种职业介绍所,人才交流中心等。借助于这些机构,企业与求职者均可获得大量信息,同时也可传播各自的信息,是一条行之有效的招聘与就业途径。

7)猎头公司。猎头公司是专门为组织招聘高级管理人才或重要的专业人才的职业中介机构。这些公司进行两类业务:一是针对需要人的组织寻找合适的候选人,二是针对需要工作的专业人员,寻找需要的工作职位。

8)网络招聘等方式。网络招聘是利用计算机及网络技术支持完成的招聘过程。借助互联网和组织内部的人力资源信息系统,将申请过程、发布信息过程、招聘筛选过程、录用过程等有机融合,形成一个全新的网络招聘系统,使组织能够更好、更快、更低成本吸引应聘者，并能征召到组织所需要的人才。

4. 人员录用

当应聘者经过了各种筛选关后，最后一个步骤就是录用与就职。有不少企业由于不重视录用与就职工作，新员工在录用后对企业和本职工作连起码的认识都没有就直接走上了工作岗位，这不仅会给他们今后的工作造成一定的困难，而且会使员工产生一种人生地不熟的感觉，难以唤起新员工的工作热情，这对企业是不利的。为此，企业应认真做好这项工作。

(1)企业用工制度

用工制度是企业为了解决生产对劳动力的需要而采取的招收、录用和使用劳动者的制度，它是企业劳动管理制度的主要组成部分。随着国家和建筑业用工制度的改革，建筑企业可以采取多种形式用工。

1)固定工。即与建筑企业签订长期用工合同的自有员工，主要由工人技师、特殊复杂技术工种工人组成。

2)合同工。企业根据临时用工需求，本着“公开招工、自愿报名、全面考核、择优录取”的原则，从城镇、农村招收合同制工人。

3)计划外用工。企业根据任务情况，使用成建制的地方建筑企业或乡镇建筑企业，以弥补劳务人员的不足。

4)建立劳务基地。企业出资和地方政府一起在当地建立劳务培训基地，采用“定点定向、双向选择、专业配套、长期合作”的方式，为企业提供长期稳定的劳务人员。

5)建立协作关系。一些大型建筑企业利用自身优势，有选择地联合一批施工能力强、有资质等级的施工队伍，同他们建立一种长期稳定的伙伴协作关系。

建筑企业的用工制度，具有很大灵活性。在施工任务量增大时，可以多用合同工或乡镇建筑队伍；任务量减少时，可以少用合同工或乡镇建筑队伍，以避免“窝工”。由于建立了劳务基地，劳动力招工难和不稳定的问题基本得到了解决。这种多元结构的用工制度，适应了建筑施工和施工项目用工弹性和流动性的要求。同时，建筑企业的用工制度也决定了建筑企业人员招聘和录用工作的特殊性。

(2)录用工作

录用有签订试用合同、员工的初始安排、试用和正式录用等过程。新员工进入企业以前，一般要签订试用合同，对新员工和组织双方进行必要的约束和保证。合同内容包括：试用的职位；试用的期限；试用期间的报酬与福利；试用期应接受的培训；试用期责任义务；员工辞职条件和被延长试用期的条件等。

一般来说新员工进入企业以后其职位均是按照招聘的要求和应聘者的意愿

安排的。有时组织可以根据需要，在征询应聘者意见以后，也可以充实到别的职位。对于一些岗位，应聘者可能要经过必要的培训以后才能进入试用工作。

试用期满后，如果新员工表现良好，能够胜任工作，就应办理正式录用手续。正式录用企业一般要与员工签订正式的录用合同。合同内容和条款应当符合劳动法的有关规定。

四、绩效管理

1. 绩效管理的内容

对于绩效管理，人们往往把它等同于绩效考核，认为绩效管理就是绩效考核，两者没有什么区别。其实，绩效考核只是绩效管理的一个组成部分，最多只是其核心部分而已，代表不了绩效管理的全部内容。完整意义上的绩效管理是由绩效计划、绩效跟进、绩效考核和绩效反馈四个部分组成的一个系统。

(1)绩效计划

绩效计划是整个绩效管理系统的起点，它是指在绩效周期开始时，由上级和员工一起就员工在绩效考核周期内的绩效目标、绩效过程和手段等进行讨论并达成一致。当然，绩效计划并不是只在绩效周期开始时才会进行，它往往会随着绩效周期的推进不断做出相应的修改。

(2)绩效跟进

绩效跟进是指在整个绩效周期内，通过上级和员工之间持续的沟通来预防或解决员工实现绩效时可能发生的各种问题的过程。

(3)绩效考核

员工的绩效考核就是通过科学的方法和客观的标准，对职工的思想、品德、工作能力、工作成绩、工作态度、业务水平以及身体状况等进行评价。

(4)绩效反馈

绩效反馈是指通过一定的方式将员工的考核与评价结果向员工本人传达、沟通和说明，使员工客观地认识自我，制定改进措施。

2. 绩效管理的方法

(1)简单排序法

简单排序法也称序列法或序列评定法，即对一批考核对象按照一定标准排出先后的顺序。该方法的优点是简便易行，具有一定的可信性，可以完全避免趋中倾向或宽严误差。

缺点是考核的人数不能过多，以 5～15 人为宜；而且只适用于考核同类职务的人员，对从事不同职务工作的人员则因无法比较，而大大限制了应用范围，不适合在跨部门人事调整方面应用。

(2)强制分配法

强制分配法也称硬性分布法，是按预先规定的比例将被评价者分配到各个绩效类别上的方法。这种方法是根据统计学的正态分布原理进行的，其特点是两边的最高分、最低分者很少，处于中间者居多。评价者按预先确定的概率，把考核对象分为五个类型，如优秀占5%，良好占15%，合格占60%，较差占15%，不合格占5%。

(3)要素评定法

要素评定法也称功能测评法或测评量表法，它是把定性考核和定量考核结合起来的方法。

(4)工作记录法

工作记录法也称生产记录法或劳动定额法，一般用于对生产工人操作性工作的考核。在一般的企业，对生产性工作有明确的技术规范并下达劳动定额，工作结果有客观标准衡量，因而可以用工作记录法进行考核。

(5)目标管理法

目标管理法是一种综合性的绩效管理方法，而不仅仅是单纯的绩效考核技术手段。该方法的特点在于，它是一种领导者与下属之间的双向互动过程。在进行目标制定时，上级和下属依据自己的经验和手中的材料，各自确定一个目标，双方沟通协商，找出两者之间的差距以及差距产生的原因，然后重新确定目标，再次进行沟通协商，直至取得一致意见，即形成了目标管理的期望值。

(6)360度考核法

360度考核法是一种从多角度进行的比较全面的绩效考核方法，也称全方位考核法或全面评价法。这种方法是选取与被考核者联系紧密的人来担任考核工作，包括上级、同事(以及外部客户)、下级和被考核者本人，用量化考核表对被考核者进行考核，采用五分制将考核结果记录，最后用坐标图来表示以供分析。

(7)平衡计分卡法

平衡记分卡是一套能使组织快速而全面考察经营状态的评估指标。平衡计分卡包括财务、客户、业务流程和学习创新等四大方面的指标，财务衡量指标可以说是基本内容，它说明已采取的行动所产生的结果，同时还通过对顾客的满意度、组织内部的业务流程及组织的创新和提高活动进行评估，来补充财务衡量指标，并由此形成一个逻辑关系体系。

五、薪酬管理

1. 薪酬管理的内容

薪酬管理，是在企业发展战略指导下，对员工薪酬支付原则、薪酬策略、薪酬水平、薪酬结构、薪酬构成进行确定、分配和调整的动态管理过程。

薪酬管理要为实现薪酬管理目标服务，薪酬管理目标是基于人力资源战略设立的，而人力资源战略服从于企业发展战略。

薪酬管理包括薪酬体系设计、薪酬日常管理两个方面：薪酬体系设计主要是薪酬水平设计、薪酬结构设计和薪酬构成设计；薪酬日常管理是由薪酬预算、薪酬支付、薪酬调整组成的循环，这个循环可以称之为薪酬成本管理循环。

薪酬设计是薪酬管理最基础的工作，如果薪酬水平、薪酬结构、薪酬构成等方面有问题，企业薪酬管理就不可能实现预定目标。

薪酬预算、薪酬支付、薪酬调整工作是薪酬管理的重点工作，应切实加强薪酬日常管理工作，以便实现薪酬管理的目标。

薪酬体系建立起来后，应密切关注薪酬日常管理中存在的问题，及时调整公司薪酬策略，调整薪酬水平、薪酬结构以及薪酬构成，以实现效率、公平、合法的薪酬目标，从而保证企业发展战略的实现。

2. 薪酬管理目标

薪酬要发挥应有的作用，薪酬管理应达到以下三个目标：效率、公平、合法。达到效率和公平目标，就能促使薪酬激励作用的实现，而合法性是薪酬基本要求，因为合法是公司存在和发展的基础。

(1)效率目标

效率目标包括两个层面，第一个层面站在产出角度来看，薪酬能给组织绩效带来最大价值，第二个层面是站在投入角度来看，实现薪酬成本控制。薪酬效率目标的本质是用适当的薪酬成本给组织带来最大的价值。

(2)公平目标

公平目标包括三个层次：分配公平、过程公平、机会公平。

1)分配公平是指组织在进行人事决策、决定各种奖励措施时，应符合公平的要求。如果员工认为受到不公平对待，将会产生不满。

员工对于分配公平认知，来自于其对于工作的投入与所得进行主观比较而定，在这个过程中还会与过去的工作经验、同事、同行、朋友等进行对比。分配公平分为自我公平、内部公平、外部公平三个方面。自我公平，即员工获得的薪酬应与其付出成正比；内部公平，即同一企业中，不同职务的员工获得的薪酬应正比于其各自对企业作出的贡献；外部公平，即同一行业、同一地区或同等规模的不同企业中类似职务的薪酬应基本相同。

2)过程公平是指在决定任何奖惩决策时，组织所依据的决策标准或方法符合公正性原则，程序公平一致、标准明确、过程公开等。

3)机会公平指组织赋予所有员工同样的发展机会，包括组织在决策前与员工互相沟通，组织决策考虑员工的意见，主管考虑员工的立场，建立员工申诉机制等。

(3)合法目标

合法目标是企业薪酬管理的最基本前提，要求企业实施的薪酬制度符合国家、省、自治区的法律法规、政策条例要求，如不能违反最低工资制度、法定保险福利、薪酬指导线制度等的要求规定。

3. 薪酬模式类型

概括来讲，薪酬来源有5种主要依据，相应的形成5种基本薪酬模式：基于岗位的薪酬模式、基于绩效的薪酬模式、基于技能的薪酬模式、基于市场的薪酬模式、基于年功的薪酬模式。

(1)基于岗位的薪酬模式

此种薪酬模式，主要依据岗位在企业内的相对价值为员工付酬。岗位的相对价值高，其工资也高，反之亦然。通俗地讲就是：在什么岗，拿什么钱。

政府组织实施的是典型的依据岗位级别付酬的制度。在这种薪酬模式下，员工工资的增长主要依靠职位的晋升。因此，其导向的行为是：遵从等级秩序和严格的规章制度，千方百计获得晋升机会，注重人际网络关系的建设，为获得职位晋升采取相应的行为。

(2)基于绩效的薪酬模式

基于岗位的薪酬模式假设，岗位职责的履行必然会带来好的结果，然而在企业不确定性因素较多、变革成为常规的环境下，这种假设成立的条件发生了极大地变化。企业要求员工根据环境变化主动设定目标，挑战过去；企业更强调做正确的事，注重结果，而不是过程。

因此，按绩效付酬就成为必然选择，其依据可以是企业的整体绩效、部门的整体绩效，也可以是团队或者个人的绩效。具体选择哪个作为绩效付酬的依据，要看岗位的性质。总体来说，要考虑多个绩效结果。绩效付酬导向的员工行为很直接，员工会围绕着绩效目标开展工作，为实现目标会竭尽全能，力求创新，“有效”是员工行为的准则，而不是岗位付酬制度下的规范。实际上，绩效付酬降低了管理成本，提高了产出。

(3)基于技能的薪酬模式

技能导向工资制的依据很明确，就是员工所具备的技能水平。这种工资制度假设：技能高的员工的贡献大。其目的在于促使员工提高工作的技术和能力水平。在技能工资制度下的员工往往会偏向于合作，而不是过度地竞争。

(4)基于市场的薪酬模式

基于市场的薪酬模式是指参照同等岗位的劳动力市场价格来确定薪酬待

遇。该模式立足于人才市场的供需平衡原理，具有较强的市场竞争力和外部公平性。可以将企业内部同外部劳动力市场进行及时的有机互联，防止因为人才外流而削弱企业的竞争力。不过，能够完全进行市场对比的企业多发生在充分竞争的企业或者行业之间；再则，过分同外部市场挂钩将加重企业自身的支付压力，不利于内部公平，其不足之处也显而易见。

(5)基于年功的薪酬模式

在基于年功的薪酬模式下，员工的工资和职位主要是随年龄和工龄的增长而提高。中国国有企业过去的工资制度在很大程度上带有年功工资的色彩，虽然强调技能的作用，但在评定技能等级时，相当程度上是“论资排辈”。

年功工资的假设是服务年限长导致工作经验多，工作经验多，业绩自然会高，老员工对企业有贡献，应予以补偿。其目的在于鼓励员工对企业忠诚，强化员工对企业的归属感，导向员工终生服务于企业。在人才流动程度低、从业相对稳定的环境下，如果员工确实忠诚于企业并不断进行创新，企业可以实施年功工资制。其关键在于外部人才竞争环境比较稳定，否则很难成功地实施年功工资。

六、保险管理

1. 福利

福利实际上是一个十分庞大的体系。员工福利可分为社会保险福利和用人单位集体福利两大类。

(1)社会保险福利

社会保险福利是为了保障员工的合法权利，由政府统一管理的福利措施。它主要包括基本养老保险、基本医疗保险、失业保险、工伤保险等。

(2)用人单位集体福利

用人单位集体福利是指用人单位为了吸引人才或稳定员工而自行为员工采取的福利措施。

用人单位集体福利根据享受的范围不同，可分全员性福利和特殊群体福利两类。全员性福利是全体员工可以享受的福利，如工作餐、节日礼物、健康体检、带薪年假等；特殊群体福利是指提供给特殊群体享用的福利，这些特殊群体往往是对企业做出特殊贡献的企业核心人员。特殊群体的福利包括住房、汽车、职务消费、会员卡等项目。

根据福利本身是否涉及金钱或实物，用人单位集体福利又可以简单地将之区分为：经济性福利和非经济性福利，它们各自又包含着丰富的内容。

1)经济性福利

①住房性福利：以成本价向员工出售住房、房租补贴等；

②交通性福利：为员工免费购买电、汽车月票或地铁月票，用班车接送员工上下班；

③饮食性福利：免费供应午餐、慰问性的水果等；

④教育培训性福利：员工的脱产进修、短期培训等；

⑤医疗保健性福利：免费为员工进行例行体检，或者打预防针等；

⑥有薪节假日：节日、假日以及事假、探亲假、带薪休假等；

⑦文化旅游性福利：为员工过生日而办的活动，集体的旅游，体育设施的购置；

⑧金融性福利：为员工购买住房提供的低息贷款；

⑨其他生活性福利：直接提供的工作服；

⑩津贴和补贴；

⑪企业补充保险与商业保险。

2）非经济性福利

企业提供的非经济性福利，基本的目的在于全面改善员工的“工作生活质量”。这类福利形式包括以下几种。

①咨询性服务：比如免费提供法律咨询和员工心理健康咨询等；

②保护性服务：平等就业权利保护（反对性别、年龄歧视等）、隐私权保护等；

③工作环境保护：比如实行弹性工作时间，缩短工作时间，员工参与民主化管理等。

2. 企业补充养老保险和补充医疗保险

（1）补充养老保险设计程序

1）确定补充养老金的来源。可行的来源方式有两种：

①完全由企业负担，员工退休时，企业按规定支付员工养老金；

②由企业和员工共同负担，员工从工资或储蓄、奖金、分红中拿出一部分上缴企业，企业也按工资总额的一定百分比提取一定金额，共同作为补充养老保险基金。

2）确定每个员工和企业的缴费比例。员工个人缴费比例可以依据员工的工龄或者是薪酬水平而定；企业的缴费比例根据企业支付能力和企业员工年龄结构确定。

3）确定养老金支付的额度。

①确定养老金的计算基础额。可以是员工在职期间的月基本工资，或者是基本工资加其他一些工资项目或者是全部工资。基础额的多少取决于企业的支付能力；

②确定养老金的支付率。可以根据员工的工龄不同确定不同的支付率，工

龄越长，支付率越高。

4)确定养老金的支付形式。可以有三种形式：

①一次性支付；

②定期支付；

③一次性支付与定期支付相结合。

5)确定实行补充养老保险的时间。最好是选择在薪酬调整时实施，这样员工不会感到负担加重而难以承受。

6)确定养老金基金管理办法。

(2)补充医疗保险设计程序

1)确定补充医疗保险基金的来源与额度；

2)确定补充医疗保险金支付的范围；

3)确定支付医疗费用的标准；

4)确定补充医疗保险基金的管理办法。

七、人员培训

员工培训是指在将组织发展目标和员工个人发展目标相结合的基础上，有计划、有系统地组织员工从事学习和训练，增长员工的知识水平，提高员工的工作技能，改善员工的工作态度，激发员工的创新意识，最大限度地使员工的个人素质与工作需求相匹配，使员工能胜任目前所承担的或将要承担的工作与任务的人力资源管理活动。

1. 培训的形式

(1)讲授法：属于传统的培训方式，优点是运用方便，便于培训者控制整个培训过程。缺点是单向信息传递，反馈效果差。讲授法常用于一些理念性知识的培训。

(2)视听技术法：通过现代视听技术（如投影仪、DVD、录像机等工具），对员工进行培训。优点是运用视觉与听觉的感知方式，直观鲜明。但学员的反馈与实践较差，且制作和购买的成本高，内容易过时。视听技术法多用于介绍企业概况、传授技能等培训内容，也可用于概念性知识的培训。

(3)讨论法：按照费用与操作的复杂程度又可分成一般小组讨论与研讨会两种方式。研讨会多以专题演讲为主，中途或会后允许学员与演讲者进行交流沟通。优点是信息可以多向传递，与讲授法相比反馈效果较好，但费用较高。而小组讨论法的特点是信息交流方式为多向传递，学员的参与性高，费用较低。多用于巩固知识，训练学员分析、解决问题的能力与人际交往的能力，但运用时对培训教师的要求较高。

(4)案例研讨法:通过向培训对象提供相关的背景资料,让其寻找合适的解决方法。这一方式费用低,反馈效果好,可以有效训练学员分析解决问题的能力。另外,近年的培训研究表明,案例、讨论的方式也可用于知识类的培训,且效果更佳。

(5)角色扮演法:受训者在培训教师设计的工作情况中扮演角色,其他学员与培训教师在学员表演后作适当的点评。由于信息传递多向化、反馈效果好、实践性强、费用低,因而多用于人际关系能力的训练。

(6)自学法:这一方式较适合于一般理念性知识的学习,由于成人学习具有偏重经验与理解的特性,让具有一定学习能力与自觉的学员自学是既经济又实用的方法,但此方法也存在监督性差的缺陷。

(7)互动小组法:也称敏感训练法。此法主要适用于管理人员的人际关系与沟通训练。让学员在培训活动中以亲身体验来提高处理人际关系的能力。其优点是可明显提高人际关系与沟通的能力,但其效果在很大程度上依赖于培训教师的水平。

(8)网络培训法:是一种新型的计算机网络信息培训方式,投入较大。但由于使用灵活,符合分散式学习的新趋势,节省学员集中培训的时间与费用。这种方式信息量大,新知识、新观念传递优势明显,更适合成人学习。因此,特别为实力雄厚的企业所青睐,也是培训发展的一个必然趋势。

2. 建筑企业职业培训的内容

(1)管理人员培训

1)岗位培训。岗位培训是对一切从业人员,根据岗位或职务对其具备的全面素质的不同需要,按照不同的劳动规范,本着"干什么学什么,缺什么补什么"的原则进行的培训活动。它旨在提高职工的本职工作能力,使其成为合格的劳动者,并根据生产发展和技术进步的需要,不断提高其适应能力。包括对企业经理的培训,对项目经理的培训,对基层管理人员和土建、装饰、水暖、电气工程技术人员的培训及对其他岗位的业务、技术干部的培训。

2)继续教育。包括建立以"三总师"为主的技术、业务人员继续教育体系,采取按系统、分层次、多形式的方法,对具有中专以上学历的管理人员进行继续教育。

3)学历教育。主要是有计划选派部分管理人员到高等院校深造。培养企业高层次专门管理人才和技术人才,毕业后回本企业继续工作。

(2)工人培训

1)班组长培训。即按照国家建设行政主管部门制定的班组长岗位规范,对班组长进行培训,通过培训最终达到班组长100%持证上岗。

2)技术工人等级培训。按照建设部颁发的《工人技术等级标准》和劳动部颁发的有关工人技师评聘条例,开展中、高级工人应知应会考评和工人技师的评聘。

3)特种作业人员的培训。根据国家有关特种作业人员必须单独培训、持证上岗的规定,对企业从事电工、塔式起重机驾驶员等工种的特种作业人员进行培训,保证100%持证上岗。

4)对外地施工队伍的培训。按照省、市有关外地务工人员必须进行岗前培训的规定,企业对所使用的外地务工人员进行培训,颁发省、市统一制发的外地务工经商人员就业专业训练证书。

对拟用人力资源的培训应该达到以下要求:

①所有人员都应意识到符合管理方针与各项要求的重要性;

②他们应该知道自己工作中的重要管理因素及其潜在影响,以及个人工作的改进所能带来的工作效益;

③他们应该意识到在实现各项管理要求方面的作用与职责;

④所有人员应该了解如果偏离规定的要求可能产生的不利后果。

八、建筑业工人职业技能等级考核鉴定

1. 建筑业工人职业技能等级的划分和就业准入

职业资格证书是表明劳动者具有从事某一职业所必备的学识和技能的证明。它是劳动者求职、任职、就业的资格凭证,是用人单位招聘、录用劳动者的主要依据,也是境外就业、对外劳务合作人员办理技能水平公证的有效证件。

《劳动法》第八章第六十九条规定:"国家确定职业分类,对规定的职业制定职业技能标准,实行职业资格证书制度,由经过政府批准的考核鉴定机构负责对劳动者实施职业技能考核鉴定"。《职业教育法》第一章第八条明确指出:"实施职业教育应当根据实际需要,同国家制定的职业分类和职业等级标准相适应,实行学历文凭、培训证书和职业资格证书制度"。这些法规确定了国家推行职业资格证书制度和开展职业技能鉴定的法律依据。

《中华人民共和国职业教育法》第一章第八条规定:实施职业教育应当根据实际需要,同国家制定的职业分类和职业等级标准相适应,实行学历证书、培训证书和职业资格证书制度。国家实行劳动者在就业前或者上岗前接受必要的职业教育的制度。

我国职业资格证书分为五个等级:初级(五级)、中级(四级)、高级(三级)、技师(二级)和高级技师(一级)。

2. 国家规定的建筑业就业准入职业

目前，劳动和社会保障部依据《中华人民共和国职业分类大典》确定了实行就业准入的职业目录。其中涉及建筑行业的主要有：焊工、吊装工、装配钳工、工具钳工、锅炉设备装配工、电机装配工、高低压电器装配工、锅炉设备安装工、维修电工、手工木工、精细木工、土石方机械操作工、砌筑工、混凝土工、钢筋工、架子工、防水工、装饰装修工、电气设备安装工、管工、起重装卸机械操作工、防腐蚀工、油漆工等。

3. 建筑业工人职业技能等级的考核鉴定

(1)办理方式

根据国家有关规定，办理职业资格证书的程序为：职业技能鉴定所(站)将考核合格人员名单报经当地职业技能鉴定指导中心审核，再报经同级劳动保障行政部门或行业部门劳动保障工作机构批准后，由职业技能鉴定指导中心按照国家规定的证书编码方案和填写格式要求统一办理证书，加盖职业技能鉴定机构专用印章，经同级劳动保障行政部门或行业部门劳动保障工作机构验印后，由职业技能鉴定所(站)送交本人。

目前，劳动部门已经基本建立了社会化的培训与资格认证体制，有资格和能力的企业、厂矿、学校经劳动部门的严格审查后，可以获得认证资格。

(2)职业技能鉴定的要求

参加不同级别鉴定的人员，其申报条件不尽相同，要根据鉴定公告的要求，确定申报的级别。一般来讲，不同等级的申报条件为：参加初级鉴定的人员必须是学徒期满的在职职工或职业学校的毕业生；参加中级鉴定的人员必须是取得初级技能证书并连续工作 5 年以上，或是经劳动行政部门审定的以中级技能为培养目标的技工学校以及其他学校毕业生；参加高级鉴定人员必须是取得中级技能证书 5 年以上、连续从事本职业(工种)生产作业不少于 10 年，或是经过正规的高级技工培训并取得了结业证书的人员；参加技师鉴定的人员必须是取得高级技能证书，具有丰富的生产实践经验和操作技能特长，能解决本工种关键操作技术和生产工艺难题，具有传授技艺能力和培养中级技能人员能力的人员；参加高级技师鉴定的人员必须是任技师 3 年以上，具有高超精湛技艺和综合操作技能，能解决本工种专业高难度生产工艺问题，在技术改造、技术革新以及排除事故隐患等方面有显著成绩，而且具有培养高级工和组织带领技师进行技术革新和技术攻关能力的人员。

(3)职业技能鉴定的申报方式

申请职业技能鉴定的人员，可向当地职业技能鉴定所(站)提出申请，填写职业技能鉴定申请表。报名时应出示本人身份证、培训毕(结)业证书、《技术等级证书》或工作单位劳资部门出具的工作年限证明等。申报技师、高级技师任职资格的人员，还须出具本人的技术成果和工作业绩证明，并提交本人的技术总结和论文资料等。

(4)职业技能鉴定的主要内容

国家实施职业技能鉴定的主要内容包括职业知识、操作技能和职业道德三个方面。这些内容是依据国家职业(技能)标准、职业技能鉴定规范(即考试大纲)和相应教材来确定的，并通过编制试卷来进行鉴定考核。

(5)职业技能鉴定方式

职业技能鉴定分为知识要求考试和操作技能考核两部分。知识要求考试一般采用笔试，技能要求考核一般采用现场操作加工典型工件、生产作业项目、模拟操作等方式。计分一般采用百分制，两部分成绩都在60分以上为合格，80分以上为良好，95分以上为优秀。

4. 未持证上岗用工的处罚

招用未取得相应职业资格证书的劳动者从事技术工种工作，违反了劳动与社会保障部《招用技术工种从业人员规定》第二条规定。依据该《规定》第十一条之规定予以警告，责令用人单位限期对有关人员进行相关培训，取得职业资格证书后再上岗，并可处以1000元以下罚款。

第三节　劳动定额的基本知识

一、劳动定额概述

1. 劳动定额的概念

劳动定额，也称人工定额。它是在正常的施工(生产)技术组织条件下，为完成一定量的合格产品或完成一定量的工作所必须消耗的劳动量的标准，或预先规定在单位时间内合格产品的生产数量。

2. 劳动定额的表达形式

劳动定额的表现形式分为时间定额和产量定额两种。采用复式表示时，其分子为时间定额，分母为产量定额。

(1)时间定额

时间定额是指在一定的生产技术和生产组织条件下，某工种、某种技术等级的工人小组或个人，完成符合质量要求的单位产品所必须的工作时间。

时间定额以工日为单位，每个工日工作时间按现行制度规定为8小时。其计算方法如下：

单位产品时间定额(工日)=1/每日产量

或

单位产品时间定额(工日)=小组成员工日数的总和/台班产量

(2)产量定额

产量定额是指在一定的生产技术和生产组织条件下，某工种、某种技术等级的工人小组或个人，在单位时间内(工日)应完成合格产品的数量。其计算方法如下：

每工产量=1/单位产品时间定额(工日)

或

台班产量=小组成员工日数的总和/单位产品的时间定额(工日)

时间定额与产量定额互为倒数，成反比例关系，即：

时间定额×产量定额=1

时间定额=1/产量定额

产量定额=1/时间定额

按定额标定的对象不同，劳动定额又分为单项工序定额、综合定额。综合定额表示完成同一产品中的各单项(工序或工种)定额的综合。按工种综合的一般用“合计”表示，计算方法如下：

综合时间定额(工日)=各单项(工序)时间定额的总和

综合产量定额=1/综合时间定额(工日)

二、劳动定额的制定方法

劳动定额一般常用的方法有四种，即经验估算法、统计分析法、比较类推法和技术测定法。

1. 经验估算法

经验估算法，是根据老工人、施工技术人员和定额员的实践经验，并参照有关技术资料，结合施工图纸、施工工艺、施工技术组织条件和操作方法等进行分析、座谈讨论、反复平衡制定定额的方法。

由于参与估算的上述人员之间存在着经验和水平的差异，同一个项目往往会提出一组不同的定额数值，此时应根据统筹法原理，进行优化以确定出平均先进的定额指标。

2. 统计分析法

统计分析法，是把过去一定时期内实际施工中的同类工程或生产同类产品的实际工时消耗和产量的统计资料(如施工任务书、考勤报表和其他有关的统计资料),与当前生产技术组织条件的变化结合起来,进行分析研究制定定额的方法。统计分析法简便易行,较经验估算法有较多的原始资料,更能反映实际施工水平。它适合于施工(生产)条件正常、产品稳定、批量大、统计工作制度健全的施工(生产)过程。

3. 比较类推法

比较类推法,也称典型定额法。它是以同类型工序、同类型产品的典型定额项目水平或技术测定的实耗工时为准,经过分析比较,以此类推出同一组定额中相邻项目定额的一种方法。

采用这种方法编制定额时,对典型定额的选择必须恰当,通常采用主要项目和常用项目作为典型定额比较类推。用来对比的工序、产品的施工(生产)工艺和劳动组织的特征,必须是"类似"或"近似",具有可比性的。这样可以提高定额的准确性。

这种方法简便、工作量小,适用产品品种多、批量小的施工(生产)过程。比较类推法常用的方法有两种:

(1)比例数示法

比例数示法,是在选择好典型定额项目后,经过技术测定或统计资料确定出它们的定额水平,以及和相邻项目的比例关系,再根据比例关系计算出同一组定额中其余相邻项目水平的方法。

(2)坐标图示法

它是以横坐标表示影响因素值的变化,纵坐标标志产量或工时消耗的变化。选择一组同类型的典型定额项目(一般为四项),并用技术测定或统计资料确定出各典型定额项目的水平,在坐标图上用"点"表示,连接各点成一曲线,即是影响因素与工时(产量)之间的变化关系,从曲线上即可找出所需的全部项目的定额水平。

4. 技术测定法

技术测定法,是指通过对施工(生产)过程的生产技术组织条件和各种工时消耗进行科学的分析研究后,拟订合理的施工条件、操作方法、劳动组织和工时消耗。在考虑挖掘生产潜力的基础上,确定定额水平的方法。

在正常的施工条件下,对施工过程各工序时间的各个组成要素,进行现场观察测定,分别测定出每一工序的工时消耗,然后对测定的资料进行整理、分析、计算制定定额的一种方法。

根据施工过程的特点和技术测定的目的、对象和方法的不同,技术测定法又分为测时法、写实记录法、工作日写实法和简易测定法等四种。

(1)测时法

测时法主要用来观察研究施工过程某些重复的循环工作的工时消耗,不研究工日休息、准备与结束及其他非循环的工作时间,主要适用于施工机械。可为制定劳动定额提供单位产品所必需的基本工作时间的技术数据。按使用秒表和记录时间的方法不同,测时法又分选择测时和接续测时两种。

(2)写实记录法

写实记录法,是研究各种性质的工作时间消耗的方法。通过对基本工作时间、辅助工作时间、不可避免的中断时间、准备与结束时间、休息时间以及各种损失时间的写实记录,可以获得分析工时消耗和制定定额的全部资料。观察方法比较简便,易于掌握,并能保证必须的精度,在实际工作中得到广泛应用。按记录时间的方法不同分为数示法、图示法和混合法三种。

(3)工作日写实法

工作日写实法,是对工人在整个工作班组内的全部工时利用情况,按照时间消耗的顺序进行实地的观察、记录和分析研究的一种测定方法。根据工作日写实的记录资料,可以分析哪些工时消耗是合理的、哪些工时消耗是无效的,并找出工时损失的原因,拟定措施,消除引起工时损失的因素,从而进一步促进劳动生产率的提高。因此工作日写实法是一种应用广泛而行之有效的方法。

(4)简易测定法

简易测定法,是简化技术测定的方法,但仍保持了现场实地观察记录的基本原则。在测定时,它只测定定额时间中的基本工作时间,而其他时间则借助"工时消耗规范"来获得所需的数据,然后利用计算公式,计算和确定出定额指标。

以上四种测定方法,可以根据施工过程的特点以及测定的目的分别选用。但应遵循的基本程序是:预先研究施工过程,拟定施工过程的技术组织条件,选择观察对象,进行计时观察,拟定和编制定额。同时还应注意与比较类推法、统计分析法、经验估工法结合使用。

三、工作时间研究

1. 工作时间研究的意义

(1)时间研究的概念

时间研究是在一定的标准测定条件下,确定人们完成作业活动所需时间总量的一套程序和方法。时间研究是用于测量完成一项工作所必须的时间,以便建立在一定生产条件下的工人或机械的产量标准。

(2)时间研究的作用

时间研究产生的数据可以在很多方面加以利用，除了作为编制人工消耗量定额和机械消耗量定额的依据外，还可用于：

1)在施工活动中确定合适的人员或机械的配置水平，组织均衡生产；

2)制定机械利用和生产成果完成标准；

3)为制定金钱奖励目标提供依据；

4)确定标准的生产目标，为费用控制提供依据；

5)检查劳动效率和定额的完成情况；

6)作为优化施工方案的依据。

必须明确的是，时间研究只有在工作条件(包括环境条件、设备条件、工具条件、材料条件、管理条件等)不变，且都已经标准化、规范化的前提下，才是有效的。时间研究在生产过程相对稳定、各项操作已经标准化了的制造业中得到了较广泛的应用，但在建筑业中应用该技术相对来说要困难得多。主要原因是建筑工程的单件性，大多数施工项目的施工方案和生产组织方式是临时性质的，每个工程项目差不多都是完成独特的工作任务，而其施工过程受到的干扰因素多，完成某项工作时的工作条件和现场环境相对不稳定，操作的标准化、规范化程度低。

虽然在建筑业中应用时间研究的方法有一定的困难，但是他还是在建筑业的定额管理工作中发挥着重要作用。通过改善施工现场的工作条件来提高操作的标准化和规范化，时间研究将在建筑业的管理工作中发挥越来越重要的作用。

2. 施工过程研究

施工过程是指在施工现场对工程所进行的生产过程。研究施工过程的目的是帮助我们认识工程建造过程的组成及其构造规律，以便根据时间研究的要求对其进行必要的分解。

(1)施工过程的分类

按不同的分类标准施工过程可以分成不同的类型。

1)按施工过程的完成方法分类，可以分为手工操作过程(手动过程)、机械化过程(机动过程)和机手并动过程(半机械化过程)。

2)按施工过程劳动分工的特点不同分类，可以分为个人完成的过程、工人班组完成的过程和施工队完成的过程。

3)按施工过程组织上复杂程度分类，可以分为工序、工作过程和综合工作过程。

工序是组织上分不开和技术上相同的施工过程。工序的主要特征是：工人班组、工作地点、施工工具和材料均不发生变化。如果其中有一个因素发生了变化，就意味着从一个工序转入了另一个工序。工序可以由一个人来完成，也可以由工人班组或施工队几名工人协同完成;可以由手动完成,也可以由机械操作完成。将一个施工工程分解成一系列工序的目的,是为了分析、研究各工序在施工过程中的必要性和合理性。测定每个工序的工时消耗,分析各工序之间的关系及其衔接时间,最后测定工序上的时间消耗标准。

工作过程是由同一工人或同一工人班组所完成的在技术操作上相互有机联系的工序的总和。其特点是在此过程中生产工人的编制不变、工作地点不变,而材料和工具则可以发生变化。例如,同一组生产工人在工作面上进行铺砂浆、砌砖、刮灰缝等工序的操作,从而完成砌筑砖墙的生产任务,在此过程中生产工人的编制不变、工作地点不变,而材料和工具则发生了变化,由于铺砂浆、砌砖、刮灰缝等工序是砌筑砖墙这一生产过程不可分割的组成部分,它们在技术操作上相互紧密地联系在一起,所以这些工序共同构成一个工作过程。从施工组织的角度看,工作过程是组成施工过程的基本单元。

综合工作过程是同时进行的、在施工组织上有机地联系在一起的、最终能获得一种产品的工作过程的总和。例如现场浇筑混凝土构件的生产过程,是由搅拌、运送、浇捣及养护混凝土等一系列工作过程组成。

施工过程的工序或其组成部分,如果以同样次序不断重复,并且每经一次重复都可以生产同一种产品,则称为循环的施工过程。反之,若施工过程的工序或其组成部分不是以同样次序重复,或者生产出来产品各不相同,这种施工过程则称为非循环的施工过程。

(2)施工中工人工作时间的分类

工人在工作班内消耗的工作时间,按其消耗的性质可以分为两大类:必须消耗的时间(定额时间)和损失时间(非定额时间)。

1)必须消耗的时间是工人在正常施工条件下,为完成一定产品所消耗的时间。它是制定定额的主要依据。必须消耗的时间包括有效工作时间、不可避免的中断时间和休息时间。

①有效工作时间是从生产效果来看与产品生产直接有关的时间消耗,包括基本工作时间、辅助工作时间、准备与结束工作时间。

a. 基本工作时间是工人完成基本工作所消耗的时间,也就是完成能生产一定产品的施工工艺过程所消耗的时间。基本工作时间的长短与工作量的大小成正比。

b. 辅助工作时间是为保证基本工作能顺利完成所做的辅助性工作消耗的时间。如工作过程中工具的校正和小修、机械的调整、工作过程中机器上油、搭设小型脚手架等所消耗的工作时间。辅助工作时间的长短与工作量的大小有关。

c. 准备与结束工作时间是执行任务前或任务完成后所消耗的工作时间。如工作地点、劳动工具和劳动对象的准备工作时间,工作结束后的调整工作时间等。准备与结束工作时间的长短与所负担的工作量的大小无关，但往往和工作内容有关。这项时间消耗可分为班内的准备与结束工作时间和任务的准备与结束工作时间。

②不可避免的中断所消耗的时间是由于施工工艺特点引起的工作中断所消耗的时间。如汽车司机在汽车装卸货时消耗的时间。与施工过程工艺特点有关的工作中断时间，应包括在定额时间内；与工艺特点无关的工作中断所占有的时间，是由于劳动组织不合理引起的，属于损失时间，不能计入定额时间。

③休息时间是工人在工作过程中为恢复体力所必需的短暂休息和生理需要的时间消耗，在定额时间中必须进行计算。

2)损失时间，是与产品生产无关，而与施工组织和技术上的缺点有关，与工作过程中个人过失或某些偶然因素有关的时间消耗。损失时间中包括有多余和偶然工作、停工、违背劳动纪律所引起的工时损失。

①多余工作，就是工人进行了任务以外的工作而又不能增加产品数量的工作。如重砌质量不合格的墙体、对已磨光的水磨石进行多余的磨光等。多余工作的工时损失不应计入定额时间中。

②偶然工作也是工人在任务以外进行的工作，但能够获得一定产品。如电工铺设电缆时需要临时在墙上开洞，抹灰工不得不补上偶然遗留的墙洞等。在拟订定额时，可适当考虑偶然工作时间的影响。

③停工时间可分为施工本身造成的停工时间和非施工本身造成的停工时间两种。施工本身造成的停工时间，是由于施工组织不善、材料供应不及时、工作面准备工作做得不好、工作地点组织不良等情况引起的停工时间。非施工本身造成的停工时间，是由于气候条件以及水源、电源中断引起的停工时间。后一类停工时间在定额中可以适当考虑。

④违背劳动纪律造成的工作时间损失，是指工人迟到、早退、擅自离开工作岗位、工作时间内聊天等造成的工时损失。这类时间在定额中不予考虑。

第四节　财务管理基本知识

一、成本与费用

1. 成本与费用的关系

(1)成本的概念与特点

1)成本的概念

从经济学的一般意义上讲，成本是商品经济的价值范畴，是商品价值的组成部分。人们要进行生产经营活动或达到一定的目的，就必须耗费一定的资源(人力、物力和财力)，其所费资源的货币表现及其对象化称之为成本。

成本的概念有广义与狭义之分。美国会计师协会(AICPA)将成本定义为：成本是用货币计量的，为取得或即将取得的商品或劳务所支付的现金或转让的其他资产、发行的资本股票、提供的劳务或发生的负债的总额。这一定义对“商品和劳务”作了较为广义的解释，存货、预付费用、厂房、投资和递延费用都属于成本的概念范畴。这可以视为广义的成本概念。我国《企业会计准则》第99条将成本定义为：成本是指企业为生产产品、提供劳务而发生的各种耗费。因此，狭义的成本是指产品成本。

2)成本的特点

从上述分析可知，成本的基本特点在于成本的发生不影响所有者权益的变动。这一特点具体表现为：

①用现金、其他资产等支付的成本，改变的只是资产的存在方式，不改变资产总额。

②以负债方式形成的成本，使资产和负债同时以相同的金额增加，但成本的发生不影响所有者权益的变化。

(2)费用的概念与特点

1)费用的概念

在财务会计中，费用是指企业在生产和销售商品、提供劳务等日常经济活动中所发生的、会导致所有者权益减少的、与向所有者分配利润无关的经济利益的总流出。

2)费用的特点

费用具有以下特点：

①费用是企业日常活动中发生的经济利益的流出，并且经济利益的流出能够可靠计量。

②费用将引起所有者权益的减少。一般而言，企业的所有者权益会随着收入的增长而增加；相反，费用的增加会减少所有者权益。但是所有者权益减少也不一定都列入费用，如企业偿债性支出和向投资者分配利润，显然减少了所有者权益，但不能归入费用。

③费用可能表现为资产的减少，或负债的增加，或者兼而有之。费用本质上是一种企业资源的流出，它与资源流入企业所形成的收入相反，它也可理解为资产的耗费，其目的是为了取得收入，从而获得更多资产。

④费用只包括本企业经济利益的流出，而不包括为第三方或客户代付的款项及偿还债务支出。

(3)费用和成本的区别与联系

1)生产费用和期间费用的划分

费用按不同的分类标准,可以有多种不同的费用分类方法。费用按经济用途可分为生产费用和期间费用两类。

生产费用是与产品生产直接相关的费用。但生产费用与产品生产成本既有联系又有区别。从联系看,生产费用的发生过程,同时又是产品生产成本(制造成本)的形成过程,生产费用是构成产品生产成本的基础;从区别看,生产费用是某一期间内为进行生产而发生的费用,它与一定期间相联系;而产品成本是为生产某一种产品而发生的费用,它与一定种类和数量的产品相联系。

期间费用,与一定期间相联系,直接从企业当期销售收入中扣除的费用。从企业的损益确定来看,期间费用与产品销售成本、产品销售税金及附加一起从产品销售收入中扣除后作为企业当期的营业利润。当期的期间费用是全额从当期损益中扣除的,其发生额不影响下一个会计期间。期间费用一般包括营业费用、管理费用和财务费用三类。

2)成本和费用的联系

①成本和费用都是企业除偿债性支出和分配性支出以外的支出的构成部分。

②成本和费用都是企业经济资源的耗费。

③生产费用经对象化后进入生产成本,但期末应将当期已销产品的成本结转进入当期的费用。

3)成本和费用的区别

①成本是对象化的费用,其所针对的是一定的成本计算对象。

②费用则是针对一定的期间而言的,包括生产费用和期间费用。生产费用是企业在一定时期内发生的通用货币计量的耗费,生产费用经对象化后,才可能转化为产品成本。期间费用不进入产品生产成本,而直接从当期损益中扣除。

2. 工程成本的范围

施工企业的生产成本即工程成本,是施工企业为生产产品、提供劳务而发生的各种施工生产费用,又可以分为直接费用和间接费用。

(1)直接费用

直接费用是指直接为生产产品而发生的各项费用,包括直接材料费、直接人工费和其他直接支出。在制造企业中,直接费用包括直接材料、直接工资和其他直接支出。直接材料包括企业生产经营过程中实际消耗的原材料、辅助材料、备品配件、外购半成品、燃料、动力、包装物以及其他直接支出,直接工资包括企业直接从事产品生产的人员的工资、奖金、津贴和补贴。

(2)间接费用

所谓间接费用是指企业内部的生产经营单位为组织和管理生产经营活动而发生的共同费用和不能直接计入产品成本的各项费用,如多种产品共同消耗的材料等,这些费用发生后应按一定标准分配计入生产经营成本。

间接费用包括企业内部的各生产经营单位(分厂、车间、项目经理部)为组织和管理生产所发生的各种费用,例如生产经营单位管理人员的工资和福利费、办公费、水电费、机物料消耗、劳动保护费、机器设备的折旧费、修理费、低值易耗品摊销等。

(3)期间费用的范围

期间费用是指企业本期发生的、不能直接或间接归入营业成本,而是直接计入当期损益的各项费用,包括销售费用,管理费用和财务费用等。施工企业的期间费用主要包括管理费用和财务费用。

1)管理费用

管理费用是指企业行政管理部门为管理和组织经营活动而发生的各项费用,包括:

①管理人员工资:是指管理人员的基本工资、工资性补贴、职工福利费、劳动保护费等。

②办公费:是指企业管理办公用的文具、纸张、账表、印刷、邮电、书报、会议、水电、烧水和集体取暖(包括现场临时宿舍取暖)用煤等费用。

③差旅交通费:是指职工因公出差、调动工作的差旅费、住勤补助费,市内交通费和误餐补助费,职工探亲路费,劳动力招募费,职工离退休、退职一次性路费,工伤人员就医路费,工地转移费以及管理部门使用的交通工具的油料、燃料、养路费及牌照费。

④固定资产使用费:是指管理和试验部门及附属生产单位使用的属于固定资产的房屋、设备仪器等的折旧、大修、维修或租赁费。

⑤工具用具使用费:是指管理使用的不属于固定资产的生产工具、器具、家具、交通工具和检验、试验、测绘、消防用具等的购置、维修和摊销费。

⑥劳动保险费:是指由企业支付离退休职工的易地安家补助费、职工退职金、六个月以上的病假人员工资、职工死亡丧葬补助费、抚恤费、按规定支付给离休干部的各项经费。

⑦工会经费:是指企业按职工工资总额计提的工会经费。

⑧职工教育经费:是指企业为职工学习先进技术和提高文化水平,按职工工资总额计提的费用。

⑨财产保险费:是指施工管理用财产、车辆保险。

⑩税金：是指企业按规定缴纳的房产税、车船使用税、土地使用税、印花税等。

⑪其他：包括技术转让费、技术开发费、业务招待费、绿化费、广告费、公证费、法律顾问费、审计费、咨询费等。

2)财务费用

财务费用是指企业为筹集生产所需资金等而发生的费用，包括应当作为期间费用的利息支出(减利息收入)、汇兑损失(减汇兑收益)、相关的手续费以及企业发生的现金折扣或收到的现金折扣等内容。

①利息支出：利息支出主要包括企业短期借款利息、长期借款利息、应付票据利息、票据贴现利息、应付债券利息、长期应引进国外设备款利息等利息支出。

②汇兑损失：汇兑损失指的是企业向银行结售或购入外汇而产生的银行买入、卖出价与记账所采用的汇率之间的差额，以及月(季、年)度终了，各种外币账户的外向期末余额，按照期末规定汇率折合的记账人民币金额与原账面人民币金额之间的差额等。

③相关手续费：相关手续费指企业发行债券所需支付的手续费、银行手续费、调剂外汇手续费等，但不包括发行股票所支付的手续费等。

④其他财务费用：其他财务费用包括融资租入固定资产发生的融资租赁费用等。

二、收入与利润

1. 收入

(1)收入的分类

按收入的性质，可以分为销售商品收入、提供劳务收入、让渡资产使用权收入和建造(施工)合同收入等。

收入按企业营业的主次分类，可以分为主营业务收入和其他业务收入。

(2)收入的确认

收入的确认是指收入入账的时间。收入的确认应解决两个问题：一是定时；二是计量。定时是指收入在什么时候记入账册；计量则指以什么金额登记，是按总额法，还按净额法，劳务收入按完工百分比法，还是按完成合同法。

收入的确认主要包括产品销售收入的确认和劳务收入的确认。

另外，还包括提供他人使用企业的资产而取得的收入，如利息、使用费以及股利等。

在《收入准则》中，对收入的定义是“在销售商品、提供劳务及他人使用本企业资产等日常活动中所形成的经济利益的总流入，它不包括为第三方或客户代收的款项”。从这个定义可以分解为收入的三个重要的特征：第一，它是日常活动形成的经济利益；第二，这种利益流入是靠企业销售商品、提供劳务及让他人使用本企业的资产而取得；第三，流入的经济利益不包括代收的款项。这样，会计人员就能够从这三个特征来确认收入。

收入的确认需要会计人员的专业判断。每一项与收入有关的交易、事项发生，就要识别收入与之相对应的项目是否应在会计上正式记录，应在何时予以记录并计入报表，记录或计入报表的项目是否符合四项基本标准（可定义性、可计量性、相关性和可靠性），并且还应考虑收入与其相关的成本、费用是否相互配比，效益是否大于成本，所应记录和计入报表的收入项目是否符合重要性原则等。

2. 利润

（1）利润总额的构成

在进行利润分配之前，首先需要计算出企业在一定时期内实现的利润总额，再扣减企业应向国家缴纳的所得税额，计算税后净利润。

建筑企业利润是企业施工生产经营成果的集中体现，也是衡量企业施工生产经营管理业绩的主要指标。建筑企业利润总额是企业在一定时期内生产经营的最终成果，主要包括营业利润、投资净收益和营业外收支净额。而净利润则是由利润总额减去应纳所得税额之后计算所得。计算公式为：

利润总额＝营业利润＋投资净收益＋营业外收支净额

净利润＝利润总额－应纳所得税额

1）营业利润。建筑企业营业利润是企业在一定时期内实现的施工生产经营所得利润，是利润总额的主要构成部分，在数量上表现为工程结算利润和其他业务利润在扣除当期的管理费用和财务费用后的余额，公式为：

营业利润＝工程结算利润＋其他业务利润－管理费用－财务费用

①工程结算利润。工程结算利润是建筑企业从事施工生产经营业务所获取的利润，是建筑企业在一定时期内工程结算收入减去工程结算成本和工程结算税金及附加后的余额。其计算公式为：

工程结算利润＝工程结算收入－工程结算成本－工程结算税金及附加

上式中，工程结算收入是指建筑企业已完工程或竣工工程向发包单位结算的工程价款收入。工程价款收入的确认分别采用下列办法：

对采用按月结算工程价款的企业，即在月中按已完分部分项工程结算确认工程价款收入；对采用分段结算工程价款的企业，即按工程形象进度划分的不同阶段（部位），分段结算确认工程价款收入；对采用竣工后一次结算工程价款的企业，即在单项工程或建设项目全部建筑安装工程竣工以后结算确认工程价款收入。工程结算收入除包括工程合同中规定的工程造价外，还包括因合同变更、索赔、奖励等形成的收入。这部分收入是在执行合同过程中，由于合同工程内容或施工条件变更、索赔、奖励等原因形成的追加收入，经发包单位签证同意后，构成建筑企业的工程结算收入。

工程结算成本是建筑企业为取得工程价款结算收入而发生的工程施工成本，包括工程施工中的材料费、人工费、机械使用费、其他直接费和分摊的间接费用。

工程结算税金及附加包括按工程结算收入计征的营业税，及按营业税计征的城市维护建设税和教育费附加。

②其他业务利润。建筑企业的其他业务利润是指企业在一定时期内除了工程施工业务以外的其他业务收入扣减其他业务支出和其他业务税金及附加后的余额。其计算公式为：

其他业务利润＝其他业务收入－其他业务支出－其他业务税金及附加

建筑企业的其他业务收入主要包括产品销售收入、机械作业收入、材料销售收入、无形资产转让收入、固定资产出租收入等；其他业务支出是企业为取得当期其他业务收入而发生的预期相关的各种成本，主要包括产品销售成本、机械作业成本、材料销售成本、无形资产转让成本、固定资产出租成本等。其他业务税金及附加包括按其他业务收入计征的营业税及按营业税计征的城市维护建设税和教育费附加。

2)投资净收益。建筑企业的投资净收益是指企业对外股权投资、债权投资所获得的投资收益减去投资损失后的净额。其计算公式为：

投资净收益＝投资收益－投资损失

其中，投资收益包括企业转让有价证券所获取的款项高于账面价值的差额收入、债券利息收入、联营投资所分得的利润或到期收回投资高于账面价值部分等。投资损失则包括到期收回投资或转让有价证券取得的款项低于原账面价值的差额等。

3)营业外收支净额。建筑企业的营业外收支净额是指企业所获得的与企业施工生产经营活动没有直接关系的各项营业外收入减去各项营业外支出的余额。其计算公式为：

营业外收支净额＝营业外收入－营业外支出

其中，营业外收入主要包括固定资产盘盈、处理固定资产净收益、处理临时设施净收益、转让无形资产收益、罚款收入、无法支付应付款项、教育附加费返还、非货币性交易收益等。营业外支出主要包括固定资产盘亏、处理固定资产净损失、处理临时设施净损失、转让无形资产损失、计提的固定资产、无形资产、在建工程等减值准备、公益救济性捐赠、赔偿金、违约金、债务重组损失等。

综上所述，企业的利润总额在数量上表现为企业一定时期全部收入扣除全部支出后的余额，它不但可以综合反映企业一定时期的经营业绩，同时也是评价企业理财效果和管理水平的依据，从而为企业分配利润奠定基础。

(2)利润分配的原则

一般来说，企业取得的利润总额，可在扣除应纳所得税后进行利润分配。分配利润时应遵循以下原则：

1)遵守国家各项财经法规的原则。要求企业在进行利润分配时应严格遵循国家各项财经法规，依法纳税，确保国家利益不受侵犯。

合法性原则主要表现在两方面：首先，应将企业税前会计利润总额按规定调整后计算应税所得额，并依法纳税后才可进行税后利润的分配；其次，企业应按财经法规的要求合理确定税后利润分配的项目、顺序及比例，尤其必须按规定提取最低法定比例的盈余公积金。若企业亏损，一般不应向投资者分配利润。

2)盈利确认原则。这项原则要求企业欲进行利润分配，当年必须有可以确认的利润，或有累计未分配利润及留存收益，若企业当年无账面利润或没有留存收益，则不能进行利润分配。

3)资本金保全原则。因为利润分配应是投资者投入资本增值部分的分配，而并非投资者资本金的返还。在分配利润时，企业不得在亏损的情况下用资本金向投资者分配利润，若出现此情况，应视为自动清算而非真正的利润分配，这与上述盈利确认原则是一致的。资本金保全原则从根本上保证了企业未来生存发展的资金，为企业的经营起保护作用。

4)保护债权人权利原则。保护债权人原则要求企业分配利润前应先清偿所有到期债务，而不能故意拖欠债权人债务进行利润分配，伤害债权人权益。此外，企业进行利润分配时应使企业保持一定的偿债能力，以免日后资金周转困难时损害债权人利益。在企业与债权人签订某些有限制性条款的债务契约时，其利润分配政策须征得债权人的同意。

5)利润分配应兼顾企业所有者、经营者和职工的利益。利润分配政策的合理与否，直接关系到企业所有者、经营者和职工的利益，所以利润分配既要考虑上述几方面的共同利益，但也应考虑各方面的局部利益，以协调好各方面的近期利益与企业发展的关系，合理确定提取盈余公积金、公益金和分配给投资者利润的金额。此外，在向投资者分配利润时应做到股权平等，利益公平，同股同利等。

6)利润分配要有利于增强企业发展能力，并处理好企业内部积累与消费的关系。企业的利润分配政策应有利于增强企业的发展能力，这要求企业利润分配要贯彻积累优先原则，合理确定提取盈余公积金、公益金和分配给投资者利润的比例，以促进企业健康发展。企业分配利润时提取的公益金主要用于集体福利支出，若提取比例过大，有可能使企业财力缺乏，降低企业应付各种风险的能力，最终影响企业发展，并影响到投资者和职工的利益。但若提取比例过小，职工生活条件得不到改善，而挫伤职工的积极性，也影响企业发展。故企业利润分配中应处理好积累与消费的关系，调动职工积极性，促进企业持续健康发展。

(3)利润分配的顺序

企业实现的利润总额在依法交纳所得税后成为可供分配的利润，根据《企业财务通则》规定，除国家另有规定外，可按下列顺序分配：

1)用于抵补被没收财物损失、支付违反税法规定的各项滞纳金和罚款；

2)弥补超过用税前利润抵补期限，按规定须用税后利润弥补的亏损；

3)提取法定盈余公积金，用于发展企业生产经营、弥补亏损或按国家规定转增资本金；

4)按规定提取公益金。用于企业职工集体福利方面的支出；

5)支付优先股股利；

6)提取任意盈余公积金，可用于派发股东股利；

7)支付普通股股利。企业以前年度未分配的利润可以并入本年度向投资者分配。

第五章　劳务分包招标投标

第一节　劳务招标投标概述

一、招标投标的概念

建设工程招标投标，是建设单位对拟建的建设工程项目通过法定的程序和方式吸引承包单位进行公平竞争，并从中选择条件优越者来完成建设工程任务的行为。这是在市场经济条件下常用的一种建设工程项目交易方式。

招标投标是一种以招标人的要约引发投标者的承诺，经过招标人的择优选定，最终形成协议和合同关系的平等主体之间的经济活动过程，是"法人"之间达成有偿的、具有约束力的法律行为。

二、劳务分包方式

劳务分包有三种形式：施工企业（总承包企业或专业承包企业）直接雇用劳务，成建制的分包劳务和零散用工。

1. 施工企业直接雇用劳务

通俗地说是施工企业的内部正式职工。不论国内的还是国外的施工企业都大大地减少了此类直接雇用劳务的数量，虽然它们往往还要保留一些技术型、管理型的工人（如工长），但是人数很有限，绝大多数实际的现场操作都是有企业外部的劳务来承担的。对施工企业直接雇用的劳务的管理应该是施工企业的职责，施工企业也应该有权利决定直接雇用劳务的有关问题。施工企业应该对这类劳务的雇用、使用、培训、权益以及他们的操作质量负直接的、完全的责任。

2. 成建制的分包劳务

它是指从施工总承包企业或专业承包企业那里分包劳务作业的分包企业，即施工劳务以企业的形态集体地在二级建筑市场寻找并承担施工企业的现场操作任务。成建制的分包劳务使劳务能够以集体的、企业的形态进入二级建筑市场。成建制的劳务分包有许多优点，比如容易对劳务进行管理；施工质量的责任比较容易确定；劳务集体有较大的谈判能力；较为稳定的劳务企业能够给工人提供技能培训等。但是成建制的劳务企业是典型的甚至可以说是纯粹的劳动密集型企业,资本、管理、技术等对于此类企业的贡献要远远小于其他类型的企业。另外,使用纯粹的成建制的分包劳务会降低施工企业劳务安排的灵活性。

3. 零散用工

一般是指建筑企业临时雇用的(往往是为了具体一个工程项目而临时雇用)、不成建制的施工劳务,或者说是临时用工。零散用工是目前我国建筑领域里非常普遍的现象。

第二节　施工招标投标管理

一、招标投标活动原则与范围

1. 招标投标活动基本原则

《招标投标法》规定招标投标活动应当遵循公开、公平、公正和诚实信用原则。

(1)公开原则

公开原则要求建设工程招标投标活动具有较高的透明度,具体有以下几层意思。

1)建设工程招标投标的信息公开。通过建立和完善建设工程项目报建登记制度,及时向社会发布建设工程招标投标信息,让有资格的投标者都能享受到同等的信息,便于进行投标决策。

2)建设工程招标投标的条件公开。什么情况下可以组织招标,什么机构有资格组织招标,什么样的单位有资格参加投标等,必须向社会公开,便于社会监督。

3)建设工程招标投标的程序公开。工程建设项目的招标投标应当经过哪些环节、步骤,在每一环节、每一步骤有什么具体要求和时间限制,凡是适宜公开的,均应当予以公开;在建设工程招标投标的全过程中,招标单位的主要招标活动程序、投标单位的主要投标活动程序和招标投标管理机构的主要监管程序,必须公开。

4)建设工程招标投标的结果公开。哪些单位参加了投标,最后哪个单位中了标,应当予以公开。

(2)公平原则

公平原则是指所有当事人和中介机构在建设工程招标投标活动中,享有均等的机会,具有同等的权利,履行相应的义务,任何一方都不受歧视。它主要体现在:

1)凡符合法定条件的工程建设项目,都一样进入市场通过招投标进行交易,市场主体不仅包括承包方,而且也包括发包方,发包方进入市场的条件是一样的。

2)在建设工程招标投标活动中,所有合格的投标人进入市场的条件和竞争机会都是一样的,招标人对投标人不得搞区别对待,厚此薄彼。

3)建设工程招标投标涉及的各方主体,都负有与其享有的权利相适应的义务,因事情变迁(不可抗力)等原因造成各方权利义务关系不均衡的,都可以而且也应当依法予以调整或解除。

4)当事人和中介机构对建设工程招标投标中自己有过错的损害根据过错大小承担责任,对各方均无过错的损害则根据实际情况分担责任。

(3)公正原则

公正原则是指在建设工程招标投标活动中,按照同一标准实事求是地对待所有当事人和中介机构。如招标人按照统一的招标文件示范文本公正地表述招标条件和要求,按照事先经建设工程招标投标管理机构审查认定的评标定标办法,对投标文件进行公正评价,择优确定中标人等。

(4)诚实信用原则

诚实信用原则简称诚信原则,是指在建设工程招标投标活动中,当事人和有关中介机构应当以诚相待、讲求信义、实事求是,做到言行一致、遵守诺言、履行成约,不得见利忘义、投机取巧、弄虚作假、隐瞒欺诈、以次充好、掺杂使假、坑蒙拐骗,损害国家、集体和其他人的合法权益。诚信原则是建设工程招标投标活动中的重要道德规范,也是法律上的要求。诚信原则要求当事人和中介机构在进行招标投标活动时,必须具备诚实无欺、善意守信的内心状态,不得滥用权力损害他人,要在自己获得利益的同时充分尊重社会公德和国家、社会、他人的利益,自觉维护市场经济的正常秩序。

2. 必须招标的范围

《招标投标法》规定,在中华人民共和国境内进行下列工程建设项目包括项目的勘察、设计、施工、监理以及与工程建设有关的重要设备、材料等的采购,必须进行招标。

(1)大型基础设施、公用事业等关系社会公共利益、公众安全的项目;

(2)全部或者部分使用国有资金投资或者国家融资的项目;

(3)使用国际组织或者外国政府贷款、援助资金的项目。

2011 年 12 月颁布的《招标投标法实施条例》指出,工程建设项目是指工程以及与工程建设有关的货物、服务。工程是指建设工程,包括建筑物和构筑物的新建、改建、扩建及其相关的装修、拆除、修缮等;与工程建设有关的货物,是指构成工程不可分割的组成部分，且为实现工程基本功能所必需的设备、材料等；与工程建设有关的服务，是指为完成工程所需的勘察、设计、监理等服务。

2000 年 5 月经国务院批准、国家发展计划委员会发布的《工程建设项目招标范围和规模标准规定》进一步规定，关系社会公共利益、公众安全的基础设施项目的范围包括：

(1)煤炭、石油、天然气、电力、新能源等能源项目；

(2)铁路、公路、管道、水运、航空以及其他交通运输业等交通运输项目；

(3)邮政、电信枢纽、通信、信息网络等邮电通讯项目；

(4)防洪、灌溉、排涝、引(供)水、滩涂治理、水土保持、水利枢纽等水利项目；

(5)道路、桥梁、地铁和轻轨交通、污水排放及处理、垃圾处理、地下管道、公共停车场等城市设施项目；

(6)生态环境保护项目；

(7)其他基础设施项目。

关系社会公共利益、公众安全的公用事业项目的范围包括：

(1)供水、供电、供气、供热等市政工程项目；

(2)科技、教育、文化等项目；

(3)体育、旅游等项目；

(4)卫生、社会福利等项目；

(5)商品住宅，包括经济适用住房；

(6)其他公用事业项目。

使用国有资金投资项目的范围包括：

(1)使用各级财政预算资金的项目；

(2)使用纳入财政管理的各种政府性专项建设基金的项目；

(3)使用国有企业事业单位自有资金，并且国有资产投资者实际拥有控制权的项目。

国家融资项目的范围包括：

(1)使用国家发行债券所筹资金的项目；

(2)使用国家对外借款或者担保所筹资金的项目；

(3)使用国家政策性贷款的项目；

(4)国家授权投资主体融资的项目。

使用国际组织或者外国政府贷款、援助资金的项目包括：

(1)使用世界银行、亚洲开发银行等国际组织贷款资金的项目；

(2)使用外国政府及其机构贷款资金的项目；

(3)使用国际组织或者外国政府援助资金的项目。

3. 必须招标的规模标准

按照《工程建设项目招标范围和规模标准规定》，必须招标范围内的各类工程建设项目，达到下列标准之一的，必须进行招标：

(1)施工单项合同估算价在人民币 200 万元以上的；

(2)重要设备、材料等货物的采购，单项合同估算价在人民币 100 万元以上的；

(3)勘察、设计、监理等服务的采购，单项合同估算价在人民币 50 万元以上的；

(4)单项合同估算价低于第(1)、(2)、(3)项规定的标准，但项目总投资额在人民币 3000 万元以上的。

《招标投标法》规定，依法必须进行招标的项目，其招标投标活动不受地区或者部门的限制。任何单位和个人不得违法限制或者排斥本地区、本系统以外的法人或者其他组织参加投标，不得以任何方式非法干涉招标投标活动。

4. 可以不进行招标的建设工程项目

《招标投标法》规定，涉及国家安全、国家秘密、抢险救灾或者属于利用扶贫资金实行以工代赈、需要使用农民工等特殊情况，不适宜进行招标的项目，按照国家有关规定可以不进行招标。

《招标投标法实施条例》还规定，除《招标投标法》规定可以不进行招标的特殊情况外，有下列情形之一的，可以不进行招标：

(1)需要采用不可替代的专利或者专有技术；

(2)采购人依法能够自行建设、生产或者提供；

(3)已通过招标方式选定的特许经营项目投资人依法能够自行建设、生产或者提供；

(4)需要向原中标人采购工程、货物或者服务，否则将影响施工或者功能配套要求；

(5)国家规定的其他特殊情形。

此外，对于依法必须招标的具体范围和规模标准以外的建设工程项目，可以不进行招标，采用直接发包的方式。

5. 招标应当具备的条件

依法必须招标的工程建设项目，应当具备下列条件才能进行施工招标：

(1)招标人已经依法成立；

(2)初步设计及概算应当履行审批手续的，已经批准；

(3)招标范围、招标方式和招标组织形式等应当履行核准手续的，已经核准；

(4)有相应资金或者资金来源已经落实;

(5)有招标所需的设计图纸及技术资料。

6. 招标方式

招标方式分为公开招标和邀请招标。

(1)公开招标

公开招标,也称无限竞争招标,是指招标人以招标公告的方式邀请不特定的法人或者其他组织投标。招标人采用公开招标方式的,应当发布招标公告。依法必须进行招标的项目的招标公告,应当通过国家指定的报刊、信息网络或其他媒介发布。

(2)邀请招标

邀请招标,也称有限竞争招标,是指招标人以投标邀请书的方式邀请特定的法人或者其他组织投标。

应当公开招标的施工招标项目,有下列情形之一的,经批准可以进行邀请招标:

1)项目技术复杂或有特殊要求,只有少量几家潜在投标人可供选择的;

2)受自然地域环境限制的;

3)涉及国家安全、国家秘密或者抢险救灾,适宜招标但不宜公开招标的;

4)拟公开招标的费用与项目的价值相比,不值得的;

5)法律、法规规定不宜公开招标的。

招标人采用邀请招标方式的,应当向三个以上具备承担招标项目的能力、资信良好的特定的法人或者其他组织发出投标邀请书。根据《招标投标法》,招标公告或者投标邀请书应当至少载明下列内容:招标人的名称和地址、招标项目的性质、数量、实施地点和时间以及获取招标文件的办法等事项。

二、招标程序

建设工程招标的基本程序主要包括:履行项目审批手续、委托招标代理机构、编制招标文件及标底、发布招标公告或投标邀请书、资格审查、开标、评标、中标和签订合同,以及终止招标等。

1. 履行项目审批手续

《招标投标法》规定,招标项目按照国家有关规定需要履行项目审批手续的,应当先履行审批手续,取得批准。招标人应当有进行招标项目的相应资金或者资金来源已经落实,并应当在招标文件中如实载明。

《招标投标法实施条例》进一步规定,按照国家有关规定需要履行项目审批、核准手续的依法必须进行招标的项目,其招标范围、招标方式、招标组织形式应当报项目审批、核准部门审批、核准。项目审批、核准部门应当及时将审批、核准确定的招标范围、招标方式、招标组织形式通报有关行政监督部门。

2. 委托招标代理机构

《招标投标法》规定，招标人具有编制招标文件和组织评标能力的，可以自行办理招标事宜。任何单位和个人不得强制其委托招标代理机构办理招标事宜。依法必须进行招标的项目，招标人自行办理招标事宜的，应当向有关行政监督部门备案。

《招标投标法实施条例》进一步规定，招标人具有编制招标文件和组织评标能力，是指招标人具有与招标项目规模和复杂程度相适应的技术、经济等方面的专业人员。

招标代理机构是依法设立、从事招标代理业务并提供相关服务的社会中介组织。《招标投标法》规定，招标人有权自行选择招标代理机构，委托其办理招标事宜。招标代理机构应当具备下列条件：

(1)有从事招标代理业务的营业场所和相应资金；

(2)有能够编制招标文件和组织评标的相应专业力量；

(3)有符合该法定条件、可以作为评标委员会成员人选的技术、经济等方面的专家库。《招标投标法》还规定，从事工程建设项目招标代理业务的招标代理机构，其资格由国务院或者省、自治区、直辖市人民政府的建设行政主管部门认定。具体办法由国务院建设行政主管部门会同国务院有关部门制定。据此，原建设部于 2000 年 6 月颁布了《工程建设项目招标代理机构资格认定办法》，2007 年 1 月经修改后重新发布。

按照《招标投标法实施条例》的规定，招标代理机构在其资格许可和招标人委托的范围内开展招标代理业务，任何单位和个人不得非法干涉。招标代理机构不得在所代理的招标项目中投标或者代理投标，也不得为所代理的招标项目的投标人提供咨询。

3. 编制招标文件及标底

《招标投标法》规定，招标人应当根据招标项目的特点和需要编制招标文件。招标文件应当包括招标项目的技术要求、对投标人资格审查的标准、投标报价要求和评标标准等所有实质性要求和条件以及拟签订合同的主要条款。国家对招标项目的技术、标准有规定的，招标人应当按照其规定在招标文件中提出相应要求。

招标文件不得要求或者标明特定的生产供应者以及含有倾向或者排斥潜在投标人的其他内容。招标人对已发出的招标文件进行必要的澄清或者修改的，应当在招标文件要求提交投标文件截止时间至少 15 日前，以书面形式通知所有招标文件收受人。该澄清或者修改的内容为招标文件的组成部分。

招标人应当确定投标人编制投标文件所需要的合理时间。但是,依法必须进行招标的项目,自招标文件开始发出之日起至投标人提交投标文件截止之日止,最短不得少于20日。

《招标投标法实施条例》进一步规定,招标人可以对已发出的资格预审文件或者招标文件进行必要的澄清或者修改。澄清或者修改的内容可能影响资格预审申请文件或者投标文件编制的,招标人应当在提交资格预审申请文件截止时间至少3日前,或者投标截止时间至少15日前,以书面形式通知所有获取资格预审文件或者招标文件的潜在投标人;不足3日或者15日的,招标人应当顺延提交资格预审申请文件或者投标文件的截止时间。

招标人对招标项目划分标段的,应当遵守招标投标法的有关规定,不得利用划分标段限制或者排斥潜在投标人。依法必须进行招标的项目的招标人不得利用划分标段规避招标。招标人应当在招标文件中载明投标有效期。投标有效期从提交投标文件的截止之日起算。

潜在投标人或者其他利害关系人对招标文件有异议的,应当在投标截止时间10日前提出。招标人应当自收到异议之日起3日内作出答复;作出答复前,应当暂停招标投标活动。招标人编制招标文件的内容违反法律、行政法规的强制性规定,违反公开、公平、公正和诚实信用原则,影响潜在投标人投标的,依法必须进行招标的项目的招标人应当在修改招标文件后重新招标。

招标人可以自行决定是否编制标底,一个招标项目只能有一个标底。标底必须保密。接受委托编制标底的中介机构不得参加受托编制标底项目的投标,也不得为该项目的投标人编制投标文件或者提供咨询。招标人设有最高投标限价的,应当在招标文件中明确最高投标限价或者最高投标限价的计算方法。招标人不得规定最低投标限价。

4. 发布招标公告或投标邀请书

《招标投标法》规定,招标人采用公开招标方式的,应当发布招标公告。招标公告应当载明招标人的名称和地址、招标项目的性质、数量、实施地点和时间以及获取招标文件的办法等事项。

招标人采用邀请招标方式的,应当向三个以上具备承担招标项目的能力、资信良好的特定的法人或者其他组织发出投标邀请书。投标邀请书也应当载明招标人的名称和地址、招标项目的性质、数量、实施地点和时间以及获取招标文件的办法等事项。

招标人可以根据招标项目本身的要求,在招标公告或者投标邀请书中,要求潜在投标人提供有关资质证明文件和业绩情况,并对潜在投标人进行资格审查。

招标人不得以不合理的条件限制或者排斥潜在投标人，不得对潜在投标人实行歧视待遇。

招标人不得向他人透露已获取招标文件的潜在投标人的名称、数量以及可能影响公平竞争的有关招标投标的其他情况。招标人设有标底的，标底必须保密。招标人根据招标项目的具体情况，可以组织潜在投标人踏勘项目现场。

《招标投标法实施条例》进一步规定，招标人应当按照资格预审公告、招标公告或者投标邀请书规定的时间、地点发售资格预审文件或者招标文件。资格预审文件或者招标文件的发售期不得少于5日。招标人发售资格预审文件、招标文件收取的费用应当限于补偿印刷、邮寄的成本支出，不得以营利为目的。

5. 资格审查

资格审查分为资格预审和资格后审。

《招标投标法实施条例》规定，招标人采用资格预审办法对潜在投标人进行资格审查的，应当发布资格预审公告、编制资格预审文件。招标人应当合理确定提交资格预审申请文件的时间。依法必须进行招标的项目提交资格预审申请文件的时间，自资格预审文件停止发售之日起不得少于5日。

资格预审应当按照资格预审文件载明的标准和方法进行。国有资金占控股或者主导地位的依法必须进行招标的项目，招标人应当组建资格审查委员会审查资格预审申请文件。

资格预审结束后，招标人应当及时向资格预审申请人发出资格预审结果通知书。未通过资格预审的申请人不具有投标资格。通过资格预审的申请人少于3个的，应当重新招标。

潜在投标人或者其他利害关系人对资格预审文件有异议的，应当在提交资格预审申请文件截止时间2日前提出。招标人应当自收到异议之日起3日内作出答复；作出答复前，应当暂停招标投标活动。招标人编制资格预审文件的内容违反法律、行政法规的强制性规定，违反公开、公平、公正和诚实信用原则，影响资格预审结果的，依法必须进行招标的项目的招标人应当在修改资格预审文件后重新招标。

招标人采用资格后审办法对投标人进行资格审查的，应当在开标后由评标委员会按照招标文件规定的标准和方法对投标人的资格进行审查。

6. 开标

《招标投标法》规定，开标应当在招标文件确定的提交投标文件截止时间的同一时间公开进行；开标地点应当为招标文件中预先确定的地点。

开标由招标人主持，邀请所有投标人参加。开标时，由投标人或者其推选的代表检查投标文件的密封情况，也可以由招标人委托的公证机构检查并公证。经确认无误后，由工作人员当众拆封，宣读投标人名称、投标价格和投标文件的其他主要内容。招标人在招标文件要求提交投标文件的截止时间前收到的所有投标文件，开标时都应当当众予以拆封、宣读。开标过程应当记录，并存档备查。

《招标投标法实施条例》进一步规定，招标人应当按照招标文件规定的时间、地点开标。投标人少于 3 个的，不得开标，招标人应当重新招标。投标人对开标有异议的，应当在开标现场提出，招标人应当当场作出答复，并制作记录。

7. 评标

《招标投标法》规定，评标由招标人依法组建的评标委员会负责。招标人应当采取必要的措施，保证评标在严格保密的情况下进行。任何单位和个人不得非法干预、影响评标的过程和结果。

依法必须进行招标的项目，其评标委员会由招标人的代表和有关技术、经济等方面的专家组成，成员人数为 5 人以上单数，其中技术、经济等方面的专家不得少于成员总数的三分之二。与投标人有利害关系的人不得进入相关项目的评标委员会；已经进入的应当更换。评标委员会成员的名单在中标结果确定前应当保密。

评标委员会可以要求投标人对投标文件中含义不明确的内容作必要的澄清或者说明，但是澄清或者说明不得超出投标文件的范围或者改变投标文件的实质性内容。评标委员会应当按照招标文件确定的评标标准和方法，对投标文件进行评审和比较。设有标底的，应当参考标底。评标委员会完成评标后，应当向招标人提出书面评标报告，并推荐合格的中标候选人。评标委员会经评审，认为所有投标都不符合招标文件要求的，可以否决所有投标。依法必须进行招标的项目的所有投标被否决的，招标人应当依法重新招标。

《招标投标法实施条例》进一步规定，评标委员会成员应当依照招标投标法和本条例的规定，按照招标文件规定的评标标准和方法，客观、公正地对投标文件提出评审意见。招标文件没有规定的评标标准和方法不得作为评标的依据。评标委员会成员不得私下接触投标人，不得收受投标人给予的财物或者其他好处，不得向招标人征询确定中标人的意向，不得接受任何单位或者个人明示或者暗示提出的倾向或者排斥特定投标人的要求，不得有其他不客观、不公正履行职务的行为。

招标项目设有标底的，招标人应当在开标时公布。标底只能作为评标的参考，不得以投标报价是否接近标底作为中标条件，也不得以投标报价超过标底上下浮动范围作为否决中标的条件。有下列情形之一的，评标委员会应当否决其投标：

(1)投标文件未经投标单位盖章和单位负责人签字；

(2)投标联合体没有提交共同投标协议；

(3)投标人不符合国家或者招标文件规定的资格条件；

(4)同一投标人提交两个以上不同的投标文件或者投标报价,但招标文件要求提交备选投标的除外；

(5)投标报价低于成本或者高于招标文件设定的最高投标限价；

(6)投标文件没有对招标文件的实质性要求和条件作出响应；

(7)投标人有串通投标、弄虚作假、行贿等违法行为。

投标文件中有含义不明确的内容、明显文字或者计算错误,评标委员会认为需要投标人作出必要澄清、说明的,应当书面通知该投标人。投标人的澄清、说明应当采用书面形式,并不得超出投标文件的范围或者改变投标文件的实质性内容。评标委员会不得暗示或者诱导投标人作出澄清、说明,不得接受投标人主动提出的澄清、说明。

评标完成后,评标委员会应当向招标人提交书面评标报告和中标候选人名单。中标候选人应当不超过 3 个,并标明排序。评标报告应当由评标委员会全体成员签字。对评标结果有不同意见的评标委员会成员应当以书面形式说明其不同意见和理由,评标报告应当注明该不同意见。评标委员会成员拒绝在评标报告上签字又不书面说明其不同意见和理由的,视为同意评标结果。

8. 中标和签订合同

《招标投标法》规定,招标人根据评标委员会提出的书面评标报告和推荐的中标候选人确定中标人。招标人也可以授权评标委员会直接确定中标人。

招标人和中标人应当自中标通知书发出之日起 30 日内,按照招标文件和中标人的投标文件订立书面合同。招标人和中标人不得再行订立背离合同实质性内容的其他协议。

《招标投标法实施条例》进一步规定,招标人和中标人应当依照招标投标法和本条例的规定签订书面合同,合同的标的、价款、质量、履行期限等主要条款应当与招标文件和中标人的投标文件的内容一致。

2004 年 10 月发布的《最高人民法院关于审理建设工程施工合同纠纷案件适用法律问题的解释》第 21 条规定:“当事人就同一建设工程另行订立的建设工程施工合同与经过备案的中标合同实质性内容不一致的,应当以备案的中标合同作为结算工程价款的根据。”

因此,招标人与中标人另行签订合同的行为属违法行为,所签订的合同是无效合同。

9. 终止招标

《招标投标法实施条例》规定，招标人终止招标的，应当及时发布公告，或者以书面形式通知被邀请的或者已经获取资格预审文件、招标文件的潜在投标人。已经发售资格预审文件、招标文件或者已经收取投标保证金的，招标人应当及时退还所收取的资格预审文件、招标文件的费用，以及所收取的投标保证金及银行同期存款利息。

三、施工投标

1. 投标人的资格要求

投标人应当具备承担招标项目的能力；国家有关规定对投标人资格条件或者招标文件对投标人资格条件有规定的，投标人应当具备规定的资格条件。

2. 研究招标文件

投标单位取得投标资格，获得投标文件之后的首要工作就是认真仔细地研究招标文件，充分了解其内容和要求，以便有针对性地安排投标工作。

研究招标文件的重点应放在投标者须知、合同条款、设计图纸、工程范围及工程量表上，还要研究技术规范要求，看是否有特殊的要求。

投标人应该重点注意招标文件中的以下几个方面问题。

(1)投标人须知

“投标人须知”是招标人向投标人传递基础信息的文件，包括工程概况、招标内容、招标文件的组成、投标文件的组成、报价的原则、招投标时间安排等关键的信息。

首先，投标人需要注意招标工程的详细内容和范围，避免遗漏或多报。

其次，还要特别注意投标文件的组成，避免因提供的资料不全而被作为废标处理。例如，曾经有一资信良好著名的企业在投标时因为遗漏资产负债表而失去了本来非常有希望的中标机会。在工程实践中，这方面的先例不在少数。

第三，还要注意招标答疑时间、投标截止时间等重要时间安排，避免因遗忘或迟到等原因而失去竞争机会。

(2)投标书附录与合同条件

这是招标文件的重要组成部分，其中可能标明了招标人的特殊要求，即投标人在中标后应享受的权利、所要承担的义务和责任等，投标人在报价时需要考虑这些因素。

(3)技术说明

要研究招标文件中的施工技术说明，熟悉所采用的技术规范，了解技术说明中有无特殊施工技术要求和有无特殊材料设备要求，以及有关选择代用材料、设备的规定，以便根据相应的定额和市场确定价格，计算有特殊要求项目的报价。

(4)永久性工程之外的报价补充文件

永久性工程是指合同的标的物—建设工程项目及其附属设施，但是为了保证工程建设的顺利进行，不同的业主还会对于承包商提出额外的要求。这些可能包括：对旧有建筑物和设施的拆除，工程师的现场办公室及其各项开支、模型、广告、工程照片和会议费用等。如果有的话，则需要将其列入工程总价中去，弄清一切费用纳入工程总报价的方式，以免产生遗漏从而导致损失。

3. 进行各项调查研究

在研究招标文件的同时，投标人需要开展详细的调查研究，即对招标工程的自然、经济和社会条件进行调查，这些都是工程施工的制约因素，必然会影响到工程成本，是投标报价所必须考虑的，所以在报价前必须了解清楚。

(1)市场宏观经济环境调查

应调查工程所在地的经济形势和经济状况，包括与投标工程实施有关的法律法规、劳动力与材料的供应状况、设备市场的租赁状况、专业施工公司的经营状况与价格水平等。

(2)工程现场考察和工程所在地区的环境考察

要认真地考察施工现场，认真调查具体工程所在地区的环境，包括一般自然条件、施工条件及环境，如地质地貌、气候、交通、水电等的供应情况和其他资源情况等。

(3)工程业主方和竞争对手公司的调查

业主、咨询工程师的情况，尤其是业主的项目资金落实情况、参加竞争的其他公司与工程所在地的工程公司的情况，与其他承包商或分包商的关系。参加现场踏勘与标前会议，可以获得更充分的信息。

4. 复核工程量

有的招标文件中提供了工程量清单，尽管如此，投标者还是需要进行复核，因为这直接影响到投标报价以及中标的机会。例如，当投标人大体上确定了工程总报价以后，可适当采用报价技巧，如不平衡报价法，对某些工程量可能增加的项目提高报价，而对某些工程量可能减少的可以降低报价。

对于单价合同，尽管是以实测工程量结算工程款，但投标人仍应根据图纸仔细核算工程量，当发现相差较大时，投标人应向招标人要求澄清。

对于总价固定合同，更要特别引起重视，工程量估算的错误可能带来无法弥补的经济损失，因为总价合同是以总报价为基础进行结算的，如果工程量出现差异，可能对施工方极为不利。对于总价合同，如果业主在投标前对争议工程量不予更正，而且是对投标者不利的情况，投标者在投标时要附上声明：工程量表中某项工程量有错误，施工结算应按实际完成量计算。

承包商在核算工程量时，还要结合招标文件中的技术规范弄清工程量中每一细目的具体内容，避免出现在计算单位、工程量或价格方面的错误与遗漏。

5. **选择施工方案**

施工方案是报价的基础和前提，也是招标人评标时要考虑的重要因素之一。有什么样的方案，就有什么样的人工、机械与材料消耗，就会有相应的报价。因此，必须弄清分项工程的内容、工程量、所包含的相关工作、工程进度计划的各项要求、机械设备状态、劳动与组织状况等关键环节，据此制定施工方案。

施工方案应由投标人的技术负责人主持制定，主要应考虑施工方法、主要施工机具的配置、各工种劳动力的安排及现场施工人员的平衡、施工进度及分批竣工的安排、安全措施等。施工方案应在技术、工期和质量保证等方面对招标人有吸引力，同时又有利于降低施工成本。

(1)根据分类汇总的工程数量和工程进度计划中该类工程的施工周期、合同技术规范要求以及施工条件和其他情况选择和确定每项工程的施工方法，应根据实际情况和自身的施工能力来确定各类工程的施工方法。对各种不同施工方法应当从保证完成计划目标、保证工程质量、节约设备费用、降低劳务成本等多方面综合比较，选定最适用的、经济的施工方案。

(2)根据上述各类工程的施工方法选择相应的机具设备并计算所需数量和使用周期，研究确定采购新设备、租赁当地设备或调动企业现有设备。

(3)研究确定工程分包计划。根据概略指标估算劳务数量，考虑其来源及进场时间安排。注意当地是否有限制外籍劳务的规定。另外，从所需劳务的数量，估算所需管理人员和生活性临时设施的数量和标准等。

(4)用概略指标估算主要的和大宗的建筑材料的需用量，考虑其来源和分批进场的时间安排，从而可以估算现场用于存储、加工的临时设施(例如仓库、露天堆放场、加工场地或工棚等)。

(5)根据现场设备、高峰人数和一切生产和生活方面的需要，估算现场用水、用电量，确定临时供电和排水设施；考虑外部和内部材料供应的运输方式，估计运输和交通车辆的需要和来源；考虑其他临时工程的需要和建设方案；提出某些特殊条件下保证正常施工的措施，例如排除或降低地下水以保证地面以下工程施工的措施；冬期、雨期施工措施以及其他必需的临时设施安排，例如现场安全保卫设施，包括临时围墙、警卫设施、夜间照明及现场临时通信联络设施等。

6. 投标计算

投标计算是投标人对招标工程施工所要发生的各种费用的计算。在进行投标计算时，必须首先根据文件复核或计算工程量。作为投标计算的必要条件，应预先确定施工方案和施工进度。此外，投标计算还必须与采用的合同计价形式相协调。

7. 确定投标策略

正确的投标策略对提高中标率并获得较高的利润有重要作用。常用的投标策略又以信誉取胜、以低价取胜、以缩短工期取胜、以改进设计取胜、以现金或特殊的施工方案取胜等。不同的投标策略要在不同投标阶段的工作（如制定施工方案、投标计算等）中体现和贯彻。

8. 正式投标

投标人按照招标人的要求完成标书的准备与填报之后，就可以向招标人正式提交投标文件。在投标时需要注意以下几方面。

（1）注意投标的截止日期

招标人所规定的投标截止日就是提交标书最后的期限。投标人在招标截止日之前所提交的投标是有效的，超过该日期之后就会被视为无效投标。在招标文件要求提交投标文件的截止时间后送达的投标文件，招标人可以拒收。

（2）投标文件的完备性

投标人应当按照招标文件的要求编制投标文件。投标文件应当对招标文件提出的实质性要求和条件做出响应。投标不完备或投标没有达到招标人的要求，在招标范围以外提出新的要求，均被视为对于招标文件的否定，不会被招标人所接受。投标人必须为自己所投出的标负责，如果中标，必须按照投标文件中所阐述的方案来完成工程，这其中包括质量标准、工期与进度计划、报价限额等基本指标以及招标人所提出的其他要求。

（3）注意标书的标准

标书的提交要有固定的要求，基本内容是签章、密封。如果不密封或密封不满足要求，投标是无效的。投标书还需要按照要求签章，投标书需要盖有投标企业公章以及企业法人的名章（或签字）。如果项目所在地与企业距离较远，由当地项目经理部组织投标，需要提交企业法人对于投标项目经理的授权委托书。

（4）注意投标的担保

通常投标需要提交投标担保，应注意要求的担保方式、金额以及担保期限等。

9. 禁止投标人实施不正当竞争行为的规定

在建设工程招标投标活动中，投标人的不正当竞争行为主要是：投标人相互串通投标、招标人与投标人串通投标、投标人以行贿手段谋取中标、投标人以低于成本的报价竞标、投标人以他人名义投标或者以其他方式弄虚作假骗取中标。

(1)禁止投标人相互串通投标

《反不正当竞争法》规定，投标者不得串通投标，抬高标价或者压低标价。《招标投标法》也规定，投标人不得相互串通投标报价，不得排挤其他投标人的公平竞争，损害招标人或者其他投标人的合法权益。

《招标投标法实施条例》进一步规定，禁止投标人相互串通投标。有下列情形之一的，属于投标人相互串通投标：

1)投标人之间协商投标报价等投标文件的实质性内容；

2)投标人之间约定中标人；

3)投标人之间约定部分投标人放弃投标或者中标；

4)属于同一集团、协会、商会等组织成员的投标人按照该组织要求协同投标；

5)投标人之间为谋取中标或者排斥特定投标人而采取的其他联合行动；

6)不同投标人的投标文件由同一单位或者个人编制；

7)不同投标人委托同一单位或者个人办理投标事宜；

8)不同投标人的投标文件载明的项目管理成员为同一人；

9)不同投标人的投标文件异常一致或者投标报价呈规律性差异；

10)不同投标人的投标文件相互混装；

11)不同投标人的投标保证金从同一单位或者个人的账户转出。

(2)禁止招标人与投标人串通投标

《反不正当竞争法》规定，投标者和招标者不得相互勾结，以排挤竞争对手的公平竞争。《招标投标法》也规定，投标人不得与招标人串通投标，损害国家利益、社会公共利益或者他人的合法权益。

《招标投标法实施条例》进一步规定，禁止招标人与投标人串通投标。有下列情形之一的，属于招标人与投标人串通投标：

1)招标人在开标前开启投标文件并将有关信息泄露给其他投标人；

2)招标人直接或者间接向投标人泄露标底、评标委员会成员等信息；

3)招标人明示或者暗示投标人压低或者抬高投标报价；

4)招标人授意投标人撤换、修改投标文件；

5)招标人明示或者暗示投标人为特定投标人中标提供方便；

6)招标人与投标人为谋求特定投标人中标而采取的其他串通行为。

(3)禁止投标人以行贿手段谋取中标

《反不正当竞争法》规定,经营者不得采用财物或者其他手段进行贿赂以销售或者购买商品。在账外暗中给予对方单位或者个人回扣的,以行贿论处;对方单位或者个人在账外暗中收受回扣的,以受贿论处。《招标投标法》也规定,禁止投标人以向招标人或者评标委员会成员行贿的手段谋取中标。

投标人以行贿手段谋取中标是一种严重的违法行为,其法律后果是中标无效,有关责任人和单位要承担相应的行政责任或刑事责任,给他人造成损失的还应承担民事赔偿责任。

(4)投标人不得以低于成本的报价竞标

低于成本的报价竞标不仅属不正当竞争行为,还易导致中标后的偷工减料,影响建设工程质量。《反不正当竞争法》规定,经营者不得以排挤竞争对手为目的,以低于成本的价格销售商品。《招标投标法》则规定,投标人不得以低于成本的报价竞标。中标人的投标应当符合下列条件之一,……但是投标价格低于成本的除外。

(5)投标人不得以他人名义投标或以其他方式弄虚作假骗取中标

《反不正当竞争法》规定,经营者不得采用下列不正当手段从事市场交易,损害竞争对手:

1)假冒他人的注册商标;

2)擅自使用知名商品特有的名称、包装、装潢,或者使用与知名商品近似的名称、包装、装潢,造成和他人的知名商品相混淆,使购买者误认为是知名商品;

3)擅自使用他人的企业名称或者姓名,引人误认为是他人的商品;

4)在商品上伪造或者冒用认证标志、名优标志等质量标志,伪造产地,对商品质量作引人误解的虚假表示。

《招标投标法》规定,投标人不得以他人名义投标或者以其他方式弄虚作假,骗取中标。《招标投标法实施条例》进一步规定,使用通过受让或者租借等方式获取的资格、资格证书投标的,属于招标投标法第33条规定的以他人名义投标。投标人有下列情形之一属于招标投标法第33条规定的以其他方式弄虚作假的行为:

1)使用伪造、变造的许可证件;

2)提供虚假的财务状况或者业绩;

3)提供虚假的项目负责人或者主要技术人员简历、劳动关系证明;

4)提供虚假的信用状况;

5)其他弄虚作假的行为。

四、违法行为应承担的法律责任

1. 招标人违法行为应承担的法律责任

《招标投标法实施条例》规定，招标人有下列限制或者排斥潜在投标人行为之一的，由有关行政监督部门依照招标投标法第51条的规定处罚，即责令改正，可以处1万元以上5万元以下的罚款：

(1)依法应当公开招标的项目不按照规定在指定媒介发布资格预审公告或者招标公告；

(2)在不同媒介发布的同一招标项目的资格预审公告或者招标公告的内容不一致，影响潜在投标人申请资格预审或者投标。

依法必须进行招标的项目的招标人不按照规定发布资格预审公告或者招标公告，构成规避招标的，依照招标投标法第49条的规定处罚，即责令限期改正，可以处项目合同金额5‰以上10‰以下的罚款；对全部或者部分使用国有资金的项目，可以暂停项目执行或者暂停资金拨付；对单位直接负责的主管人员和其他直接责任人员依法给予处分。

招标人有下列情形之一的，由有关行政监督部门责令改正，可以处10万元以下的罚款：

1)依法应当公开招标而采用邀请招标；

2)招标文件、资格预审文件的发售、澄清、修改的时限，或者确定的提交资格预审申请文件、投标文件的时限不符合招标投标法和本条例规定；

3)接受未通过资格预审的单位或者个人参加投标；

4)接受应当拒收的投标文件。

招标人有以上第1)、3)、4)所列行为之一的，对单位直接负责的主管人员和其他直接责任人员依法给予处分。

依法必须进行招标的项目的招标人不按照规定组建评标委员会，或者确定、更换评标委员会成员违反招标投标法和本条例规定的，由有关行政监督部门责令改正，可以处10万元以下的罚款，对单位直接负责的主管人员和其他直接责任人员依法给予处分；违法确定或者更换的评标委员会成员作出的评审结论无效，依法重新进行评审。

招标人超过本条例规定的比例收取投标保证金、履约保证金或者不按照规定退还投标保证金及银行同期存款利息的，由有关行政监督部门责令改正，可以处5万元以下的罚款；给他人造成损失的，依法承担赔偿责任。

依法必须进行招标的项目的招标人有下列情形之一的，由有关行政监督部门责令改正，可以处中标项目金额10‰以下的罚款；给他人造成损失的，依法承担赔偿责任；对单位直接负责的主管人员和其他直接责任人员依法给予处分。

1)无正当理由不发出中标通知书；

2)不按照规定确定中标人；

3)中标通知书发出后无正当理由改变中标结果；

4)无正当理由不与中标人订立合同；

5)在订立合同时向中标人提出附加条件。

招标人和中标人不按照招标文件和中标人的投标文件订立合同，合同的主要条款与招标文件、中标人的投标文件的内容不一致，或者招标人、中标人订立背离合同实质性内容的协议的，由有关行政监督部门责令改正，可以处中标项目金额5‰以上10‰以下的罚款。

招标人不按照规定对异议作出答复，继续进行招标投标活动的，由有关行政监督部门责令改正，拒不改正或者不能改正并影响中标结果的，依照本条例第82条的规定处理，即招标、投标、中标无效，应当依法重新招标或者评标。

2. 招标代理机构违法行为应承担的法律责任

《招标投标法》规定，招标代理机构违反规定，泄露应当保密的与招标投标活动有关的情况和资料的，或者与招标人、投标人串通损害国家利益、社会公共利益或者他人合法权益的，处5万元以上25万元以下的罚款，对单位直接负责的主管人员和其他直接责任人员处单位罚款数额5%以上10%以下的罚款；有违法所得的，并处没收违法所得；情节严重的，暂停直至取消招标代理资格；构成犯罪的，依法追究刑事责任。给他人造成损失的，依法承担赔偿责任。影响中标结果的，中标无效。

取得招标职业资格的专业人员违反国家有关规定办理招标业务的，责令改正，给予警告；情节严重的，暂停一定期限内从事招标业务；情节特别严重的，取消招标职业资格。

3. 评标委员会成员违法行为应承担的法律责任

《招标投标法实施条例》规定，评标委员会成员有下列行为之一的，由有关行政监督部门责令改正；情节严重的，禁止其在一定期限内参加依法必须进行招标的项目的评标；情节特别严重的，取消其担任评标委员会成员的资格。

(1)应当回避而不回避；

(2)擅离职守；

(3)不按照招标文件规定的评标标准和方法评标；

(4)私下接触投标人；

(5)向招标人征询确定中标人的意向或者接受任何单位或者个人明示或者暗示提出的倾向或者排斥特定投标人的要求；

(6)对依法应当否决的投标不提出否决意见;

(7)暗示或者诱导投标人作出澄清、说明或者接受投标人主动提出的澄清、说明;

(8)其他不客观、不公正履行职务的行为。

评标委员会成员收受投标人的财物或者其他好处的,没收收受的财物,处3000元以上5万元以下的罚款,取消担任评标委员会成员的资格,不得再参加依法必须进行招标的项目的评标;构成犯罪的,依法追究刑事责任。

2008年11月发布的《最高人民法院、最高人民检察院关于办理商业贿赂刑事案件适用法律若干问题的意见》第六条规定,依法组建的评标委员会的组成人员,在招标等事项的评标活动中,索取他人财物或者非法收受他人财物,为他人谋取利益,数额较大的,依照刑法第一百六十三条的规定,以非国家工作人员受贿罪定罪处罚。依法组建的评标委员会中国家机关或者其他国有单位的代表有以上行为的,依照刑法第三百八十五条的规定,以受贿罪定罪处罚。

4. 投标人违法行为应承担的法律责任

《招标投标法实施条例》规定,投标人相互串通投标或者与招标人串通投标的,投标人向招标人或者评标委员会成员行贿谋取中标的,中标无效;构成犯罪的,依法追究刑事责任;尚不构成犯罪的,依照招标投标法第53条的规定处罚,即中标无效,处中标项目金额5‰以上10‰以下的罚款,对单位直接负责的主管人员和其他直接责任人员处单位罚款数额5%以上10%以下的罚款;有违法所得的,并处没收违法所得;情节严重的,取消其1年至2年内参加依法必须进行招标的项目的投标资格并予以公告,直至由工商行政管理机关吊销营业执照;构成犯罪的,依法追究刑事责任。给他人造成损失的,依法承担赔偿责任。投标人未中标的,对单位的罚款金额按照招标项目合同金额依照招标投标法规定的比例计算。投标人有下列行为之一的,属于《招标投标法》第五十三条规定的情节严重行为,由有关行政监督部门取消其1年至2年内参加依法必须进行招标的项目的投标资格。

(1)以行贿谋取中标;

(2)3年内2次以上串通投标;

(3)串通投标行为损害招标人、其他投标人或者国家、集体、公民的合法利益,造成直接经济损失30万元以上;

(4)其他串通投标情节严重的行为。

投标人自以上规定的处罚执行期限届满之日起3年内又有以上所列违法行为之一的,或者串通投标、以行贿谋取中标情节特别严重的,由工商行政管理机关吊销营业执照。

投标人以他人名义投标或者以其他方式弄虚作假骗取中标的，中标无效；构成犯罪的，依法追究刑事责任；尚不构成犯罪的，依照招标投标法第 54 条的规定处罚，即中标无效，给招标人造成损失的，依法承担赔偿责任；构成犯罪的，依法追究刑事责任。依法必须进行招标的项目的投标人有以上所列行为尚未构成犯罪的，处中标项目金额 5‰以上 10‰以下的罚款，对单位直接负责的主管人员和其他直接责任人员处单位罚款数额 5%以上 10%以下的罚款；有违法所得的，并处没收违法所得；情节严重的，取消其 1 年至 3 年内参加依法必须进行招标的项目的投标资格并予以公告，直至由工商行政管理机关吊销营业执照。依法必须进行招标的项目的投标人未中标的，对单位的罚款金额按照招标项目合同金额依照招标投标法规定的比例计算。投标人有下列行为之一的，属于招标投标法第 54 条规定的情节严重行为，由有关行政监督部门取消其 1 年至 3 年内参加依法必须进行招标的项目的投标资格：

(1)伪造、变造资格、资质证书或者其他许可证件骗取中标；

(2)3 年内 2 次以上使用他人名义投标；

(3)弄虚作假骗取中标给招标人造成直接经济损失 30 万元以上；

(4)其他弄虚作假骗取中标情节严重的行为。

投标人自以上规定的处罚执行期限届满之日起 3 年内又有以上所列违法行为之一的，或者弄虚作假骗取中标情节特别严重的，由工商行政管理机关吊销营业执照。

出让或者出租资格、资质证书供他人投标的，依照法律、行政法规的规定给予行政处罚；构成犯罪的，依法追究刑事责任。

投标人或者其他利害关系人捏造事实、伪造材料或者以非法手段取得证明材料进行投诉，给他人造成损失的，依法承担赔偿责任。

5. 中标人违法行为应承担的法律责任

《招标投标法》规定，中标人将中标项目转让给他人的，将中标项目肢解后分别转让给他人的，违反本法规定将中标项目的部分主体、关键性工作分包给他人的，或者分包人再次分包的，转让、分包无效，处转让、分包项目金额 5‰以上 10‰以下的罚款；有违法所得的，并处没收违法所得；可以责令停业整顿；情节严重的，由工商行政管理机关吊销营业执照。

中标人不履行与招标人订立的合同的，履约保证金不予退还，给招标人造成的损失超过履约保证金数额的，还应当对超过部分予以赔偿；没有提交履约保证金的，应当对招标人的损失承担赔偿责任。中标人不按照与招标人订立的合同履行义务，情节严重的，取消其 2 年至 5 年内参加依法必须进行招标的项目的投标资格并予以公告，直至由工商行政管理机关吊销营业执照。因不可抗力不能履行合同的，不适用以上规定。

6. 政府主管部门和国家工作人员违法行为应承担的法律责任

《招标投标法实施条例》规定，项目审批、核准部门不依法审批、核准项目招标范围、招标方式、招标组织形式的，对单位直接负责的主管人员和其他直接责任人员依法给予处分。有关行政监督部门不依法履行职责，对违反招标投标法和本条例规定的行为不依法查处，或者不按照规定处理投诉、不依法公告对招标投标当事人违法行为的行政处理决定的，对直接负责的主管人员和其他直接责任人员依法给予处分。项目审批、核准部门和有关行政监督部门的工作人员徇私舞弊、滥用职权、玩忽职守，构成犯罪的，依法追究刑事责任。

国家工作人员利用职务便利，以直接或者间接、明示或者暗示等任何方式非法干涉招标投标活动，有下列情形之一的，依法给予记过或者记大过处分；情节严重的，依法给予降级或者撤职处分；情节特别严重的，依法给予开除处分；构成犯罪的，依法追究刑事责任：

(1)要求对依法必须进行招标的项目不招标，或者要求对依法应当公开招标的项目不公开招标；

(2)要求评标委员会成员或者招标人以其指定的投标人作为中标候选人或者中标人，或者以其他方式非法干涉评标活动，影响中标结果；

(3)以其他方式非法干涉招标投标活动。

7. 其他法律责任

《招标投标法》规定，任何单位违反本法规定，限制或者排斥本地区、本系统以外的法人或者其他组织参加投标的，为招标人指定招标代理机构的，强制招标人委托招标代理机构办理招标事宜的，或者以其他方式干涉招标投标活动的，责令改正；对单位直接负责的主管人员和其他直接责任人员依法给予警告、记过、记大过的处分；情节较重的，依法给予降级、撤职、开除的处分。个人利用职权进行以上违法行为的，依照以上规定追究责任。依法必须进行招标的项目违反本法规定，中标无效的，应当依照本法规定的中标条件从其余投标人中重新确定中标人或者依照本法重新进行招标。

第三节　劳务招标投标管理

一、劳务招投标交易的特点

劳务分包是指施工总承包或专业承包企业将其承包或分包工程中的劳务作业，发包给具有相应劳务分包资质的企业完成的活动。与施工总承包、专业承包项目招投标工作相比，劳务分包招投标工作具有如下特点：

1. 劳务分包项目的标的额小、项目数量大

大量劳务分包项目的标的额都在十几万、几十万或数百万。不像总承包或专业承包项目的标的额动辄上千万甚至若干亿元。但劳务分包项目的数量却远远大于总承包项目和专业承包项目的数量。由于通常采用的是分部或分段招标发包，在总承包交易中心招标发包的一个项目到了劳务交易中心后，就演变成了若干个劳务分包项目。这给劳务分包招投标管理服务机构和人员增大了工作负荷。

2. 劳务分包项目投标报价复杂

施工总承包或专业承包项目的投标报价由于有主管部门的多年规范与指导，执行的基本上是现行的工程量清单方式，采用的是人工、材料、机具、管理等费用的包干方式进行发承包。劳务分包由于没有预决算的审查与审计，各总承包单位根据自身的情况和多年的管理形成多种形式的劳务分包投标报价方式。一种是定额预算直接费中人工费加适量管理费的报价方式；另一种是定额工日单价乘以总工日报价方式；还有就是平方米单价乘以总面积的报价方式。另外，由于招标范围的不同，报价也不一样。有纯人工费的招标，也有人工费加部分小型机具和生产辅料等不同的组合报价。这些都为劳务分包招投标工作的开展增加了难度。

3. 劳务分包招投标操作周期短

按照相关规定要求，完成一个总承包工程项目招标投标过程的法定时效为107天，这个时间作为总承包工程是允许的，也是可行的。但总承包企业未在总承包市场中标获得工程，不允许其进行劳务分包招标，因此如果其一旦在总承包市场中标获得工程，建设单位会要求其马上进场施工，而不会给其3个月的时间进行劳务分包的招标，这就使得劳务分包的操作周期必然缩短。

二、劳务招投标工作流程

1. 劳务招投标管理工作的主要环节

劳务招投标管理工作主要包括：

(1)资格预审；

(2)发标；

(3)投标，

(4)开标；

(5)评标；

(6)定标；

(7)签订合同。

为加强对招投标的控制，重点要抓好两个环节：

(1)“抓好投标资格预审，保证入围规范”。目的在于把好进口关，保证参加投标人的素质，形成高水平投标队伍间的竞争，达到优中选优。

(2)“全面监控开标流程，保证过程规范”。做好开标工作，在“公开、公平、公正”的原则下，保证开标过程的规范化。

2. 劳务招投标管理工作流程

劳务招投标管理工作流程如图 5-1。

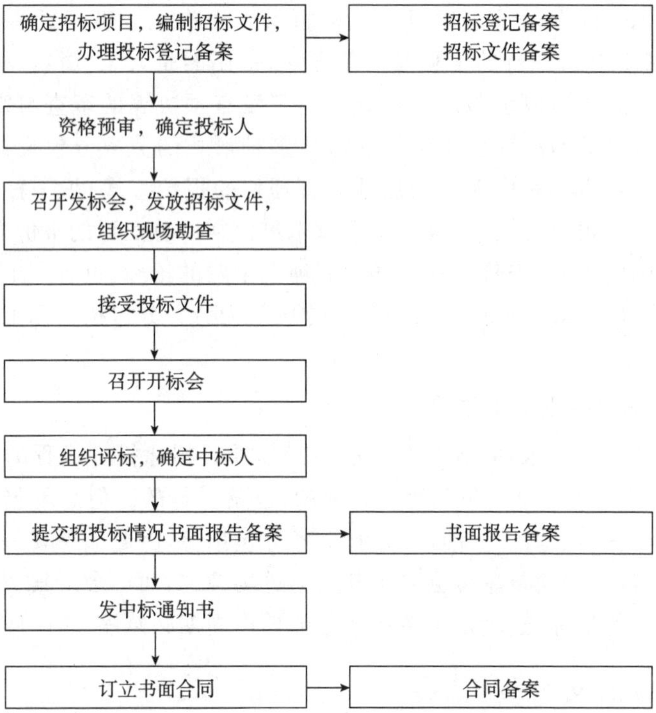

图 5-1　劳务招投标管理工作流程图

三、劳务招投标备案管理

劳务招投标过程需依据当地建设工程专业劳务发包承包交易中心的要求，填写相关表格完成招投标材料的备案，一般应进行的备案包括以下几项：

1. 招标登记备案

(1)编制《专业劳务分包工程招标方式抄报表》；

(2)出具建设单位提供的《建筑工程施工许可证》(复印件即可)；

(3)提交一级市场(总包、专业承包)中标通知书(复印件即可)；

(4)填写《拟选投标人名单》。

2. 招标文件备案

招标文件包含内容：工程概况、现场简介、招标要求、报价要求、工程款结算与支付、投标须知、开标须知、评标和中标须知。

3. 招投标情况书面报告备案

(1)填写《投标报名表》；

(2)编写劳务招投标过程《书面情况报告》；

(3)归集投标单位编制的《专业项目投标书》或《劳务项目投标书》及中标人的投标文件；

(4)填写《专业工程标底报备表》或《劳务工程标底报备表》；

(5)归集《开标会议签到表》；

(6)填写《开标记录表》；

(7)编制《评标报告》；

(8)评委打分表及汇总表；

(9)编制《决表报告》；

(10)总包单位发出《专业、劳务中标通知书》；

(11)评标委员会名单。

4. 分包合同备案

(1)总包单位发出《专业、劳务中标通知书》；

(2)中标单位与总包单位签订分包合同(合同备案)。

注：全部表格均需加盖本单位有效红章。

第六章　劳务分包管理

第一节　劳务分包合同管理

一、劳务分包合同基本知识

1. 劳务分包的定义

劳务分包是指施工总承包企业或者专业分包企业(劳务作业的发包人)将其承包工程的劳务作业发包给劳务分包单位完成的活动。通俗地说,即甲单位承揽工程后,自己买材料,然后请乙单位负责组织工人进行施工,但还是由甲单位组织施工管理。劳务分包是现在建筑业的普遍做法,也是法律允许的。但是禁止劳务公司将承揽到的劳务分包再转包或者分包给其他的公司。

2. 劳务分包的法律特征

(1)劳务分包的本质属性及其法律特征

劳务分包的法律特征可以归纳为4条。

1)劳务分包是在存在着工程施工合同的前提下派生的,没有建设工程施工合同,就不会派生出劳务分包合同。

2)劳务分包合同的内容指向的是工程的施工劳务,其发包人是建设工程的总承包人,也可以是专业分包的承包人;其承包人是具有相应资质的劳务企业。由于劳务合同的承包人是企业,构成的是企业之间的法律关系,因此,劳务合同不是劳动合同,不在《劳动法》调整的范围。

3)劳务分包合同的对象是计件或计时的施工劳务,主要是指人工费用以及劳务施工的相应管理费用,而不是指向分部分项的工程,不能计取分包的工程款。换言之,工程分包计取的是直接费、间接费、税金和利润;劳务分包仅计算直接费中的人工费以及相应管理费,这是劳务分包与工程分包在计算合同对价方面的本质区别。

4)按《建筑法》第二十九条的规定,工程分包必须经建设单位同意。而劳务分包合同仅存在于施工劳务的承发包之间,其发包的是施工劳务而非分部分项工程,劳务分包与建设单位没有直接的法律关系,总承包人或专业分包的承包人发包劳务,无需经过建设单位或总承包人的同意。

(2)劳务分包与专业工程分包的区别

劳务分包是工程承包人将建筑工程施工中的劳务作业发包给具有劳务承包资质的其他施工企业的行为;工程分包是工程总承包人将建筑工程施工中除主体结构施工外的其他专业工程发包给具有相应资质的其他施工企业的行为。

劳务分包和专业工程分包的区别是:

1)分包主体的资质不同。专业工程分包的承包单位持有的是专业承包企业的资质;劳务分包人持有的是劳务作业企业资质。

2)合同标的的指向不同。专业工程分包合同指向的标的是分部分项工程,计取的是工程款,其表现形式主要体现为包工包料;劳务分包合同指向的是工程施工的劳务,计取的是人工费,其表现形式主要体现为包工不包料,俗称"包清工"。

3)分包条件的限制不同。总承包人对工程分包有一系列的限制,其中必须具备的一个重要条件是事先经发包人(建设单位)的同意;而总承包人包括工程分包人的劳务分包则无须事先获得发包人(建设单位)的同意。

4)承担责任的范围不同。专业工程分包条件下,总包要对分包工程实施管理,总分包双方要对分包的工程以及分包工程的质量缺陷向工程发包人承担连带责任;而劳务分包条件下,分包人可自行进行管理,并且只对施工总包或工程分包人负责,施工总包和工程分包人对工程发包人(建设单位)负责,劳务分包人对工程发包人(建设单位)不直接承担责任。

(3)劳务分包与工程转包及肢解发包的区别

1)对应主体不同。转包发生在总包人与转承包人之间;肢解发包发生在发包人与不同的承包人之间;而劳务分包则发生在总包或专业承包与劳务分包之间。

2)对象指向不同。转包和肢解发包的对象是工程或分部分项的工程,是承发包合同中整个建设工程的全部或一部分;而劳务分包仅指向工程中的劳务。

3)合同效力不同。转包和肢解发包均属于法律法规所明确禁止的无效行为;而劳务分包属于合法行为,法律对劳务分包并不禁止。

4)法律后果不同。转包的双方对因此造成的质量或其他问题要对发包人承担连带责任;肢解发包造成的质量或其他问题由发包人和肢解承包人承担相应责任,总承包人不承担责任;而劳务分包双方按合同承担相应责任,并不共同向发包人承担连带责任。综上,法律、法规对工程分包和劳务分包有不同规定。从劳动性质角度分析,工程分包涉及的是复杂劳动,获得的利润相对较多,因此其资质要求和责任范围也与复杂劳动相对应;而劳务分包涉及的是简单劳动,获得的利润相对较少,其资质要求和责任范围也相对较低、较小。由于工程分包中可能产生较多利润的驱动,在建筑市场活动中频频出现层层转包、肢解发包、违法分包以及以劳务分包为名的工程转包、分包等违法作为，此种情形正是建设工程质量存在问题和安全事故的根本原因。

二、劳务分包合同条款

1. 合同协议与合同文件

《建设工程施工劳务分包合同(示范文本)》由 26 个条款和 3 个附件组成，没有采用三段式合同结构(即协议书、通用条款、专用条款)，采用格式合同方式。施工总承包人、专业工程承包人或专业工程分包人都可以直接与劳务分包人签订劳务分包合同。

工程承包人和劳务分包人依照《合同法》《建筑法》及其他有关法律、行政法规，遵循平等、自愿、公平和诚实信用的原则，鉴于发包人与工程承包人已经签订施工总承包合同或专业承(分)包合同[简称为“总(分)包合同”]，双方就劳务分包事项协商达成一致，订立本合同。

(1)劳务作业承包人资质情况需说明资质证书编号、资质证书发证机关、资质等级、资质证书发证日期。

(2)劳务作业工程及内容需说明工程名称、工程地点、劳务作业范围、劳务作业内容。

(3)劳务作业期限包括开始工作日期、结束工作日期以及总日历工作天数。

(4)质量标准按总(分)包合同有关质量的约定、国家现行的《建筑安装工程施工及验收规范》和《建筑安装工程质量评定标准》，说明本工作必须达到的质量评定等级。

(5)合同文件及解释顺序。组成本合同的文件及优先解释顺序如下：

1)本合同；

2)本合同附件；

3)本工程施工总承包合同；

4)本工程施工分包合同。

(6)标准规范说明除本工程总(分)包合同另有约定外，本合同适用的标准规范。

(7)图纸说明劳务作业发包人应在劳务分包工作开工多少天向劳务作业承包人提供图纸，说明图纸的套数，以及与本合同工作有关的标准图套数。

2. 双方一般义务

(1)劳务发包人义务

1)对劳务分包范围内的工程质量向承包人负责，组织具有相应资格证书的熟练工人投入工作；未经承包人授权或允许，不得擅自与发包人及有关部门建立工作联系；自觉遵守法律法规及有关规章制度。

2)严格按照设计图纸、施工验收规范、有关技术要求及施工组织设计精心组织施工，确保工程质量达到约定的标准。

①科学安排作业计划，投入足够的人力、物力，保证工期；

②加强安全教育，认真执行安全技术规范，严格遵守安全制度，落实安全措施，确保施工安全；

③加强现场管理，严格执行建设主管部门及环保、消防、环卫等有关部门对施工现场的管理规定，做到文明施工；

④承担由于自身责任造成的质量修改、返工、工期拖延、安全事故、现场脏乱造成的损失及各种罚款。

3)自觉接受承包人及有关部门的管理、监督和检查；接受承包人随时检查其设备、材料保管、使用情况，及其操作人员的有效证件、持证上岗情况；与现场其他单位协调配合，照顾全局。

4)劳务分包人须服从承包人转发的发包人及工程师的指令。

5)除非合同另有约定，劳务分包人应对其作业内容的实施、完工负责，劳务分包人应承担并履行总(分)包合同约定、与劳务作业有关的所有义务及工作程序。

(2)劳务作业承包人义务

1)劳务作业承包人不得将本合同项下的劳务作业转包或再分包给他人。劳务作业承包人对本合同劳务分包范围内的工程质量向劳务作业发包人负责，组织具有相应资格证书的熟练工人投入工作；未经劳务作业发包人授权或允许，不得擅自与发包人及有关部门建立工作联系；自觉遵守法律法规及有关规章制度。

2)劳务作业承包人根据施工组织设计总进度计划的要求，每月底在约定日期前提交下月施工计划，有阶段工期要求的提交阶段施工计划，必要时按劳务作业发包人要求提交旬、周施工计划，以及与完成上述阶段、时段施工计划相应的劳动力安排计划，经劳务作业发包人批准后严格实施。

3)严格按照设计图纸、施工验收规范、有关技术要求及施工组织设计精心组织施工，确保工程质量达到约定的标准；科学安排作业计划，投入足够的人力、物力，保证工期；加强安全教育，认真执行安全技术规范，严格遵守安全制度，落实安全措施，确保施工安全；加强现场管理，严格执行建设主管部门及环保、消防、环卫等有关部门对施工现场的管理规定，做到文明施工；承担由于自身责任造成的质量修改、返工、工期拖延、安全事故、现场脏乱造成的损失及各种罚款。

4)自觉接受劳务作业发包人及有关部门的管理、监督和检查;接受劳务作业发包人随时检查其设备、材料保管使用情况,及其操作人员的有效证件、持证上岗情况;与现场其他单位协调配合,照顾全局。

5)按劳务作业发包人统一规划堆放材料、机具,按劳务作业发包人标准化施工现场要求设置标牌,搞好生活区的管理,做好自身责任区的治安保卫工作。

6)按时提交报表、完整的原始技术经济资料,配合劳务作业发包人办理交工验收。

7)做好施工场地周围建筑物、构筑物、地下管线和已完工程部分的成品保护工作,因劳务作业承包人责任发生损坏,劳务作业承包人自行承担由此引起的一切经济损失及各种罚款。

8)妥善保管、合理使用劳务作业发包人提供或租赁给劳务作业承包人使用的机具、周转材料及其他设施。

9)劳务作业承包人需服从劳务作业发包人转发的发包人及工程师的指令。

10)除非本合同另有约定,劳务作业承包人应对其作业内容的实施、完工负责,劳务作业承包人应承担并履行总(分)包合同约定的、与劳务作业有关的所有义务及工作程序。

3. 安全施工与材料设备供应

(1)安全施工检查

劳务作业承包人应遵守工程建设安全生产有关管理规定,严格按安全标准进行施工,采取必要的安全防护措施,消除事故隐患。

1)最高管理者或管理者代表负责组织并参加公司级安全施工检查工作;

2)公司安全监察部参加公司级的安全施工检查,并负责监督在安全检查中发现的各单位安全隐患的整改;

3)项目部经理或生产副经理负责组织参加本施工现场的安全施工检查工作;

4)项目部安全监察部门负责安全施工检查中施工现场存在的安全隐患的跟踪整改工作;

5)公司、项目部各部门和专业公司负责本单位的安全施工检查及安全隐患的整改工作。

(2)材料、设备供应

劳务作业承包人在接到图纸后的约定时间内,向劳务作业发包人提交材料、设备供应计划,经确认后,劳务作业发包人应按供应计划要求进行采购。

劳务作业承包人应妥善保管、合理使用劳务作业发包人提供的材料、设备。因保管不善发生丢失、损坏,劳务作业承包人应赔偿,并承担因此造成的工期延误等发生的一切经济损失。

4. 劳务报酬及支付

(1)劳务报酬

本工程的劳务报酬采用下列任何一种方式计算：

1)固定劳务报酬(含管理费)；

2)约定不同工种劳务的计时单价(含管理费),按确认的工时计算；

3)约定不同工作成果的计件单价(含管理费),按确认的工程量计算。

在下列情况下,固定劳务报酬或单价可以调整：

1)以本合同约定价格为基准,市场人工价格的变化幅度超过规定值,按变化前后价格的差额予以调整；

2)后续法律及政策变化,导致劳务价格变化的,按变化前后价格的差额予以调整；

3)双方约定的其他情形。

采用第一种方式计价的,确定劳务报酬合计。本工程的劳务报酬,除上述情况外,均为一次包死,不再调整。采用第二种方式计价的,分别说明不同工种劳务的计时单价。采用第三种方式计价的,分别说明不同工作成果的计件单价。

(2)工时及工程量的确认

采用固定劳务报酬方式的,施工过程中不计算工时和工程量。采用按确定的工时计算劳务报酬的,由劳务作业承包人每日将劳务人数报劳务作业发包人,由劳务作业发包人确认。采用按确认的工程量计算劳务报酬的,由劳务作业承包人按月(或旬、日)将完成的工程量报劳务作业发包人,由劳务作业发包人确认。对劳务作业承包人未经劳务作业发包人认可,超出设计图纸范围和因劳务作业承包人原因造成返工的工程量,劳务作业发包人不予计量。

(3)劳务报酬的中间支付

采用固定劳务报酬方式支付劳务报酬的,劳务作业承包人与劳务作业发包人约定按下列方法支付：

1)合同生效即支付预付款；

2)中间支付。

采用计时单价或计件单价方式支付劳务报酬的,劳务作业承包人与劳务作业发包人双方约定支付方法。

本合同确定调整的劳务报酬、工程变更调整的劳务报酬及其他条款中约定的追加劳务报酬,应与上述劳务报酬同期调整支付。

(4)劳务报酬最终支付

全部工作完成,经劳务作业发包人认可后 14 天内,劳务作业承包人向劳务作业发包人递交完整的结算资料,双方按照本合同约定的计价方式,进行劳务报酬的最终支付。劳务作业发包人收到劳务作业承包人递交的结算资料后14天内进行核实，给予确认或者提出修改意见。劳务作业发包人确认结算资料后14天内向劳务作业承包人支付劳务报酬尾款。劳务作业承包人和劳务作业发包人对劳务报酬结算价款发生争议时，按本合同关于争议的约定处理。

5. 施工变更、验收及配合

(1)施工变更

施工中如发生对原工作内容进行变更，工程承包人项目经理应提前7天以书面形式向劳务分包人发出变更通知，并提供变更的相应图纸和说明。劳务分包人按照工程承包人(项目经理)发出的变更通知及有关要求，进行下列需要的变更。

1)更改工程有关部分的标高、基线、位置和尺寸；

2)增减合同中约定的工程量；

3)改变有关的施工时间和顺序；

4)其他有关工程变更需要的附加工作。

施工中劳务分包人不得对原工程设计进行变更。因劳务分包人擅自变更设计发生的费用和由此导致工程承包人的直接损失，由劳务分包人承担，延误的工期不予顺延。

(2)施工验收

劳务分包人应确保所完成施工的质量符合约定的质量标准。劳务分包人施工完毕，应向工程承包人提交完工报告，通知工程承包人验收；工程承包人应当在收到劳务分包人的上述报告后7天内对劳务分包人施工成果进行验收，验收合格或者工程承包人在上述期限内未组织验收的，视为劳务分包人已经完成了约定工作。但工程承包人与发包人间的隐蔽工程验收结果或工程竣工验收结果表明劳务分包人施工质量不合格时，劳务分包人应负责无偿修复，不延长工期，并承担由此导致的工程承包人的相关损失。

(3)施工配合

劳务分包人应配合工程承包人对其工作进行的初步验收，以及工程承包人按发包人或建设行政主管部门要求进行的涉及劳务分包人工作内容、施工场地的检查、隐蔽工程验收及工程竣工验收；工程承包人或施工场地内第三方的工作必须与劳务分包人配合时，劳务分包人应按工程承包人的指令予以配合。除上述初步验收、隐蔽工程验收及工程竣工验收之外，劳务分包人因提供上述配合而发生的工期损失，费用由工程承包人承担。

6. 违约责任、索赔、争议

(1)违约责任

当发生下列情况之一时，劳务作业发包人应承担违约责任：

1)劳务作业发包人违反本合同约定，不按时向劳务作业承包人支付劳务报酬；

2)劳务作业发包人不履行或不按约定履行合同义务的其他情况。

劳务作业发包人不按约定核实劳务作业承包人完成的工程量或不按约定支付劳务报酬或劳务报酬尾款时，应按劳务作业承包人同期向银行贷款利率向劳务作业承包人支付拖欠劳务报酬的利息，并按拖欠金额向劳务作业承包人支付约定的违约金。劳务作业发包人不履行或不按约定履行合同的其他义务时，应向劳务作业承包人支付约定的违约金额，劳务作业发包人应赔偿因其违约给劳务作业承包人造成的经济损失，顺延延误的劳务作业承包人工作时间。

当发生下列情况之一时，劳务作业承包人应承担违约责任：

1)劳务作业承包人因自身原因延期交工的，每延误 1 日，应向劳务作业发包人支付约定的违约金；

2)劳务作业承包人施工质量不符合本合同约定的质量标准，但能够达到国家规定的最低标准时，劳务作业承包人应向劳务作业发包人支付约定的违约金；

3)劳务作业承包人不履行或不按约定履行合同的其他义务时，应向劳务作业发包人支付违约金，劳务作业承包人还应赔偿因其违约给劳务作业发包人造成的经济损失，延误的劳务作业承包人工作时间不予顺延。

一方违约后，另一方要求违约方继续履行合同时，违约方承担上述违约责任后仍应继续履行合同。

(2)索赔

劳务作业发包人根据总(分)包合同向发包人递交索赔意向通知或其他资料时，劳务作业承包人应予以积极配合，保持并出示相应资料，以便劳务作业发包人能遵守总(分)包合同。在劳务作业实施过程中，如劳务作业承包人遇到不利外部条件等根据总(分)包合同可以索赔的情形出现，则劳务作业发包人应该采取一切合理步骤，向发包人主张追加付款或延长工期。当索赔成功后，劳务作业发包人应该将索赔所得的相应部分转交给劳务作业承包人。当本合同的一方向另一方提出索赔时，应有正当的索赔理由，并有索赔事件发生时有效的相应证据。

劳务作业发包人未按约定履行自己的各项义务或发生错误，以及应由劳务作业发包人承担责任的其他情况，造成工作时间延误和(或)劳务作业承包人不能及时得到合同报酬及劳务作业承包人的其他经济损失，劳务作业承包人可按下列程序以书面形式向劳务作业发包人索赔。

1)索赔事件发生后 21 天内，向劳务作业发包人项目经理发出索赔意向通知；

2)发出索赔意向通知后 21 天内，向劳务作业发包人项目经理提出延长工作时间和(或)补偿经济损失的索赔报告及有关资料；

3)劳务作业发包人项目经理在收到劳务作业承包人送交的索赔报告和有关资料后，于21天内给予答复，或要求劳务作业承包人进一步补充索赔理由和证据；

4)劳务作业发包人项目经理在收到劳务作业承包人送交的索赔报告和有关资料后21天内未予答复或未对劳务作业承包人做进一步要求，视为该项索赔已经认可；

5)当该项索赔事件持续进行时，劳务作业承包人应当阶段性地向劳务作业发包人发出索赔意向，在索赔事件终了后21天内，向劳务作业发包人项目经理送交索赔的有关资料和最终索赔报告。索赔答复程序与3)、4)项规定相同。劳务作业承包人未按约定履行自己的各项义务或发生错误，给劳务作业发包人造成经济损失，劳务作业发包人可按上述程序和时限以书面形式向劳务作业承包人索赔。

(3)争议

劳务作业发包人和劳务作业承包人在履行合同时发生争议，可以自行和解或要求有关主管部门调解，任何一方不愿和解、调解或和解、调解不成的，双方约定采用下列任何方式解决争议：

1)双方达成仲裁协议，向约定的仲裁委员会申请仲裁；

2)向有管辖权的人民法院起诉。

发生争议后，除非出现下列情况，双方都应继续履行合同，保持工作连续，保护好已完工作成果：

1)单方违约导致合同确已无法履行，双方协商一致解除合同；

2)调解要求停止合同工作，且为双方接受；

3)仲裁机构要求停止合同工作；

4)法院要求停止合同工作。

7. 其他

(1)不可抗力

不可抗力事件发生后，劳务分包人应立即通知工程承包人项目经理，并在力所能及的条件下迅速采取措施，尽力减少损失，工程承包人应协助劳务分包人采取措施。工程承包人项目经理认为劳务分包人应当暂停工作，劳务分包人应暂停工作。不可抗力事件结束后48小时内劳务分包人向工程承包人项目经理通报受害情况和损失情况，及预计清理和修复的费用。不可抗力事件持续发生，劳务分包人应每隔7天向工程承包人项目经理通报一次受害情况。不可抗力结束后14天内，劳务分包人应向工程承包人项目经理提交清理和修复费用的正式报告和有关资料。

因不可抗力事件导致的费用和延误的工作时间由双方按以下办法分别承担：

1)工程本身的损害、因工程损害导致第三方人员伤亡和财产损失，以及运至施工场地用于劳务作业的材料和待安装的设备的损害，由工程承包人承担；

2)工程承包人和劳务分包人的人员伤亡由其所在单位负责，并承担相应费用；

3)劳务分包人自有的机械设备损坏及停工损失，由劳务分包人自行承担；

4)工程承包人提供给劳务分包使用的机械设备损坏，由工程承包人承担，但停工损失由劳务分包人自行承担；

5)停工期间，劳务分包人应工程承包人项目经理要求留在施工场地的必要的管理人员及保卫人员的费用由工程承包人承担；

6)工程所需清理、修复费用，由工程承包人承担；

7)延误的工作时间相应顺延。

(2)文物和地下障碍物

在劳务作业中发现古墓、古建筑遗址等文物和化石或其他有考古、地质研究价值的物品时，劳务分包人应立即保护好现场并于 4 小时内以书面形式通知工程承包人项目经理，工程承包人项目经理应于收到书面通知后 24 小时内报告当地文物管理部门，工程承包人和劳务分包人按文物管理部门的要求采取妥善保护措施。工程承包人承担由此发生的费用，顺延合同工作时间。如劳务分包人发现后隐瞒不报或哄抢文物，致使文物遭受破坏，责任者依法承担相应责任。

劳务作业中发现影响工作的地下障碍物时，劳务分包人应于 8 小时内以书面形式通知工程承包人项目经理，同时提出处置方案。工程承包人项目经理收到处置方案后 24 小时内予以认可或提出修正方案，工程承包人承担由此发生的费用，顺延合同工作时间。所发现的地下障碍物有归属单位时，工程承包人应报请有关部门协同处置。

(3)合同解除

如果工程承包人不按照本合同的约定支付劳务报酬，劳务分包人可以停止工作。停止工作超过 28 天，工程承包人仍不支付劳务报酬，劳务分包人可以发出通知解除合同。

如在劳务分包人没有完全履行本合同义务之前，总包合同或专业分包合同终止，工程承包人应通知劳务分包人终止本合同。劳务分包人接到通知后尽快撤离现场，工程承包人应支付劳务分包人已完工程的劳务报酬，并赔偿因此而遭受的损失。

如因不可抗力致使本合同无法履行，或因一方违约或因发包人原因造成工程停建或缓建，致使合同无法履行的，工程承包人和劳务分包人可以解除合同。

合同解除后，劳务分包人应妥善做好已完工程和剩余材料、设备的保护和移交工作，按工程承包人要求撤出施工场地。工程承包人应为劳务分包人撤出提供必要条件，支付以上所发生的费用，并按合同约定支付已完工作劳务报酬。有过错的一方应当赔偿因合同解除给对方造成的损失。合同解除后，不影响双方在合同中约定的结算和清理条款的效力。

(4)合同终止

本合同正本两份，具有同等效力，由工程承包人和劳务分包人各执一份。

双方履行完合同全部义务，劳务报酬价款支付完毕，劳务分包人向工程承包人交付劳务作业成果，并经工程承包人验收合格后，本合同即告终止。

(5)补充条款

补充条款即补充除以上条款以外的其他条款。

三、劳务分包合同价款确定

劳务分包工程的发包人和劳务分包工程承包人必须在分包合同中明确约定劳务款的支付时间、结算方式以及保证按期支付的相应措施。

1. 劳务分包合同价款的确定

劳务分包合同价款的确定一般为以下三种方式：

(1)定额单价——工日单价

定额人工工日单价包括基本工资、工资性补贴、生产工人辅助工资、职工福利费、生产工人劳动保护费等内容，该单价为建设工程计价依据中人工工日单价的平均水平，是计取各项费用的计算基础，不是强制性规定，是作为建筑市场有关主体工程计价的指导。

(2)按工种计算劳务分包工程造价

即按住房和城乡建设部劳务分包资质所设定的13个工种包括木工、砌筑、抹灰、石制作、油漆、钢筋、混凝土、脚手架、模板、焊接、水暖电安装、钣金、架线计算劳务分包工程造价，具体计算公式如下：

$$劳务分包单价=人工单价\times(1+管理费率+利润率)\times(1+规费率)$$

$$劳务分包工程造价=劳务分包单价\times人工数量$$

(3)按分项工程建筑面积确定承包价

$$每平方米建筑面积单价=人工单价\times完成每平方米建筑面积所需人工数量\times(1+管理费率+利润率)\times(1+规费率)$$

$$劳务分包工程造价=每平方米建筑面积单价\times建筑面积$$

建筑面积按照国家标准《建筑工程建筑面积计算规范》的规定计算。

上述公式中，人工单价、管理费、利润、规费等分别按照以下规定确定或计算：

1)人工单价：参照工程所在地建设工程造价行政管理部门发布的市场人工单价确定；

2)管理费：以人工费为基础，其费率为4%～7%，具体由劳务分包企业结合工程实际自主确定；

3)利润：以人工费为基础，其费率为3%～5%，具体由劳务分包企业结合工程实际自主确定；

4)规费：包括社会保险费、外来工调配费、住房公积金等，严格按政府有关部门规定计算，列入不可竞争费。

2. 报价应考虑的因素

当初步报价估算出来之后，由项目部对该估算价进行多方面的分析与评估，以探讨初步报价的赢利和风险，从而做出最终报价的决策。分析从以下几方面进行：

(1)报价的静态分析

报价的静态分析应该根据施工企业在长期工程实践中积累的大量经验数据得出，用类比的方法判断初步报价的合理性。可从以下几个方面进行分析：

1)分项统计计算书中的汇总数字，并计算其比例指标

①统计同类工程总工程量及各单项工程量。

②统计材料总价及各主要材料数量和分类总价，计算单位产品的总材料费用指标和各主要材料消耗指标和费用指标；计算材料费占报价的比重。

③统计劳务费总价及主要工人、辅助工人和管理人员的数量，按报价、工期、工程量及统计的工日总数量算出单位产品的用工数(生产用工和全员用工数)、单位产品的劳务费；并算出按规定工期完成工程时，生产工人和全员的平均人月产值和人年产值；计算劳务费占总报价的比重。

④统计临时工程费用、机械设备使用费、机械设备购置费及模板、脚手架和工具等费用，计算它们占总报价的比重，以及分别占购置费的比例(即拟摊入本工程的价值比例)和工程结束后的残值。

⑤统计各类管理费汇总数，计算它们占总报价的比重；计算利润、贷款利息的总数和所占比例。

⑥统计分包工程的总价及各分包商的分包价，计算其占总报价和承包商自己施工的直接费用的比例。并计算各分包商分别占分包总价的比例，分析各分包价的直接费、间接费和利润。

2)从宏观方面分析报价结构的合理性

例如分析总直接费用和总管理费用的比例关系,劳务费和材料费的比例关系,临时设施和机具设备费用与总直接费用的比例关系,利润、流动资金及其利息与总报价的比例关系,以便判断报价的构成是否合理。如果发现有不合理的部分,应当初步分析其原因。首先是研究本工程与其他类似工程是否存在某些不可比因素,如果扣掉不可比因素的影响后,仍然存在报价结构不合理的情况,就应当深入探讨其原因,并考虑适当调整某些基价、定额或分摊系数。

3)探讨工期与报价的关系

根据进度计划与报价,计算平均人月产值、人年产值,如果从承包商的实践经验角度判断这一指标过高或者过低,就应当考虑工期的合理性,或考虑所采用定额的合理性。

4)分析单位产品价格和用工量、用料量的合理性

参照实施同类工程的经验,如果本工程与可类比的工程有些不可比因素,可以扣除不可比因素后进行分析比较。还可以在当地搜集类似工程的资料,排除某些不可比因素后进行分析对比,以分析本报价的合理性。

5)从微观方面分析报价结构

对明显不合理的报价构成部分进行微观方面的分析检查,重点是从提高工效、改变施工方案、调整工期、压低分包商的价格、节约管理费用等方面提出可行措施,并修正初步报价。

(2)报价的动态分析

报价的动态分析是假定某些因素发生变化,测算报价的变化幅度,特别是这些变化对工程目标利润的影响。

1)延误工期的影响

由于承包商自身的原因,如材料设备交货拖延、管理不善造成工程中断,质量问题导致返工等原因而引起的工期延误,承包商不但不能向业主索赔,而且还要导致违约罚款。另一方面,该原因所导致的工期延误,也可能会增大承包商的管理费、劳务费、机械使用费以及资本成本。一般情况下,可以测算工期延长某一段时间,上述各种费用增大的数额及其占总报价的比率。这种增大的开支部分只能用风险费和利润来弥补。因此,可以通过多次测算,得知工期拖延多久利润将全部丧失。

2)物价和工资上涨的影响

通过调整报价计算中材料设备和工资上涨系数,测算其对利润的影响。同时切实调查工程物资和工资的升降趋势和幅度,以便做出恰当判断。通过这一分析,可以得知报价中的利润对物价和工资上涨因素的承受能力。

3)其他可变因素的影响

影响报价的可变因素很多,而有些是投标人无法控制的,如贷款利率的变化、政策法规的变化等。通过分析这些可变因素的变化,可以了解投标项目利润的受影响程度。

(3)报价的盈亏分析

初步计算的报价经过上述几方面进一步的分析后,可能需要对某些分项的单价做出必要的调整,然后形成基础标价,再经盈亏分析,提出可能的低标价和高标价,供投标报价决策时选择。盈亏分析包括盈余分析和亏损分析两个方面。

1)报价的盈余分析

盈余分析是从报价组成的各个方面挖掘潜力、节约开支,计算出基础标价可能降低的数额,即所谓"挖潜盈余",进而算出低标价。盈余分析可从下列几个方面进行:

①定额和效率。即工料、机械台班消耗定额以及人工、机械效率分析。

②价格分析。即对劳务价格、材料设备价格、施工机械台班(时)价格三方面进行分析。

③费用分析。即对管理费、临时设施费、开办费等方面逐项分析,重新核实,找出有无潜力可以挖掘。

④其他方面。如保证金、保险费、贷款利息、维修费等方面均可逐项复核,找出有潜力可挖之处。

经过上述分析,最后得出总的估计盈余总额,但应考虑到挖潜不可能百分之百实现,故尚需乘以一定的修正系数(一般取 0.5～0.7),据此求出可能的低标价,即:低标价＝基础标价－(挖潜盈余×修正系数)。

2)报价的亏损分析

亏损分析是针对报价编制过程中,因对未来施工过程中可能出现的不利因素估计不足而引起的费用增加的分析,以及对未来施工过程中可能出现的质量问题和施工延期等因素而带来的损失的预测。主要可从以下几个方面分析:

①工资;

②材料、设备价格;

③质量问题;

④作价失误;

⑤不熟悉当地法规、手续所发生的罚款等;

⑥自然条件;

⑦管理不善造成质量、工作效率等问题;

⑧建设单位、监理工程师方面问题;

⑨管理费失控。

以上分析估计出的亏损额,同样乘以修正系数(0.5～0.7),并据此求出可能的高标。

四、劳务分包合同签订程序

不管总承包单位与劳务分包队伍的关系怎样,都不能以口头协议代替劳务分包合同,总承包企业与劳务分包企业是合同关系,双方的责、权、利必须靠公平、详尽的合同来约束。劳务总承包单位劳务分包合同签订的流程随合同发包方式的不同而不同。

1. 明码标价交易方式下的劳务分包合同签订流程

明码标价交易方式是商品交易的一种常用方式,广泛应用于各类商品买卖。《价格法》及相关条例对商品明码标价有明确的规定。

明码标价交易过程简单、交易迅速。购买者根据商品的明码标价,直接判断是否购买。简单的劳务分包合同签订可以采用该方式。

2. 非招标采购方式下的劳务分包合同签订流程

非招标采购方式是指公开招标和邀请招标等招标采购方式以外的采购方式,包括竞争谈判、单一来源和询价等采购方式。

(1)竞争性谈判采购的劳务分包合同签订流程

1)制定谈判文件;

2)发布资格公告,征集供应商;

3)向合格劳务分包商提供谈判文件;

4)成立谈判小组;

5)公开报价;

6)开展谈判;

7)确定成交劳务分包商;

8)签订劳务分包合同。

(2)单一来源采购的劳务分包合同签订流程

1)成立采购小组;

2)开展谈判;

3)确定成交事项;

4)签订采购合同。

(3)询价采购的劳务分包合同签订流程

1)制定询价采购文件或询价函;

2)确定被询价的劳务分包商名单;

3)发出询价采购文件并接受劳务分包商报价；

4)成立询价小组；

5)评审并确定成交劳务分包商；

6)签订采购合同。

3. 招标投标方式下的劳务分包合同签订流程

工程项目采用招标投标方式的，必须符合《招标投标法》及相关法律法规。招标投标方式的劳务分包合同签订流程由招标、投标、开标、评标、中标及签订合同阶段组成。

五、劳务分包合同履约过程管理

根据《北京市房屋建筑和市政基础设施工程劳务分包合同管理暂行办法》(京建市[2009]610号，以下简称《暂行办法》)，劳务分包合同履约过程的管理应遵循以下规定。

(1)发包人、承包人应当建立健全劳务分包合同管理制度，明确劳务分包合同管理机构和管理人员。劳务分包合同管理人员应当经过业务培训，具备相应的从业能力。

发包人、承包人应当以工程项目为单位，设置劳务分包合同管理人员，负责劳务分包合同的日常管理。

(2)自劳务分包合同备案之日起至该劳务作业验收合格并结算完毕之日止，承包人应当根据劳务分包合同履行进度情况，于每月25日前在劳务分包合同管理信息系统上填报上个月劳务分包合同价款结算支付等合同履行数据。

发包人可以通过劳务分包合同管理信息系统对承包人填报的合同履行数据进行查询，如认为存在异议，应向承包人提出，承包人拒绝更正的，可向市住房与城乡建设委员会据实反映。

(3)发包人、承包人应当按照劳务分包合同约定，全面履行自己的义务。发包人不得以工程款未结算、工程质量纠纷等理由拖延支付劳务分包合同价款。承包人应当按照劳务分包合同的约定组织劳务作业人员完成劳务作业内容，并将工资发放情况书面报送发包人。发包人、承包人应当在每月月底前对上月完成劳务作业量及应支付的劳务分包合同价款予以书面确认，发包人应当按照《暂行办法》第十五条的规定支付已确认的劳务分包合同价款。

(4)对施工过程中发生工程变更及劳务分包合同约定允许调整的内容，发包人、承包人应当及时对工程变更事项及劳务分包合同约定允许调整的内容如实记录并履行书面签证手续。履行书面签证手续的人员应当为发包人、承包人的法定代表人或其授权人员。

在工程变更及劳务分包合同约定允许调整的内容确定后，工程变更及劳务分包合同约定允许调整的内容涉及劳务分包合同价款调整的，发包人、承包人应当及时确认相应的劳务分包合同价款。经确认的变更部分的价款应当按进度与劳务分包合同价款一并支付。

发包人、承包人应当在劳务分包合同中约定，一方当事人拒绝履行书面签证手续的，另一方当事人应当向合同中约定的对方通讯地址送达书面资料；收到书面材料的当事人应当在 7 日内给予书面答复，逾期不答复的视为同意。

劳务分包合同中关于停工、窝工、临时性用工、现场罚款等的确认程序及支付方式按照本条规定执行。

(5)承包人应当在与发包人签订书面劳务分包合同并备案后进场施工。发包人不得在未签订书面劳务分包合同并备案的情况下要求或允许承包人进场施工。

(6)承包人完成劳务分包合同约定的劳务作业内容后，应当书面通知发包人验收劳务作业内容，发包人应当在收到通知后 3 日内对劳务作业进行验收。

验收合格后，承包人应当及时向发包人递交书面结算资料，发包人应当自收到结算资料之日起 28 日内完成审核并书面答复承包人；逾期不答复的，视为发包人同意承包人提交的结算资料。

双方的结算程序完成后，发包人应当自结算完成之日起 28 日内支付全部结算价款。发包人、承包人就同一劳务作业内容另行订立的劳务分包合同与经备案的劳务分包合同实质性内容不一致的，应当以备案的劳务分包合同作为结算劳务分包合同价款的依据。

(7)劳务作业全部内容经验收合格后，承包人应当按照劳务分包合同的约定及时将该劳务作业交付发包人，不得以双方存在争议为理由拒绝将该劳务作业交付发包人。

(8)在劳务分包合同履行过程中发生争议的，发包人、承包人应当自行协商解决，也可向有关行政主管部门申请调解；协商或调解不成的，应根据劳务分包合同约定的争议解决方式，向仲裁机构申请仲裁或者向人民法院起诉。

第二节　劳务分包作业管理

一、劳务分包队伍进出场管理

1. 劳务分包队伍进出场概念

劳务分包是现在施工行业的普遍做法，也在法律允许的范围之内，但是禁止劳务公司将承揽的劳务分包再转包或者分包给其他的公司。

(1)劳务分包:是指施工总承包企业或专业承包企业将自己承接工程的劳务作业依法分包给具有相应资质的劳务分包企业进行施工作业的活动。

(2)劳务分包(企业)队伍:指具有合法经营资格和资质,能够按照合同约定完成相应劳务作业任务的劳务分包企业(组织)。

(3)劳务分包队伍进场:通过符合国家法律法规的招标程序而中标的合法劳务分包企业,按照与总承包方签订相关合同(协议)开始履行施工程序的行为。

(4)劳务分包队伍出场:劳务分包企业与总承包方签署的合同(协议)效力终止时,结束施工程序的行为。

2. 劳务分包队伍进场的必要条件

劳务分包队伍接到中标通知书后,与总承包企业签订劳务(专业)分包合同并签订《施工安全协议》《总分包施工配合协议》《水电费及其他费用协议》《总分包管理协议》《安全生产协议》《安全总交底》《安全消防及环境管理责任书》《治安综合治理责任书》等,双方责任和权力已明确。

劳务分包队伍经核查自身现有的人员、技术、装备力量能够满足工程需要,已经做好了补充人资和机械设备的准备。

劳务分包队伍得到了总承包方书面许可,施工项目现场具备进场条件。

3. 进场管理内容

(1)进场人员管理

劳务分包队伍人员在进场时必须符合以下规定:

1)指定专职劳动用工管理人员对施工现场的人员实行动态管理,落实用工管理。提供管理人员、工人花名册,所有人员须提交两张一寸照片及身份证复印件纸质和电子版,总承包统一办理出门证、车辆出入证。以书面的形式提交单位进场时间,办公室及宿舍需求。有效的管理人员上岗证、特殊岗位人员上岗证、技能等级证书复印件一式三份,加盖单位公章,原件备查,其中分包单位企业负责人、项目负责人、生产负责人、安全管理人员必须持有《安全生产考核合格证》。

2)签订好《劳动合同》,建立劳务分包队伍人员花名册台账,人员花名册台账做到动态管理,为施工现场人员考勤、工资发放、劳资纠纷处理、工伤事故处理等工作做好准备;对特种作业人员信息、特种作业证进行登记造册备案。未经登记备案人员不得进入施工现场,后续进场人员需在登记表中及时补充登记。建立施工现场管理台账(如《工程管理人员登记表》和《现场工人登记表》),对进出场人员信息及时跟踪,并将台账放在劳务项目管理机构备查,同时报送一份留存。

3)禁止使用不满 16 周岁和超过 55 周岁人员,禁止使用在逃人员、身体或智力残疾人员及其他不适应施工作业的人员。

4)工长、技术员部门负责人以及各专业安全管理人员等部门负责人应接受安全技术培训、并参加总包方组织的安全考核。

5)特种作业人员的配备必须满足施工需要,并持有有效证件(原籍地、市级劳动部门颁发)和当地劳动部门核发的特种作业临时操作证,持证上岗。

(2)进场物资管理

劳务分包队伍物资进场时必须符合以下规定:

1)提供材料人员名单

在签订劳务分包合同时,要在合同中注明劳务分包队伍有签字权的材料人员名单。

2)验收

劳务(专业)分包队伍自备的机械设备、工具自行带入现场;自购的辅材必须是满足工程质量要求的合格材料,材料进场时,要及时通知总承包方材料人员进行现场查验,要及时向总承包方物资部提供每次进场材料清单,安全防护物品和周转料具要提供合格证、检验报告等资料。

3)材料堆放

进场物资验收完毕后,应将材料堆放在总承包方指定的场地,各种材料分类堆码整齐,应标识清楚,符合安全文明施工的要求。

4)材料送检

对需要送检的材料应该通知总承包方和监理共同参与见证取样、送检。

5)负责不合格材料的退场

6)办理出门手续

办理出门手续的人员,先到项目安全部领取出门条,办理填写完善并盖章后找项目相应部门到现场确认并签字,然后送至分管领导和项目经理签字,签字齐全后交项目办盖章。

在办理出门手续的同时,必须通知其他拥有相同货物单位的材料人员到场,共同确认签字,避免日后纠纷。

保安人员收到签字齐全及加盖总包公章的出门条后方可放行。总包单位、分包单位、保安人员必须严格执行出门管理条例,任何单位或个人不得私自将项目物资、机械设备、办公用品等物品运出场外,一经发现,处以当次物品总值10倍的罚款,将罚款上交项目部;情节严重的送交公安机关处理。出门条一式两联,第一联由总包安全部留存,第二联在货物出场时由总包保安人员收取保存。

7)任何人不得私自将项目物资、机械设备、办公用品等物品运出场外,一经发现,处以当次物品总值10倍的罚款;情节严重的送交公安机关处理

(3)分包单位备案资料

分包单位入场前一周内向总包方项目经理部提交下列企业资信备案资料，项目经理部负责二次审核企业资信的真实性。

1)企业资质证书、营业执照复印件；

2)公司概况介绍；

3)参与本工程的组织系统表及通信联络表；

4)参与本工程施工的管理人员工作简历及职称、上岗证书原件及复印件；

5)本单位当年年审过的安全施工许可证复印件；

6)外省市施工单位进京施工许可证复印件；

7)特殊工种的《特种作业操作证》复印件(机械工、电工、电焊工、架子工、起重工等)。

分包单位所提交以上资料必须真实有效并与合同谈判时规定一致。

(4)入场教育培训管理

项目经理部应当结合对分包单位培训的内容进行分工，并应编制教育培训大纲，制定教育培训计划并组织实施，分包单位人员经培训合格后方可正式进入现场施工。

教育培训的大纲内容一般包括：安全管理风险分析与防范，消防保卫管理，质量管理，计划管理，生产管理，文明施工管理，成品保护管理，现场物资管理，技术管理，工程资料管理，后勤管理，统计及工程款结算管理，各类安全规定，特殊作业规定，新工艺，新技术，新设备。

4. 分包劳务方退场的管理

分包劳务方退场有多种情况，但按照劳务分包队伍与总包方的意愿，可总体归纳成以下三种：

(1)因合同履行完毕，正常终止合同，双方达成退场协议。

按照法律程序，合同履行完毕后，合同的效力已经终止，经双方协议，劳务分包队伍可以退场，劳务分包队伍退场时，根据“你的留下，我的带走”原则，正常退场。如有其他协议或合同条款未履行完毕，经双方协商可暂时退场，劳务分包队伍在合同期限内仍有义务履行自身的义务。

(2)因某种原因，被总承包方强制终止，予以退场。

总包方因某种原因，终止合同，劳务分包队伍中途退场。劳务分包队伍可按照合同条款进行申诉，但劳务分包队伍违约在先，符合相关终止合同规定的除外，如以下情况：

1)连续三次检查出重大安全隐患并拒不整改的；

2)出现重大质量问题的；

3)出现重大安全事故的;

4)因劳资纠纷引发的群体性事件影响特别恶劣的;

5)发生事故隐瞒不报、漏报、晚报的;

6)发生群体违法行为、发生刑事案件造成不良影响的;

7)其他行为造成严重后果的。

劳务分包企业有上述行为之一的,由总包单位依据双方协议,予以处罚停工整改,仍达不到安全生产条件的,由总包单位对其开出退场警告书直至退场处理。

(3)因劳务分包队伍单方有退场意愿并提出终止合同。

施工过程中,分包单位因其本单位原因,主动向总包单位提出终止合同的,因此而造成的一切损失均由分包单位承担;其应提前一个月向总包单位提出退场申请并在施工阶段性完成后,与总包单位办理交接、清算工作。

二、劳务分包作业过程管理

1. 计划管理

(1)计划种类

分包单位根据总包方项目经理部下发的总控目标计划及参考现场实际工作量、现场实际工作条件,负责编制月度施工进度计划、周施工进度计划、日施工进度计划,并报总包方项目经理部认可后方可实施。计划种类包括日计划、周计划、月计划。

(2)计划内容及上报要求

1)各分包单位的月度施工计划包括:编制说明、工程形象进度计划、上月计划与形象进度计划对比、主要实物量计划、技术准备计划、劳动力使用计划、材料使用计划、质量检查计划、安全控制计划等。

2)各分包单位的周计划包括上周计划完成情况统计分析,本周进度计划,主要生产要素的调整补充说明,劳动力分布。

3)各分包单位要按总包项目经理部要求准时参加日生产碰头会,会议内容包括前日施工完成情况、第二天的计划安排、需总包项目经理部协调解决的问题等。

4)日计划:当日计划能够满足周计划进度时可在每日生产例会中口头汇报,否则应以书面形式说明原因及调整建议。

5)月计划:分包单位依据总包项目经理部正式下达的阶段进度计划编制。内容包括:作业项目及其持续时间,混凝土浇筑时间,各工序所需工程量及所需劳动力数量。

6)周计划:分包单位依据总包项目经理部月度施工进度计划编制,以保证月度计划的实施,周计划是班组的作业计划。内容包括:作业项目,各工序名称及持续时间，工序报检时间（准确至小时）材料进场预定，混凝土浇筑时间，各工序所需工程量及所需劳动力数量。

计划上报要求见表 7-1：

表 7-1　计划上报要求

序号	计划名称	上报要求
1	日计划	每天下午上报次日计划及当日工作完成情况
2	周统计	本周工作量及完成情况统计于下周报总包方项目经理部工程管理部门
3	周计划	将第二周（从本周六到下周五）工作计划于周末定时上报工程管理部门
4	月统计	本月（从上月 25 日到本月 25 日）工作量及完成情况统计于本月 25 日 9:00am 前报总包方项目经理部工程管理部门（逢周六、周日提前至周五）
5	月计划	将下月工作计划（从本月 25 日到下月 25 日）于本月 25 日 12:00am 上报总包方项目经理部工程管理部门（逢周六、周日提前至周五）

报表上报内容要求见表 7-2：

表 7-2　上报内容要求

序号	报表名称	上报要求
1	日报	次日生产计划；当日工作完成情况
2	周报	周施工生产计划；周材料、设备进场计划；周施工作业统计；周劳动力使用报表
3	月报	月施工生产计划；月材料、设备进场计划；月劳动力使用报表；月材料使用报表；机械使用报表；施工作业统计；计划考核（实际进度）

（3）计划统计管理实施的保证措施

1）检查及考核建立计划统计管理的严肃性

总包方项目经理部、分包单位施工负责人应树立强烈的计划管理意识，努力创造良好的工作环境，要求全员参与，使计划做到早、全、实、细，真正体现计划指导施工，工程形象进度每天有变化，工程得到有效控制。

正式计划下达后，总、分包单位各职能部门应将指标层层分解、落实，并按指标的不同，实行各职能部门归口管理。

计划的考核要严肃认真，上下结合，实事求是，检查形式分为分包单位自检和总包方项目经理部检查两种，并以总包方项目经理部考核结果为准。

2）考核要与经济利益挂钩

通过与计划执行责任人签协议书等方式作为计划考核手段，尽量排除人为因素干扰。施工方案的制订能否满足计划要求，应与技术措施费的发放结合起来。工程进度款以完成实物工程量为依据准时发放。未能完成计划的分项工程款应暂扣适量金额以示惩罚。

3)实行生产例会制

例会时间尽量缩短,讲究效率,解决具体问题,日例会开会时间不超过30分钟。日工作例会每日定时举行。周工作例会每周定时与日例会同时举行。月工作例会每月定时与日例会同时举行。上述时间可以根据建设单位的要求以及项目经理部的具体工作情况适当调整。

4)日生产碰头会内容(定时)

分包单位汇报本工作日的工作情况,总包项目经理部监理验收事项及验收时间。分包单位检查前日计划完成情况并且分析原因。分包单位对今日计划是否能按时完成及存在什么问题进行说明并阐述理由。分包单位介绍明日工作计划。

总包项目经理部各专业组对各分包单位日计划进行补充修正。总包项目经理部各专业部门对各工种、工序日计划完成情况进行总结,对出现的问题提出解决措施。总包项目经理部工程管理部门对夜间施工及材料进场进行协调。公布第二日安全通道及管理点。协调第二日塔吊、机械(电梯)等设备的使用情况。

2. 质量管理

(1)一般规定

1)分包单位入场前应与项目经理部签订“分包施工合同”,明确质量目标、质量管理职责、竣工后的保修与服务、工程质量事故处理等各方面双方的权利和义务。

2)分包单位入场需提供的资料

本单位的企业资质;本单位管理人员的名录及联系方式、本单位质量管理体系图(或表);专兼职质量检查员名录及联系方式,附上岗证(专职质量检查员要求具有相应资质并有从事相当工程的施工经验);进入项目的检验、测量和试验设备的清单,及检验校准合格证。

(2)分包单位质量教育

1)分包单位的入场教育

项目开工前,由总包方质量管理部门组织,参与施工的各分包单位的各级管理人员参加,学习总包单位的质量方针、质量保证体系。

由各分包单位负责组织对操作人员的培训,熟悉技术法规、规程、工艺、工法、质量检验标准以及总包单位的企业标准要求等。

2)日常的质量培训、教育

分包单位必须加强员工的质量教育,牢固树立创优意识,定期组织员工进行规范、标准和操作规程的学习培训,提高员工质量能力。

项目经理部将经常检查分包单位操作工人对质量验收规范、操作工艺流程的掌握情况，达不到要求的一律清退出场，所造成的损失由分包单位自负。

项目经理部针对施工过程的不同阶段，以及施工中出现的质量问题，有重点的展开质量教育与操作技能培训，并加强对分包单位队伍的考核，在分包单位中开展质量评比。

(3)日常质量管理

1)分包单位质量第一责任人为分包单位总负责人，负责本单位现场质量体系的建立和正常运行。

2)分包单位的专职质量检查员对本单位施工过程行使质量否决权。负责分项工程的质量标准控制，监督施工班组的过程施工，对总包报验。总包只接受专职质量检查员的报验。

3)总包单位组织的每周一次质量例会与质量会诊，各分包单位的行政领导及技术负责人参加。

4)总包单位组织的每月底的施工工程实体质量检查，各分包单位的行政领导及技术负责人参加。并将整改情况报项目经理部质量管理部门。

(4)施工过程中的质量控制

1)在工程开始施工前，分包单位负责人首先组织施工、技术、质量负责人认真进行图纸学习，掌握工程特点、图纸要求、技术细节，对图纸交代不清或不能准确理解的内容，及时向总包技术、工程管理部门提出疑问。决不允许“带疑问施工”。若由此造成一切损失由相应分包单位负责。

2)分包单位施工负责人必须组织相关人员认真学习总包方施工组织设计和相关施工方案、措施，学习国家规范标准。接受总包技术、工程管理部门相关的技术、方案交底，签字认可，对不接受交底的禁止分项工程施工。

3)要求严格按照施工组织设计、施工方案和国家规范、总包商标准组织施工。如对总包施工方案有异议，必须以书面形式反映，在没得到更改指令前，必须执行总包的既定方案，严禁随意更改总包项目经理部方案或降低质量标准。

4)每一分项工程施工前，分包单位要针对施工中可能出现的技术难点和可能出现的问题研究解决办法，并编制分包单位施工技术措施、技术质量交底，报项目经理部技术部门审批，审批通过后，方可实施施工。

5)每天施工前班组长必须提前对班组成员做班前交底，班前交底要求细致，交底内容可操作性强，并贯彻到每一个操作工人，班前交底要求有文字记录、双方签认，总包方将不定期抽查。交底内容包括：

①作业条件及其要求；

②施工准备、作业面准备、工具准备、劳动力准备、Xt 设备和机具的要求；

③操作流程；

④操作工艺及措施(具有可操作性，不可违反规范)；

⑤质量要求(应有检查手段、方法、标准)；

⑥成品保护；

⑦安全文明施工。

6)对自身的施工范围要求加强过程控制，施工过程中按照“三检制”要求施工，即“自检、互检、交验检”，交接过程资料要求齐全，填写“交接检查记录”。

7)过程施工坚持样板制，分项工程必须先由总包验收样板施工内容，样板得到确认后才能进入大面积施工。样板部位按总包要求挂牌并明确样板内容、部位、时间、施工单位和负责人。

8)施工过程中出现问题要立即上报总包相关人员，不允许继续施工，更不允许隐瞒不报。质量问题的处理要得到总包批准按照总包指令进行。

9)施工过程中，每道工序完成检查合格后要及时向总包商报验。上道工序未经验收合格，严禁进入下道工序施工，尤其是隐蔽工程更要注意。

10)模板拆除必须在得到总包书面批准的情况下(即拆模申请单得到批准)才能进行，严禁过早拆模。

11)所有试验必须与施工同步，按总包要求进行操作，不得有缺项漏做，严禁弄虚作假。

12)分承包单位必须按照总包要求作好现场质量标识。在施工部位挂牌，注明施工日期、部位、内容、施工负责人、质检员、班组长及操作人员姓名。

13)分包单位自行采购的物资，必须在总包指定合格分供方范围内采购，进场经总包验收合格后，各种质量证明资料报总包物资管理部门备案，进场验收不合格的物资，立即退场。

3. 技术管理

(1)分包单位技术管理基础工作

1)分包单位必须在现场设一名技术负责人，专业技术人员应不少于3名。

2)负责编写本单位承包范围内的专项施工方案和季节性施工措施，并报总包审批，由总包批准后方可施工(总包如有施工方案，依据总包方案编制或执行，项目经理部可具体情况具体确定)。

3)组织分包单位的工程和技术人员参加图纸内审和设计交底，如不参加内部图纸会审、方案交底和对总包发放的图纸中有疑难问题不及时提出而盲目施工，造成的后果由分包单位承担。

4)及时以书面形式向总包技术部门反馈现场技术问题。

5)现场若出现质量问题，必须制定详细的书面处理措施，并报总包技术部门和质量管理部门审核，项目总工审批后方可实施。

6）定期参加总包组织的技术工作会及生产例会。

7）负责本单位技术资料的收集与编制工作，并及时向总包上报技术资料。

（2）图纸会审、技术交底、技术文件管理

1）图纸会审管理

分包单位在收到图纸后认真阅图，若发现问题应以书面形式及时反馈，并上报总包技术部门。分包单位技术负责人必须参加总包技术部门组织的内部图纸会审，并做好会议记录。分包单位的技术负责人参加业主或监理组织的图纸会审。分包单位的技术负责人组织本单位工程技术人员参加总包技术部门组织的图纸交底。

2）技术交底管理

技术交底包括：专项施工方案措施交底和各分项工程施工前的技术交底。技术交底应逐级进行。分包单位技术负责人必须组织本单位工程技术人员，参加总包项目经理部组织的图纸交底，技术交底和现场交底。

分包单位技术部门必须对施工管理层进行图纸和方案交底。施工管理层对操作层进行交底。各级交底必须以书面形式进行，并有接受人的签字。分包单位要将技术交底作为档案资料加以收集记录保存，以备总包技术部门检查。

3）技术文件的发放管理

图纸的发放管理：本工程的施工图，由总包方技术部门统一发放和管理。所下发的图纸套数依据分包单位合同规定。各分包单位应建立单独的施工文件发放台账。

在施工过程中，如设计重新修改签发该部位的图纸，由总包技术部门下发有效图纸清单，分包单位负责回收作废图纸，并上报总包项目经理部技术部门。

对于业主指定分包单位工程，分包单位必须提供经总包项目经理部审核合格的竣工图（数量根据合同规定），在分部、分项工程验收前提供。

技术规范和图集等的发放管理：各分包单位所有施工依据的规范或图集，均应采用现行最新版本的规范或图集，严禁分包单位按照已作废的规范、图集施工，若发生上述事件，总包有权责令其停工，并限期整改，一切经济责任由分包单位负责。总包不负责向分包单位发放规范或图集。

（3）施工方案管理

1）施工方案编制

分包单位技术部门作为各项施工方案的编制部门，在方案编制过程中应全面征求分包单位工程、质量、安全管理部门的意见，方案编制完后交各部门传阅或组织讨论后定稿。

对于由业主指定分包单位的分部、分项工程，分包单位应至少提前两周将施工方案上报总包技术部门，由技术部门审核并根据分包单位所提的施工方法和现场的实际情况再由总包技术部门制定最终的施工方案。

总包施工方案应在分项工程施工前下发分包单位，分包单位须及时传阅，如有问题应在总包项目经理部方案交底会中提出。

分包单位编制的施工方案必须符合国家规范、标准的要求，任何人无权降低标准。并不得和总包下发的方案相违背。

2)施工方案的实施

方案交底：施工方案实行三级技术交底制度：方案编制下发后由分包单位技术部门组织对其单位项目经理、工程管理部门、质量管理部门、安全管理部门、技术负责人进行技术交底。二级交底为分包单位工程管理部门责任师对分包单位工长、质量检查员交底。三级交底为分包单位工长对班组长、操作工人交底。

施工方案实行签字认可制度，分包单位技术负责人必须在收到总包施工方案或接受技术交底后签字认可总包项目经理部的施工方案。

(4)现场材料及技术管理

1)现场材料投入

对于项目部投入交分包单位使用的材料、周转材料必须双方共同确认。

施工方案定稿后，总包技术部门、分包单位技术负责人共同进行材料用量计算，双方核对后签字认可，并作为现场材料投入的依据。

根据分包单位合同的要求，分包单位必须根据周计划在周三前将下周材料需用的计划报送总包技术部门，每月定期将下月材料计划报送总包技术部门，否则，造成材料未能及时进场而耽误工期一切损失由分包单位承担。以上内容同样适用于业主指定分包单位，以便于总包商项目经理部的统一协调安排各种工作。

2)材料检验、试验管理方法

分包单位自行组织进场的物资，在进场时必须向项目物资管理部门提供进场物资出厂合格证、检测报告、试验报告、产品生产许可证、准用证等相关资料；对需复试的材料需委托复试并提供复试报告；由物资管理部门负责验收，对于较为重要的物资，物资管理部门组织技术部门、质量管理部门共同参与验收。

分包单位提供的所有资料必须提交原件一式三份。重要物资经总包验收合格后，由物资管理部门负责向监理报验，监理验收合格后方可使用，如监理验收不合格，总包方不承担任何责任。

施工过程中分包单位需按合同相关条款进行过程检验、试验及质量验收。

3)现场技术问题解决管理方法

现场技术问题应尽量在施工前解决。现场各分包单位发现的技术问题,应及时以书面形式反馈给总包技术部门。

一般技术问题总包项目经理部以工程技术联系单的形式来解决。若重大技术问题,由总包负责组织业主、监理、设计和分包单位共同研究处理。

若在具体工程施工中分包单位未按方案施工或总包发现分包单位的质量问题,总包技术部门会以工程技术联系单的书面形式质疑分包单位。若问题严重总包有权向分包单位提出罚款甚至停工的权利。

(5)设计变更和工程洽商的管理

1)设计变更和工程洽商的管理

对于总包负责招标的分部、分项工程,由总包技术部门根据共同确定的意见办理工程洽商或签收设计变更。

对于业主指定分包单位的分部、分项工程,由分包单位自行办理设计变更、洽商,但必须经总包项目经理部总工审核签字后方可实施。所有设计变更、洽商由总包技术部门统一收发。

2)审图责任及时效

总包负责招标的分包单位在接到总包项目经理部下发的招标图纸或正式图纸后 7 天内,必须将所有图纸问题提交总包技术部门,由技术部门落实解决,接收图纸 7 天后无异议的视同对图纸的认可。

在施工过程中如果由于分包单位审图不细致而要求变更,只能提出技术变更,不做经济调整,同时也不能向总包提出任何其他要求。

对于业主指定的分包单位,分包单位应独立承担图纸设计责任及施工责任,总包项目经理部无任何牵连责任。

如果由于分包单位的失误而影响别的分项工程,总包项目经理部将依据相关合同条款对其进行索赔。

(6)计量管理

进入施工现场的各分包单位,必须设置一专职(兼职)计量员负责本单位的计量工作,并将名单报至总包技术部门。该计量员通常为分包单位的技术负责人并负责以下工作:

1)负责建立分包单位的计量器具台账及器具的标识。

2)负责分包单位计量器具的送检,送检证明报总包项目经理部审核,检测合格证报总包商项目经理部备案。

3)定期参加总包组织的计量工作会议。

4)负责绘制本单位的工艺计量流程图。

5)向总包上报本单位的计量台账和工艺流程图。

对不合格设备的处理：

凡出现下列特征的设备均为不合格：已经损坏；过载或误操作；显示不正常；功能出现可疑；超过了规定检定周期。

不合格设备应集中管理，由使用单位计量员贴上禁用标识，任何人不准使用，并填写报废申请单，经总包审核后才能生效。

不合格设备及器具经修理或重新检测，合格后方可使用。

(7)工程资料管理

1)所有分包单位需设专职或兼职资料员一名，负责工程技术资料的管理，接受总包相关管理人员的监督与领导。

2)根据合同约定，分包单位负责填写、收集施工资料，交总包项目经理部审核后归档。对于总包项目经理部提出的任何整改要求，分包单位应无条件完成。

3)对于业主指定的分包单位工程和总包方实行管理的分部、分项工程，分包单位在工程验收时需向总包项目经理部提供全套施工资料一式四份，包括竣工图。在施工过程中，总包有关人员随时有权检查其资料和要求分包单位提供各种资料。

4)分包单位的资料必须符合以下文件要求：

国家标准《建设工程文件归档整理规范》(GB/T 50328—2001)；总包商关于资料管理的其他要求。

4. 文明施工管理

分包单位从进入施工现场开始施工至竣工，从管理层到操作层，全过程各方位都必须按文明施工管理规定开展工作。

(1)文明施工责任

分包单位施工负责人为所施工区域文明施工工作的直接负责人。

分包单位设文明施工检查员负责现场文明施工并将文明施工检查员名单报总包项目经理部工程管理部门备案。

分包单位文明施工工作的保证项目包括：无因工死亡、重伤和重大机械设备事故；无重大违法犯罪事件；无严重污染扰民；无食物中毒和传染疾病；现场管理中的工完场清等工作。

(2)场容和料具管理

场容管理要做到：工地主要环行道路应做硬化处理，道路通畅；温暖季节有绿化布置；施工现场严禁大小便。

料具管理要做到：现场内机具、架料及各种施工用材料按平面布置图放置并且堆码整齐，并挂名称、品种、规格等标牌，账物相符，做到杂物及时清理，工完场清；有材料进料计划，有材料进出场查验制度和必要的手续；易燃易爆物品分类存放。

分包单位要按总包环境管理及其程序文件要求，设置封闭分类废弃物堆放场所，做到生活垃圾和施工垃圾分开；可再利用、不可再利用垃圾分开；有毒有害与无毒无害垃圾分开；悬挂标识及时回收和清运，建立垃圾消纳处理记录（垃圾消纳单位应有相关资质）。

消灭长流水和长明灯，合理使用材料和能源。现场照明灯具不得照射周围建筑，防止光污染。

（3）防止大气污染

施工现场的一般扬尘源包括：施工机械铲运土方、现场土方堆放、裸露的地表、易飞扬材料的搬运或堆放、车轮携带物污染路面、现场搅拌站、作业面及外脚手架、现场垃圾站、特殊施工工艺。

防止大气污染措施：土方铲、运、卸等环节设置专人淋水降尘；现场堆放土方时，应采取覆盖、表面临时固化、及时淋水降尘措施等。

施工现场制定洒水降尘制度，配备洒水设备并指定专人负责，在易产生扬尘的部位进行及时洒水降尘。

现场道路按规定进行硬化处理，并及时浇水防止扬尘，未硬化部位可视具体情况进行临时绿化处理或指派专人洒水降尘。清理施工垃圾，必须搭设封闭式临时专用垃圾道，严禁随意凌空抛撒。

运输车辆不得超量装载，装载工程土方，土方最高点不得超过槽帮上缘50cm，两侧边缘低于槽帮上缘10～20cm；装载建筑渣土或其他散装材料不得超过槽帮上缘；并指定专人清扫路面。

施工现场车辆出入口处，应设置车辆冲洗设施并设置沉淀池。

施工现场使用水泥和其他易飞扬的细颗粒材料应设置在封闭库房内，如露天堆放应严密遮盖，减少扬尘；大风时禁止易飞扬材料的搬运、拌制作业。

脚手架的周边应进行封闭措施，并及时进行清洁处理。

施工现场的垃圾站必须进行封闭处理，并及时清理。

（4）防止施工噪声污染

1）土方阶段噪声控制措施：土方施工前，施工场界围墙应建设完毕。所选施工机械应符合环保标准，操作人员需经过环保教育。加强施工机械的维修保养，缩短维修保养周期。

2）结构阶段噪声控制措施：尽量选用环保型振捣棒；振捣棒使用完毕后，及时清理保养；振捣时，禁止振捣钢筋或钢模板，并做到快插慢拔；要防止振捣棒空转。模板、脚手架支设、拆除、搬运时必须轻拿轻放，上下左右有人传递；钢模板、钢管修理时，禁止用大锤敲打；使用电锯锯模板、切钢管时，及时在锯片上刷油，且模板、锯片送速不能过快。

3)装修阶段噪声控制措施：尽量先封闭周围，然后装修内部；设立石材加工切割厂房，且有防尘降噪设施；使用电锤时，及时在各零部件间注油。

4)加强施工机械、车辆的维修保养，减少机械噪声。

5)施工现场木工棚做好封闭处理，防止噪声扩散。

(5)废弃物管理

分包单位要将生活和施工产生的垃圾分类后及时放置到各指定垃圾站。施工现场的垃圾站分为：生活垃圾和建筑垃圾两类，其中建筑垃圾分为：有毒有害不可回收类、有毒有害可回收类、无毒无害不可回收类、无毒无害可回收类。

5. 成品保护管理

(1)成品保护的期限

各分包单位从进行现场施工开始至其施工的专业竣工验收为止，均处于成品保护阶段，特殊专业按合同条款执行。

(2)成品保护的内容见表7-3

表7-3 成品保护

序号	项目	内容
1	工程设备	锅炉、高低压配电柜、水泵、空调机组、电梯、制冷机组、通风管机等
2	结构和建筑施工过程中的工序产品	装饰墙面、顶棚、楼地面装饰、外墙立面、窗、门、楼梯及扶手、屋面防水、绑扎成型钢筋及混凝土墙、柱、门窗洞口、阳角等
3	安装过程的工序产品	消防箱、配电箱、插座、开关、暖气片、空调风口、灯具、阀门、水箱、设备配件等

(3)成品保护的职责

1)各分包单位负责人为其所施工工程专业的成品保护直接责任人。

2)分包单位应设成品保护检查员一名，负责检查监督本专业的成品保护工作。

3)各分包单位的施工员根据责任制和区域划分实施成品保护工作，负管理责任。

(4)成品保护措施的制定和实施

1)分包单位要按总包项目经理部制订的施工工艺流程组织施工，不得颠倒工序，防止后道工序损坏或污染前道工序。

2)分包单位要把成品保护措施列入本专业施工方案，经总包商项目经理部审核批准后，认真组织执行，对于施工方案中成品保护措施不健全，不完善的专业不允许其专业施工。

3)分包单位要加强对本单位员工的职业道德的教育,教育本单位的员工爱护公物,尊重他人和自己的劳动成果,施工时要珍惜已完和部分已完的工程项目,增强本单位员工的成品保护意识。

4)各专业的成品保护措施要列入技术交底内容,必要时下达作业指导书,同时分包单位要认真解决好有关成品保护工作所需的人员、材料等问题,使成品保护工作落到实处。

5)分包单位成品保护工作的检查员,要每天对本专业的成品保护工作进行检查,并及时督促专职施工员落实整改,并做好记录。同时每月5、15、25日参加总包项目经理部组织的成品保护检查(与综合检查同步进行),并汇报本专业成品保护工作的状况。

6)工作转序时,上道工序人员应向下道工序人员办理交接手续,并且履行签认手续。

6. 物资管理

(1)材料计划管理

1)分包单位根据总包项目经理部月度材料计划及施工生产进度情况向总包项目经理部物资管理部门提前2～5天报送材料进场计划,并要注明材料品种、规格、数量、使用部位和分阶段需用时间。

2)材料计划要使用正式表格,要有主管、制表二人签字,报总包项目经理部物资管理部门进行采购供应。

3)如果所需材料超出计划,为了不影响施工进度,分包单位提出申请计划由项目技术部门及预算部门审核后方可生效。

4)对变更、洽商增减的用料计划,必须及时报送总包物资管理部门。

5)分包单位如果不按总包项目经理部要求报送材料计划(周转材料),所影响工期和造成的损失由分包单位负责。

(2)材料消耗管理

1)总包项目经理部根据分包单位合同承包范围内的各结算期的物资消耗数量,对分包单位实行总量控制。

2)分包单位所领用物资超出总量控制范围,其超耗部分由分包单位自行承担,总包项目经理部在其工程款中给予扣除。

3)分包单位要实行用料过程中的跟踪管理,督促班组做到工完场清,搞好文明施工。

4)严格按方案施工,合理使用材料,加强架料、模板、安全网等周转材料的保管和使用,对丢失损坏的周转材料由分包单位自行承担费用。

5)木材、竹胶板的使用要严格按《施工方案》配制,合理使用原材料,由分包单位、总包商技术部门和物资管理部门对制作加工过程共同监督。

6)木材、竹胶板的边角下料,应充分利用。

7)使用过的模板应及时清理、整修、提高模板周转率和使用寿命并码放整齐。

8)钢筋加工要集中加工制作,发料按配筋单统一发放使用。

9)短料应充分利用,如制作垫铁、马铁等,严禁将长料废弃。

10)定期对钢筋加工制作进行检查,严格管理,防止整材零用、大材小用。

(3)材料验证管理

1)验收材料必须由各分包单位专职材料员进行验证并记录。

2)在验收过程中把好"质量关、数量关、单据关、影响环境和安全卫生因素关",严格履行岗位职责。

3)分包单位自行采购的材料,在采购前必须分期、分批报送总包项目经理部物资管理部门,所有材料必须要有出厂合格证、检验证明、营业执照,总包项目经理部要参与分供方评定、考核分供方是否符合质量、环境和职业安全健康管理体系要求。

4)物资进场要复查材料计划,包括材料名称、规格、数量、生产厂家、质量标准,并证随货到。

5)对证件不全的物资单独存放在"待验区",并予以标识,及时追加办理。

6)对需取样做复试的物资应单独存放在"质量未确定区",并予以标识。

7)对于复试不合格的材料,由验证人员填写《不合格材料记录》,及时通知供货部门;供应部门根据材料的不合格情况,及时通知供方给予解决处理,并填写《不合格材料纠改记录》。

8)未经验证和验证中出现的上述不合格情况,不得办理入库(场)手续,更不得发放使用。

9)对合格材料及时办理入库手续,并予以标识,并做材料检测记录,按月交总包商物资管理部门存档。

(4)材料堆放管理

1)材料进场要按总包的平面布置规划堆码材料,材料堆场场地要平整,并分规格、品种成方成垛,垫木一条线码放整齐,特殊材料要覆盖,有必要时设排水沟防积水,符合文明施工标准。

2)在平面布置图以外堆码材料,必须按总包项目经理部物资管理部门指定地点码放并设标识。

3)根据不同施工阶段,材料消耗的变化合理调整堆料需要,使用时由上至下,严禁浪费。

4)要防止材料丢失、损坏、污染,并做好成品保护。

5)仓库要符合防火、防雨、防潮、防冻保管要求,避免材料保管不当造成变形、锈蚀、变质、破损现象,对易燃品要单独保管。

6)现场所有材料出门,必须由总包项目经理部物资管理部门开出门条,分包单位调进、调出的材料必须通知总包项目经理部物资管理部门办理进、出手续。

(5)基础资料要求

分包单位每月必须向总包商项目经理部物资管理部门按要求报送以下报表:各种物资检测记录、材料采购计划(化学危险品单独提供月度进料统计清单)、危险品发放台账、月度盘点表。

7. 合同与结算管理

(1)分包单位合同和物资供应合同的签订

1)工程的分包单位合同和物资供应合同应在施工前签订。

2)对已开工的分包单位工程,在未签订分包单位合同前必须先签订分包单位协议书,以避免分承包方进场施工时因没有分包单位合同,属非法用工而使总包商承担全部责任,分包单位协议书须使用总包商合约部制定的标准合同文本。

3)工程分包单位合同和物资采购合同的签订(除特殊情况外),必须采用由总包商制定的标准合同文本。

4)分包单位合同和物资采购合同由总包商或授权的项目经理部分别牵头组织项目相关部门人员与分包单位、分供方谈判签订。

5)总包商授权项目经理部签订的分包单位合同和物资采购合同,由项目经理部起草合同,并牵头组织项目各部门共同参与合同评审谈判,并与分包单位、材料供应商在谈判中达成一致。

6)授权签约的分包单位合同和物资采购合同的签订,由被授权部门牵头组织项目相关部门人员与分包单位、分供方谈判。

(2)分包单位结算总则

1)分包单位结算工作必须遵守国家有关法律法规和政策,以及合同中的约定内容。

2)分包单位结算工作必须遵守总包商及项目经营管理的有关规定。

3)分包单位结算工作必须按合同约定的结算期保证按时、准确、翔实、资料齐全(合约双方)。

(3)分承包方(月)结算书的申请、支付、规定程序、时间、格式

1)包工包料及劳务分包单位或扩大劳务分包的分包单位,于每月 25 日(工程量统计周期为上月 24 日至本月 23 日或按照项目规定的日期)为结算期,根据双方约定的内容编制月预算统计结算书,有相关负责人签字并加盖公章,报项目

经理部预算部门审核。

2)工程结算必须在工程完工,项目验收后 14 日以内(或按照合同要求)报项目预算部门。超过时限项目预算部门不再接收分承包方的结算书,结算由项目单方进行,必要时邀请分包单位分供方参与,结果以项目预算部门结算所出数据为准。

3)分包单位于每月 23 日(或按照项目规定的日期),申请项目主管分包的现场工程责任人对其当月完成的工程项目及施工到达的部位进行签认,填写《完成工程项目及工程量确认单》,并将《完成工程项目及工程量确认单》作为月度工程量统计表的附件报给项目预算部门。

4)材料物资采购或设备订货的供应单位在结算期,根据订购合同(视为进场计划)的内容与项目经理部物资管理部门材料人员验收(料)小票,并报至物资管理部门审核,物资管理部门审核确认签字,再报项目预算部门审核确认签字。最终,由项目财务部门根据物资部、预算部门的审核意见转账。

(4)分包单位(月)结算书

各部门填写结算意见由项目预算部门提供《分包单位工程月度申请单》,由分包单位人员持此单到项目经理部有关领导和部门签署意见,签好后返至预算部门备查,如部门提出异议,暂停结算。调查落实,如属实则不予办理结算。

(5)填写分包单位结算单

1)月统计报表审核后,由项目预算部门填写《工程分包单位合同预、结算单》,报预算部门审批后,再报项目现场管理部门签署审批意见后,预算部门签署审批意见后报项目经理终审后,将《工程分包单位合同预、结算单》返至项目预算部门。

2)预算部门根据不同具体情况分别填写结算单签字,其中工程分包单位项目后附完成确认单、各部门意见会签单、审核预算书,并报区域公司或总包商合约部审查。材料、设备订货后附物资管理部门开具的验收单和部门意见会签单及结算、核算单四份内容。

(6)分包单位(月)结算支付款项

1)分包单位的《工程分包单位合同预、结算单》经总包商主管部门审核签认后,转回项目经理部,项目财务部门填写预结算单及委付单,报总包商资金部门,由总包商资金部门支付款项。支付形式为网上转账,每月集中办理一次。

2)材料物资采购、租赁或设备订货的由项目物资管理部门、技术部门审核意见后转项目预算部门,按分包单位的结算方式办理结算。

(7)分包单位(月)结算书资料归档、登记统计台账

项目经理部预算部门将结算资料归账,并登记统计台账,记录结算情况和结果。

(8)分包单位索赔、签证及合约外费用的确认

1)索赔、签证事件发生后,分包单位应及时向项目经理部预算部门申报。逾期(或项目经理部根据项目不同情况确定该时间)未报,则视为分包单位放弃索赔权利。

2)索赔、签证发生后,分包单位将发生的资料(照片或原始记录等)上报项目工程管理部门审核,项目工程管理部门在收到分承包方上报的索赔、签证基础资料10日内将审核意见书(包括发生的项目、工程量、影响的程度、工期损失等)发给分包单位,分包单位依据项目工程管理部门的审核意见书编制索赔、签证费用及工期计算书,并上报给项目预算部门审核。

3)项目预算部门根据工程管理部门的审核意见,同时依据分包单位合同对分承包方上报的费用或工期计算书进行审核,并在收到费用或工期计算书后15日内(或项目经理部根据项目不同情况确定该时间)将审核结果通知分承包方。

4)所有工程索赔、签证费用在分包单位工程结算完成后统一支付。

8. 质量、环境、职业安全健康体系管理

(1)基本要求

各分包单位入场前要与总包商项目经理部签订《环保协议书》《消防保卫协议书》《安全协议书》《职业安全健康与环境管理协议书》,否则不得入场施工。

分包单位入场一周内要成立分包单位质量、环境、职业安全健康体系领导小组。

(2)体系管理

分包单位每一名员工要掌握总包商项目经理部质量、环境、职业安全健康体系方针、目标。

(3)体系培训

分包单位要按照总包商项目经理部要求,准时参加总包商项目经理部组织的体系培训,以保证体系的有效运行。分包单位要做好培训记录,报总包商项目经理部行政部门备案。

9. 治安保卫管理

分包单位人员必须遵守现场各项规章制度及国家、当地政府有关法律法规及总包商的有关规定。

分包单位进场前,必须经入场教育,考试合格后方可施工。工人进场后各分包单位要将人员花名册及照片交总包商项目经理部行政部门统一办理现场工作证。

分包单位使用的外来人口必须符合当地政府外来人口管理规定,做到手续齐全、无违法犯罪史,并按当地政府有关规定办理证件。达到证件齐全:身份证、健康证、暂住证,严禁跨省市用工。

施工人员出入现场必须佩带本人现场工作证,接受警卫检查。

任何单位或个人携物出门须有项目经理部物资管理部门开具的出门条，经值班警卫核对无误后方可放行。凡无出门条且携物出门，一律按盗窃论处。

外来人员参观、会客、探友，必须先联系后持有关证件到警卫室办理来客登记，值班警卫经请示允许后方可放入，出门必须持有被探访人签字的会客条方可放行。

任何人不得翻越围墙及大门，不得扰乱门卫秩序。

集体宿舍不得男女混住，不得聚众赌博，不得酗酒闹事，不得卧床吸烟，不得私自留宿外来人员，确有困难需留宿则须经总包商项目经理部保安管理人员批准并进行登记。

办公室、宿舍内不得存放大量现金（200 元以上）及贵重物品，以防被盗。

贵重工具、材料（如电锤、电钻和贵重材料）要有专库存放，专人看管，夜间要有人值班，做好登记记录。

分包单位若在现场设财务部门，存放现金、印章要存放在保险柜里（现金过夜存放不得超过 2000 元），要有防盗措施。并接受总包商项目经理部定期检查。

分包单位要定期对职工进行法制教育，要遵纪守法，不得打架斗殴，不得盗窃、损坏现场财物，并教育工人遵守现场各项规章制度，按章办事，爱护现场消防设施及器材。

分包单位应在承包项目完成后一周内组织施工人员退场，退场前将现场工作证交总包商项目经理部行政部门。

重大节日政治活动及会议期间，分包单位必须安排领导值班，值班人员应坚守岗位，值班表应报总包商项目经理部行政部门备案。

各分包单位必须服从总包商项目经理部管理，遵守各项规章制度，确定一名专（兼）职保卫人员，负责本单位治安保卫日常管理，搞好内部治安防范工作。

为保证现场有一个良好的环境，任何分包单位或个人不得以任何理由闹事、打架、盗窃。

分包单位要加强本单位危险品、贵重物品、关键设备的存放场所及对工程有重大影响的工序、环节等要害部位的管理工作。

第三节　劳务费用结算与支付

一、劳务费结算支付方式

工资是指用人单位依据国家有关规定或劳动合同的约定，以货币形式直接支付给本单位劳动者的报酬，一般包括计时工资、计件工资、奖金、加班加点工资、津贴和补贴以及特殊情况下支付的工资等。现阶段劳务人员工资的计算方式主要有：

1. 计时工资

计时工资是指用人单位按照劳动者工作的时间来计算薪酬的工资支付形式。包括：

(1)月工资：根据规定的或约定的月工资标准支付工资。

(2)日工资：根据劳动者的日工资标准和实际工作天数计算工资。

(3)小时计时工资：根据劳动者每小时的工资标准和实际工作小时数计算工资。

2. 计件工资

根据劳动者生产的合格产品数量或完成的工作量，依据企业内部确定的计件工资单价计算并支付工资。

3. 奖金

奖金是指用人单位对劳动者在工作中的超额劳动和增收节支而给予的劳动报酬，从而鼓励劳动者为单位做出更大的贡献，包括生产奖、节约奖、超额完成任务奖以及其他奖金。

4. 加班加点工资

加班加点工资是指按照规定支付的加班工资和加点工资。加班，是指休息日和法定节假日上班的时间，加点是指每天超过 8 小时之外的上班时间。根据劳动法的相关规定，加班加点工资的支付标准为：

(1)安排劳动者延长工作时间的，支付不低于工资的 150％的工资报酬；

(2)休息日安排劳动者工作又不能补休的，支付不低于工资的 200％的工资报酬；

(3)法定休息日安排劳动者工作的，支付不低于工资的 300％的工资报酬。

5. 津贴和补贴

用人单位因一些特殊原因而支付给劳动者的津贴与补贴，如防暑降温费等。

6. 特殊情况下支付的工资

特殊情况下支付的工资是指劳动者在患病、工伤、婚丧假、事假、探亲假等情况下按照工资的一定比例支付的工资。

二、劳务费结算与支付管理的程序

劳务费用结算与支付流程如下：

(1)总承包公司项目部负责进场务工人员实名制管理,负责现场人员花名册与工资发放表的核对,依据实际情况填报《劳务费兑付单》,附劳务分包企业农民工工资发放表上报审核。

(2)总承包公司负责审核劳务分包企业分包合同签订、备案情况,审核劳务费结算情况;根据预留资金情况制定兑付方案,决定支付额度。

(3)总承包公司负责审核《劳务费兑付单》以及分包企业工资发放表,确定无误并签认后,按规定向分包企业支付劳务费。

(4)当劳务费支付到劳务分包企业后,总承包公司相关项目部要监督分包企业将工资发放到农民工本人手中,限期收回有农民工本人签字的工资发放表一份,报总承包公司存档备查。

(5)总承包公司应对相关单位劳务费发放过程进行监督检查,及时纠正和处理劳务费发放中出现的违规问题,保证农民工工资支付到位。

(6)各总承包公司每月月末向其上属集团公司报送劳务费兑付情况表,准确反映劳务费兑付情况。

三、劳务费结算与兑付的制度要求

在签订劳务分包合同时,劳务分包工程的发包人和劳务分包的承包人必须在分包合同中明确约定劳务款的支付时间、结算方式以及保证按期支付的相应措施。

(1)按劳务分包合同约定,及时结算、支付劳务费,应当做到月结月清,总承包公司应监督劳务企业按劳动合同约定确保农民工工资足额发放。

(2)劳务费支付应当保证劳务企业每月支付农民工基本工资不低于当地最低工资标准,年底前做到100%支付。

(3)施工总承包公司、专业承包公司应当在工程项目所在地银行建立劳务费专用账户,专项用于支付劳务分包企业劳务费。专用账户的预留资金应当能保障按月拨付劳务分包企业使用的农民工工资。

四、劳务费结算支付报表制度

建筑业企业劳务费及农民工工资结算、支付统计报表制度(以下简称“报表制度”),是建筑业企业一项重要的基础管理工作,是提高建设主管部门执政能力和检验企业管理水平的基础工作,通过统计指标体系和来自基层原始数据的采集、汇总,达到及时掌握情况、全面沟通信息、加强统计分析的目的,为领导科学决策提供依据,为企业实事求是地、有针对性地实施宏观调控和微观管理服务。

报表制度要明确专人负责统计工作，按时报送统计报表。统计人员要按照《统计法》和有关文件的要求，保质保量地完成数据采集和报表的填报工作。从工程项目部开始，自下而上地建立好劳务费及农民工工资支付工作的统计网络，按要求设立专（兼）职统计人员，认真进行岗位培训，明确各管理层次的职责范围，切实提高业务水平和工作质量。

报表制度专门开发了网上填报系统。各单位应明确主管负责人和基层统计人员，并保持人员的相对稳定，具体负责人名单要按要求逐级上报。工作人员要尽快熟悉程序和统计报表的要求，本着对工作认真负责的态度，按时、保质完成统计工作。

报告期统计数字的截止日期均为报告期的最后一天。基层填报单位应于次月前 5 个工作日内将报表报上一级主管单位汇总。

第四节　劳务分包队伍的综合评价

一、劳务分包队伍综合评价的内容

1. 劳务管理

分包队伍管理体系健全，劳务管理人员持证上岗。办理合同备案和人员备案及时，发生工程变更及劳务分包合同约定允许调整的内容及时进行洽商，合同履约情况良好，作业人员身份证复印件、岗位技能证书、劳动合同齐全且未过有效期，每月按考勤情况按时足额发放劳务作业人员工资，施工队伍人员稳定，根据项目经理部农民工夜校培训计划按时参加夜校培训，服从项目经理部日常管理，保证未出现各类群体性事件，保障企业和社会稳定。

2. 安全管理

安全管理体系健全，人员进场安全教育面达到 100%；考核合格率达到 100%，按规定比例配备专职安全员，按规定配备和使用符合标准的劳保用品，特种作业人员必须持有效证件上岗，施工中服从管理，无违章现象，无伤亡事故。

3. 生产管理

施工组织紧凑，能够按时完成生产计划，施工现场内干净、整洁，无材料浪费，成品、半成品保护到位。

4. 技术质量管理

无质量事故发生，承接工程达到质量标准和合同约定工期要求，严格按照技术交底施工，质量体系健全，严格进行自检，无返工现象。

5. 卫生管理

食堂必须办理卫生许可证，炊事员必须持有健康证且保持良好的个人卫生。食堂食品卫生安全符合规定，无食物中毒。生活责任区干净、整洁。无浪费水电现象。落实职业病防护相关管理规定。

6. 综合素质

信誉良好、顾全大局，服从项目经理部日常管理，与项目经理部配合融洽。积极配合政府和项目经理部妥善处理突发事件，保证公司内部和社会稳定。

二、劳务分包队伍综合评价的方法

1. 考评的范围

凡在总承包企业承接劳务分包工程的劳务分包施工作业队均属考评范围。

2. 考评的组织

(1)建筑集团公司劳务主管部门对进入集团从事分包活动的施工作业队伍实行统一管理，负责组织实施劳务作业队伍考评工作，布置考评任务；

(2)建筑集团公司劳务主管部门结合实际需要，负责与有关部门制定施工作业队伍考评标准；

(3)各集团所属总承包公司(分公司、总承包部)按照集团公司劳务主管部门的考评工作部署，负责本单位所使用劳务作业队伍考评的组织实施工作；

(4)各项目部负责本项目所使用的劳务分包队伍考评与日常管理工作，按照上级公司劳务主管部门的考评工作部署，统一组织，各项目部项目经理负责，由该项工作主管人员结合各考核项进行考评；

(5)进入总承包建筑集团施工的劳务作业队伍要按照集团公司劳务主管部门的考评工作要求，配合项目部完成考评，并结合各项考核内容和标准不断完善日常管理工作。

3. 考核评分

考核评分实行百分制，考评结果：95 分(含 95 分)以上为优秀；85 分—94 分为合格；85 分以下(含 85 分)为不合格。各劳务作业队伍的考评结果经确认后，由企业劳务主管部门以书面形式予以公布，纳入本年度“施工作业队伍信用评价”考评体系，并作为公司评定优秀劳务作业队伍的重要依据。

4. 考核评价周期和方式

(1)考评周期：集团范围劳务作业队伍的考评周期为一季度，针对不同工程、不同队伍的实际情况，所属各总承包公司(分公司、总承包部)可结合本单位情况制定相应考核评价周期。

(2)考评方式:由集团公司劳务主管部门统一部署考评工作,所属各总承包公司(分公司、总承包部)劳务管理部门组织项目部在规定时间内对所使用作业队伍进行考核,集团公司劳务主管部门将对重点项目到现场进行配合监督。所属各总承包公司(分公司、总承包部)须在项目部考评结束后一周内对各队伍考评表进行审核汇总,考评结果上报集团公司劳务主管部门,公司劳务主管部门将结合考评情况进行现场检查。

5. 准入清出管理

施工作业队伍的综合评定主要是依据总承包企业、外省市驻当地建管处和行业协会共同评定的劳务分包企业及施工作业队的信用等级,确定下一年度进入当地建筑市场的合格企业和作业队名录,同时提出清出当地建筑市场的不合格企业和作业队名录。各省、市范围内的合格用工库以及信用不良队伍"黑名单"由该省、市建设主管部门和建筑劳务企业信用评审委员会每年度发布一次,总承包企业参照其评价意见使用合格队伍。

通过以上措施,加强行业自律和政府主管部门监督,形成"优先使用信用评价优秀队伍,杜绝使用不合格劳务企业和施工作业队"的准入清出管理。

第七章 劳动合同管理

第一节 劳动合同概述

一、劳动合同的概念

劳动合同是公司与员工建立劳动关系、明确双方权利和义务的书面协议。公司与劳动者订立劳动合同时，应当遵循合法、公平、平等自愿、协商一致、诚实守信的原则。公司不与尚未与原单位解除劳动合同的人员签订劳动合同。

公司与劳动者签订的《补充协议》《岗位聘任书》等各专项协议书作为劳动合同书的附件，与劳动合同书具有同等法律效力。

依法订立的劳动合同具有约束力，用人单位与劳动者应当履行劳动合同约定的义务。

二、劳动合同的种类

劳动合同按照不同的标准可以有不同的分类。

1. 按照劳动合同期限的长短，劳动合同可分为有固定期限的劳动合同、无固定期限的劳动合同和以完成一定工作为期限的劳动合同三种。

(1)有固定期限的劳动合同。有固定期限的劳动合同是指企业等用人单位与劳动者订立的有一定期限的劳动协议。合同期限届满，双方当事人的劳动法律关系即行终止。如果双方同意，还可以续订合同，延长期限。

(2)无固定期限的劳动合同。无固定期限的劳动合同是指企业等用人单位与劳动者签订的没有期限规定的劳动协议。

用人单位与劳动者协商一致，可以订立无固定期限劳动合同。有下列情形之一，劳动者提出或者同意续订、订立劳动合同的，除劳动者提出订立固定期限劳动合同外，应当订立无固定期限劳动合同：

1)劳动者在该用人单位连续工作满 10 年的。

2)用人单位初次实行劳动合同制度或者国有企业改制重新订立劳动合同时，劳动者在该用人单位连续工作满 10 年且距法定退休年龄不足 10 年的。

3)连续订立 2 次固定期限劳动合同,且劳动者没有《劳动合同法》第 39 条和第 40 条第 1 项、第 2 项规定的情形续订劳动合同的。

用人单位自用工之日起满一年不与劳动者订立书面劳动合同的,视为用人单位与劳动者已订立无固定期限劳动合同。

(3)以完成一定工作为期限的劳动合同。以完成一定工作为期限的劳动合同是指以劳动者所担负的工作任务来确定合同期限的劳动合同。如以完成某项科研,以及带有临时性、季节性的劳动合同。合同双方当事人在合同存续期间建立的是劳动法律关系,劳动者要加入劳动单位集体,遵守劳动单位内部规则,享受某种劳动保险待遇。

我国劳动法就是按照劳动合同的这一分类标准,将劳动合同的期限分为有固定期限、无固定期限和以完成一定的工作为期限。为了充分保护劳动者的合法权益,劳动法特别规定“劳动者在同一用人单位连续工作满 10 年以上,当事人双方同意续延劳动合同的,如果劳动者提出订立无固定期限的劳动合同,应当订立无固定期限的劳动合同”,避免用人单位只使用劳动者的“黄金年龄”。

2. 按照劳动合同产生的方式来划分,劳动合同可分为录用合同、聘用合同和借调合同三种。

(1)录用合同。录用合同是指用人单位在国家劳动部门下达的劳动指标内,通过公开招收、择优录用的方式订立的劳动合同。录用合同一般适用于招收普通劳动者。目前,全民所有制企业、国家机关、事业单位、社会团体等用人单位招收录用劳动合同的特点是:用人单位按照预先规定的条件,面向社会,公开招收劳动者;应招者根据用人单位公布的条件,自愿报名;用人单位全面考核、择优录用劳动者;双方签订劳动合同。

(2)聘用合同。聘用合同也叫聘任合同,它是指用人单位通过向特定的劳动者发聘书的方式,直接建立劳动关系的合同。这种合同一般适用于招聘有技术业务专长的特定劳动者。如企业聘请技术顾问、法律顾问等。

(3)借调合同。借调合同也叫借用合同,它是借调单位、被借调单位与借调职工个人之间,为借调职工从事某种工作,明确相互责任、权利和义务的协议。借调合同一般适用于借调单位急需作用的工人或职工。当借调合同终止时,借调职工仍然回原单位工作。

3. 按照劳动者一方人数的不同来划分,劳动合同可分为两种:一种是个人劳动合同,一般是由劳动者个人同用人单位签订;另一种是集体合同,一般是指在中外合资企业中,由工会代表劳动者集体同企业签订的合同。

4. 按照生产资料所有制性质的不同,劳动合同可划分为:全民所有制单位劳动合同、集体所有制单位劳动合同、个体单位劳动合同、私营企业劳动合同和外商投资企业劳动合同等。

5. 按照用工制度种类的不同，劳动合同可分为：固定工劳动合同、合同工人劳动合同、农民工劳动合同、临时工(季节工)劳动合同等。

三、劳动合同的特征

劳动合同具有如下特征：

(1)劳动合同的主体是特定的，即一方是劳动者，另一方是用人单位。

(2)劳动合同的内容是劳动权利和义务。根据劳动合同，劳动者须在劳动合同有效期内为用人单位进行工作，用人单位负责提供劳动条件和劳动报酬等。劳动者通过劳动获得的收益来维持自己的生存和履行法定的赡养、抚养和扶助义务。用人单位通过支付报酬来换取职工的劳动力以取得利润。这样在劳动合同中以劳动付出和劳动报酬互为条件，实现了主体双方权利和义务的统一。

(3)劳动合同是诺成性合同。订立劳动合同只要双方当事人协商一致，合同即可签订。

四、劳动合同应当具备的条款

劳动合同应当具备如下条款：

(1)用人单位的名称、住所和法定代表人或者主要负责人；

(2)劳动者的姓名、住址和居民身份证或者其他有效身份证件号码；

(3)劳动合同期限；

(4)工作内容和工作地点；

(5)工作时间和休息休假；

(6)劳动报酬；

(7)社会保险；

(8)劳动保护、劳动条件和职业危害防护；

(9)法律、法规规定应当纳入劳动合同的其他事项。

劳动合同除前款规定的必备条款外，用人单位与劳动者可以约定试用期、培训、保守秘密、补充保险和福利待遇等其他事项。

第二节　劳动合同的约定条款

一、劳动用工模式

根据《劳动法》和《劳动合同法》的规定，劳动用工模式主要分为三种，即全日制劳动用工模式、非全日制劳动用工模式以及劳务派遣模式。

(1)全日制用工,是指规定了劳动时间和劳动合同期限等主要内容的用工模式。全日制用工模式也是目前绝大多数用人单位普遍采用的劳动用工模式,这种劳动用工模式具有稳定性和持久性,对用人单位培养人才、长远发展、调动员工工作积极性、形成企业凝聚力有利;对劳动者而言具有保障性、稳定性和发挥个人能力和提升个人有利。

(2)非全日制用工,是指以小时计酬为主,劳动者在同一用人单位一般平均每日工作时间不超过4小时,每周工作时间累计不超过24小时的用工模式。这种劳动用工模式主要适用于兼职类工作,对用人单位而言具有操作灵活、简单易行;对劳动者而言可以与多个用人单位同时订立非全日制劳动合同。

(3)劳务派遣(又称劳动力派遣、人才租赁),是指依法设立的劳务派遣单位与劳动者订立劳动合同,依据与接受劳务派遣单位(实际用工单位)订立的劳务派遣协议,将劳动者派遣到实际用工单位工作,由派遣单位向劳动者支付工资、福利及社会保险费用,实际用工单位提供劳动条件并按照劳务派遣协议支付用工费用的劳动用工模式。这种用工模式的显著特征是劳动者的聘用与使用相分离。

上述三种用工模式各有优劣。在建筑施工项目领域,目前较为普遍的是采用全日制的劳动用工模式。

二、劳动合同的试用期限

1. 法定试用期限

我国《劳动法》以及《劳动合同法》规定,用人单位与劳动者之间可以在劳动合同中协商一致确定试用期期限,但不得超过法律规定的六个月最高上限。根据劳动合同期限的长短,《劳动合同法》对试用期限作了不同的规定:

(1)劳动合同期限在三个月以上(含三个月)不满一年的,试用期不得超过一个月;

(2)劳动合同期限在一年以上(含一年)不满三年的,试用期不得超过二个月;

(3)劳动合同期限在三年以上(含三年)的固定期限劳动合同和无固定期限劳动合同,试用期不得超过六个月;

(4)期限不满三个月的劳动合同和以完成一定工作任务为期限的劳动合同,均不得约定试用期;

(5)同一用人单位与同一劳动者之间只能约定一次试用期,即使工作岗位或者工种发生变化,或者劳动者离职或者重新入职,都不得再次约定试用期。

2. 试用期的确定以及调整

根据《劳动合同法》的规定，用人单位自用工之日起即与劳动者建立劳动关系。试用期包含在劳动合同期限内，劳动合同仅约定试用期的，试用期不成立，该期限为劳动合同期限。显而易见，用人单位与劳动者之间约定了试用期后，即使没有签订书面劳动合同，也应当形成劳动关系。如果用人单位自用工之日起超过一个月不满一年未与劳动者订立书面劳动合同的，应当向劳动者每月支付二倍的工资。如果用人单位自用工之日起满一年不与劳动者订立书面劳动合同的，视为用人单位与劳动者已订立无固定期限劳动合同。

试用期可以在法定最高期限内适当调整。对于试用期的延长或缩短，都是对劳动合同条款的变更，因此必须经过双方协商一致。实践中，劳动者对于“提前转正”都会欣然接受。常见的问题是，用人单位在试用一段时间后，发现原来约定的试用期太短，尚无法确定劳动者是否符合录用条件，于是单方擅自或口头与劳动者达成延长试用期的约定。这种做法一般都认定为无效。如果需要延长试用期，必须经用人单位与劳动者协商一致，延长后的试用总期限不得超过法律规定的上限，并且必须在双方约定的试用期届满之前做出。未经双方协商一致，任何一方都无权自行延长或者缩短试用期。

3. 试用期间的工资报酬

根据《劳动合同法》规定，劳动者在试用期的工资不低于本单位相同岗位最低档工资或劳动合同约定工资的百分之八十，并不得低于用人单位所在地的最低工资标准。

《劳动合同法》规定了“两个不低于”原则：首先是不得低于用人单位所在地的最低工资标准，这是试用期工资的最低线；其次是不低于本单位相同岗位最低档工资或者劳动合同约定工资的百分之八十。如果本单位相同岗位最低档工资或者劳动合同约定工资的百分之八十高于用人单位所在地的最低工资标准的，则二者取其高。

实践中，会出现用人单位的住所地（营业执照注册地）与实际经营地或者劳动合同履行地不一致的情况。根据《劳动合同法实施条例》的规定，如果用人单位住所地的最低工资标准高于劳动合同履行地的标准，且用人单位与劳动者约定按照用人单位住所地的标准来执行的，则按照用人单位住所地的最低工资标准执行。

4. 试用期间的社会保险缴纳

有的用人单位认为，试用期间的人员不属于企业的正式员工，因此不给试用人员缴纳社会保险，这种认识是错误的。实际上，劳动关系一经建立，用人单位就应当依法为劳动者缴纳社会保险，试用期并非独立于劳动关系之外的“特殊期”，试用期包含在劳动合同期限内。因此，用人单位在试用期内就应当为劳动者缴纳社会保险，否则将面临诸多法律风险。比如，劳动者在试用期间发生工伤、非因工负伤或者疾病时，用工单位未给劳动者交纳社会保险的，将承担更大的赔偿责任，并且会受到行政处罚。

5. 劳动者在试用期内解除劳动合同的相关法律规定

根据《劳动合同法》的规定，劳动者在试用期内提前三天通知用人单位，可以解除劳动合同。这一规定与较早的《劳动法》关于试用期内劳动者可以随时通知用人单位解除劳动合同的规定相比较有了一些限制性变化，即劳动者在试用期内解除劳动合同，应当依法履行提前通知的义务。

《劳动合同法》关于劳动者在试用期内提前三天通知用人单位解除劳动合同的规定表明，法律赋予了劳动者在试用期内行使解除权是无理由、无条件的，用人单位在劳动合同中约定劳动者在试用期内解除劳动合同应当承担违约责任的条款是无效的。同时，《劳动合同法》还规定劳动者承担违约责任仅限于两种情形，即违反服务期约定和竞业限制约定。

另外，根据《劳动部办公厅关于试用期内解除劳动合同处理依据问题的复函》的规定，用人单位出资对职工进行各类技术培训，职工提出与单位解除劳动关系的，如果在试用期内，则用人单位不得要求劳动者支付该项培训费用。所以，劳动者在试用期内解除劳动合同的，无须向用人单位支付培训费用，即使劳动合同中有约定的，该约定也无效。

6. 用人单位在试用期内解除劳动合同相关法律规定

根据《劳动合同法》规定，在试用期，除劳动者有本法第三十九条和第四十条第一项、第二项规定的情形外，用人单位不得解除劳动合同。用人单位在试用期内解除劳动合同的，应当向劳动者说明理由。可见，试用期内，如果用人单位解除劳动合同，除非劳动者存在该法第三十九条和第四十条第一项、第二项规定的情形外，否则，用人单位需承担因违法解除劳动合同所带来的法律后果，即：劳动者要求继续履行劳动合同的，用人单位应当继续履行；劳动者不要求继续履行劳动合同或者劳动合同已经不能继续履行的，用人单位应当按照经济补偿金的二倍标准向劳动者支付赔偿金。

值得注意的是，在试用期内，用人单位也应当对劳动者的录用条件、岗位职责以及试用期内解除劳动关系等情形做出明确约定，避免因用人单位在试用期内对劳动者解除劳动合同而发生争议。另外，用人单位以书面形式向劳动者送达《解除劳动合同通知书》的同时，应向劳动者出具解除劳动合同证明，并在十五日内为劳动者办理档案和社会保险转移手续。

三、劳动工资报酬的确定与支付

1. 劳动工资报酬的确定

工资是指用人单位依据国家法律规定或者劳动合同约定，定期以货币形式直接支付给劳动者劳动报酬。根据《关于工资总额组成的规定》的规定，工资的主要形式有：计时工资、计件工资、奖金、津贴和补贴、加班加点工资和特殊情况下支付的工资。

实践中用人单位对于劳动者工资、报酬的约定种类很多，大多数企业会在劳动合同中明确约定工资数额，只有少数企业会通过区分工资报酬结构来约定劳动者的工资数额。由于建筑施工行业存在劳动密集型的行业特点，绝大多数建筑施工企业会采取第一种方式约定劳动者工资报酬，值得注意的是，相对于其他行业，建筑施工企业也同样存在大量管理型劳动者，因此，结合建筑施工企业的经营发展需要，建立具有激励制度的区分工资报酬结构制度，会促进建筑施工企业的不断发展壮大。

2. 劳动工资报酬的支付

(1)工资支付的形式

工资应当以法定货币形式支付给劳动者，不得以实物或有价证券替代货币支付。

(2)工资支付的周期和方式

工资应当至少每月支付一次，但是用人单位与劳动者协商一致后，也可以小时、日、周为支付工资的周期。用人单位应当足额支付工资，不得以“每月暂时发放生活费，待年底结算”为借口克扣或者无故拖欠劳动者的工资。另外，工资应当直接支付给劳动者本人，劳动者本人因故不能领取工资时，可由其亲属或委托他人代领，不要将工资发放给包工头，或者其他不具备用工主体资格的其他组织和个人，以免引发拖欠工资的法律纠纷。

(3)工资支付时间

工资必须在用人单位与劳动者约定的日期支付。如遇节假日或休息日，则应当提前在最近的工作日支付。对完成一次性临时劳动或某项具体工作的劳动者，用人单位应按有关协议或合同规定在其完成劳动任务后立即支付工资；在双方劳动关系依法解除或终止劳动合同时，企业应在解除或终止劳动合同时一次付清劳动者工资。

四、劳动者基本权益的保护条款

1. 社会保险缴纳

《社会保险法》已于2011年7月1日正式施行。根据《社会保险法》规定，国家建立基本养老保险、基本医疗保险、工伤保险、失业保险、生育保险等社会保险制度，保障公民在年老、疾病、工伤、失业、生育等情况下依法从国家和社会获得物质帮助的权利。社会保险具有强制性，缴纳社会保险费是用人单位与劳动者的法定义务。《劳动法》规定用人单位无故不缴纳社会保险费用的，由劳动行政部门责令其限期缴纳，逾期不缴的，可以加收滞纳金。《劳动合同法》将社会保险内容列为劳动合同的必备条款，并明确规定用人单位未依法为劳动者缴纳社会保险费的，劳动者可以解除劳动合同，并可以要求用人单位支付经济补偿金。

由此可见，用人单位与劳动者参加社会保险，缴纳社会保险费，这是法律的强制性规定，用人单位与劳动者均不能通过约定方式加以改变。其中，养老保险费、医疗保险费和失业保险费等三项社会保险费是由用人单位和劳动者共同按比例承担，而工伤保险费和生育保险费则由用人单位缴纳。

2. 劳动保护内容

劳动保护，是指依靠技术进步和科学管理，采取技术和组织措施，消除劳动过程中危及人身安全和健康的不良条件与行为，防止伤亡事故和职业病，保障劳动者在劳动过程中的安全和健康。

国家为了保护劳动者在生产活动中的安全和健康，在改善劳动条件、防止工伤事故、预防职业病、实行劳逸结合、加强女职工特殊劳动保护等方面所采取的各种组织措施和技术措施，统称为劳动保护。具体包括以下内容：

(1)工作时间的限制和休息、休假制度的规定；

(2)各项劳动安全与卫生措施；

(3)对女职工的特殊劳动保护；

(4)对未成年工的特殊劳动保护。

第三节　劳动合同的订立、变更与解除

一、劳动合同的订立

1. 劳动合同签订原则

用人单位在与员工订立劳动合同时，一定要遵从法律规定的劳动合同订立原则。具体来说，就是要注意符合下列五项原则：

(1)合法原则

所谓合法就是劳动合同的形式和内容必须符合法律、法规的规定。这一原则包括两部分内容：

1)实质合法,即劳动合同的内容合法。当事人不得订立内容违法或对社会公共利益有害的劳动合同。

2)程序合法,其内容主要有:

①形式合法,是指劳动合同必须采用书面形式(非全日制用工除外),不得采用书面形式以外的其他形式。

②主体合法,是指劳动法的主体符合法律规定的条件。如劳动者必须具备法定年龄和其他条件。

(2)公平原则

公平原则是指劳动合同的内容应当公平、合理。就是在符合法律规定的前提下,劳动合同双方公正、合理地确立双方的权利和义务。实践中需要注意的是,用人单位不能滥用优势地位,迫使劳动者订立不公平的合同。

(3)平等自愿

平等是指当事人双方的法律地位平等,即双方以平等的主体身份协商订立劳动合同,不存在一方为主要主体,另一方为次要主体或从属主体的问题。双方享有同样的权利和义务,任何一方可拒绝与另一方签订劳动合同,任何一方也不得强迫对方与自己签订劳动合同,同时双方平等地决定合同的内容。平等原则赋予了双方当事人公平地表述自己意愿的机会,有利于维护双方的合法利益。

自愿是指完全出自当事人自己的意志,表达了当事人的真实意愿。任何一方不得将自己的意志强加给对方,也不允许第三者进行非法干预。当然,用人单位有权拒绝任何行政机关和行政领导,在超出法律规定的情况下,摊派或要求其与某些(个)劳动者订立劳动合同。自愿的具体含义包括:劳动合同的订立必须由双方当事人依照自己的意愿独立自主决定,他人不得强制命令,也不能采取欺哄、诱导方式使一方当事人违背自己的真实意愿而接受另一方的条件。

在平等自愿的原则中,平等是自愿的基础和前提,自愿则是平等的必然体现,不平等就难以真正实现自愿。

(4)协商一致

当事人双方在充分表达自己真实意愿的基础上,经平等协商,取得一致性意见后,合同才得成立。也就是说,劳动合同的全部内容,在法律、法规允许的范围内,要由双方当事人共同协商,取得完全一致的意见后才能确定。

这条原则的重点在“一致”,如果双方当事人虽然经过充分协商,但分歧仍很大,不能达成一致的意愿表示,该合同就不能成立。

(5)诚实信用

就是在订立劳动合同时要诚实,讲信用。如在订立劳动合同时,双方都不得有欺诈行为。现实中，有的用人单位不告诉劳动者职业危害，或者提供的工作条件与约定的不一样等；也有劳动者像某些案例中的那样提供假文凭的情况，这些行为都违反了诚实信用原则。

2. 劳动合同订立的要求

（1）劳动合同订立的形式要求

劳动合同是用人单位与劳动者确立劳动关系，明确双方权利和义务的协议。《劳动合同法》第一条即明确其立法目的是为完善劳动合同制度，明确劳动合同双方当事人的权利和义务，保护劳动者的合法权益，构建和发展和谐稳定的劳动关系。用人单位与劳动者订立书面劳动合同是实现立法目的的重要保障。换言之，现行法律规定排除了事实劳动关系存在的合法性，即劳动关系一经建立起来，就必须签订书面的劳动合同。但也有例外，在非全日制用工状况下，双方当事人可以仅订立口头协议而不采用书面劳动合同。

（2）劳动合同订立的时间要求

根据《劳动合同法》第十条第二款和第三款的规定："已建立劳动关系，未同时订立书面劳动合同的，应当自用工之日起一个月内订立书面劳动合同。用人单位在用工之前订立劳动合同的，劳动关系自用工之日起建立"，也就是说，用人单位与劳动者订立书面劳动合同，可以在用工前订立、用工之日订立或者用工之日起一个月内订立。换言之，用人单位最迟必须在用工之日起一个月内与劳动者订立书面劳动合同。

对于续订劳动合同，用人单位应当在原劳动合同期限届满次日起一个月内与劳动者办理续订劳动合同手续。

3. 劳动合同签订时的知情权

用人单位招用劳动者时，应当如实告知劳动者工作内容、工作条件、工作地点、职业危害、安全生产状况、劳动报酬，以及劳动者要求了解的其他情况；用人单位有权了解劳动者与劳动合同直接相关的基本情况，劳动者应当如实说明。

（1）告知是签订劳动合同前劳动关系双方都应履行的先合同义务。用人单位应告知劳动者劳动合同的全部内容，劳动者应告知用人单位与劳动合同直接相关的基本情况。

（2）告知义务很重要，隐瞒真实情况将影响劳动合同的效力。

4. 劳动合同的内容

根据《劳动合同法》的规定，劳动合同的必备内容或条款有以下 9 个方面：

（1）用人单位的名称、住所和法定代表人或者主要负责人；

(2)劳动者的姓名、住址和居民身份证或者其他有效身份证件号码;

(3)劳动合同期限(劳动合同期限是双方当事人相互享有权利、履行义务的时间界限,即劳动合同的有效期限,可分为固定期限、无固定期限和以完成一定工作任务为期限3种);

(4)工作内容和工作地点;

(5)工作时间和休息时间;

(6)劳动报酬;

(7)社会保险;

(8)劳动保护、劳动条件和职业危害防护;

(9)法律、法规规定应当纳入劳动合同的其他事项。

除规定的必备条款外,用人单位与劳动者可以约定试用期、培训内容、安全协议、补充保险和福利待遇等其他事项。也就是说,劳动合同的双方当事人还可以在国家立法规定的范围内通过协商订立约定条款,如约定用人单位出资培训、劳动者保守用人单位商业秘密等条款或事项。

另外,根据《劳动合同法》第22条的相关规定,用人单位为劳动者提供专项培训费用,对其进行专业技术培训,可以先与该劳动者订立协议,约定服务期。劳动者违反服务期约定的,应当按照约定向用人单位支付违约金。违约金的数额不得超过用人单位提供的培训费用。用人单位要求劳动者支付的违约金不得超过服务期尚未履行部分所应分摊的培训费用。

5. 无效或者部分无效的劳动合同

(1)下列劳动合同无效或者部分无效:

1)以欺诈、胁迫的手段或者乘人之危,使对方在违背真实意思的情况下订立或者变更劳动合同的;

2)用人单位免除自己的法定责任、排除劳动者权利的;

3)违反法律、行政法规强制性规定的。

对劳动合同的无效或者部分无效有争议的,由劳动争议仲裁机构或者人民法院确认。

(2)劳动合同部分无效,不影响其他部分效力的,其他部分仍然有效。

(3)劳动合同被确认无效,劳动者已付出劳动的,用人单位应当向劳动者支付劳动报酬。劳动报酬的数额,参照本单位相同或者相近岗位劳动者的劳动报酬确定。

6. 劳动合同示例

表6-1是一份劳动合同示例。

表 6-1　劳动合同示例

企业档案编号：________

劳动合同书

甲方(单位)：______________

乙方(劳动者)姓名：________ 性别：________ 民族：________ 文化程度：________

居民身份证号码：______________ 联系电话：________________

家庭住址：____________________________________

一、双方在签订本合同前，应认真阅读本合同。甲乙双方的情况应如实填写，本合同一经签订，即具有法律效力，双方必须严格履行。

二、签订劳动合同，甲方应加盖单位公章；法定代表人(负责人)或委托代理人及乙方应签字或盖章，其他人不得代为签字。

三、本合同中的空栏，由双方协商确定后填写，并不得违反法律、法规和相关规定。

四、工时制度分为标准工时、不定时、综合计算工时三种。实行不定时、综合计算工时工作制的，应经劳动保障部门批准。

五、合同的未尽事宜，可另行签订补充协议，作为本合同的附件，与本合同一并履行。

六、本合同应使用钢笔或签字笔填写，字迹清楚，文字简练、准确，并不得擅自涂改。

七、本合同签订后，甲、乙双方各执一份备查。

为建立劳动关系，明确权利义务，根据《中华人民共和国劳动法》《中华人民共和国劳动合同法》和有关法律、法规，甲乙双方遵循诚实信用原则，经平等协商一致，自愿签订本合同，共同遵守执行。

第一条　劳动合同期限

(一)劳动合同期

本合同期限采用下列方式。

1. 有固定期限，本合同期限为______年，自______年______月______日起至______年______月______日止。

2. 无固定期限：本合同期限自______年______月______日开始履行，至法定条件出现时终止履行。

(二)试用期

双方同意按以下第______种方式确定试用期(试用期包含在劳动合同期内)：

1. 试用期自______年______月______日起至______年______月______日止。

第二条　工作内容

1. 甲方根据生产(工作)需要，安排乙方在________生产(工作)岗位，并为乙方提供必要的生产(工作)条件。

2. 乙方应按照甲方对本岗位生产(工作)任务和责任制的要求，完成规定的数量、质量指标。

第三条　劳动保护、劳动条件和职业培训

1. 甲方必须建立、健全劳动安全卫生制度和操作规程、工作规范，并对乙方进行安全卫生教育，杜绝违章操作和违章指挥。

2. 甲方必须为乙方提供符合国家规定的劳动安全卫生条件和必要的劳动防护用品，必须告知乙方所从事的工作(生产)岗位存在职业危害因素的名称，可能产生的职业病危害及后果。按国家规定定期安排从事职业危害工作的乙方进行健康检查。

3. 实行对女工和未成年工的特殊保护和女职工在孕期、产期、哺乳期间，甲方按国家规定为其提供劳动保护。

4. 甲方应根据需要对乙方进行必要的职业培训或为乙方接受职业培训提供必要的条件。

（续）

第四条 劳动纪律

1. 甲方应当依法制定和健全内部规章制度和劳动纪律，依法对乙方进行规范和管理。

2. 乙方应严格遵守甲方依法制定的各项规章制度，服从甲方的管理。

第五条 工作时间和休息、休假

1. 甲方安排乙方实行第______项工作制。

(1)标准工作制：甲方安排乙方每日工作时间不超过8小时，每周不超过40小时，甲方保证乙方每周至少休息一日。甲方由于工作需要，经与工会和乙方协商后可以延长工作时间。一般每日不得超过一小时。因特殊需要延长工作时间的，在保障乙方身体健康的条件下，延长工作时间每日不得超过3小时，每月不得超过36小时。

(2)综合计算工时工作制。

(3)不定时工作制。

2. 甲方按规定给予乙方享受法定休假日、年休假、婚假、丧假、探亲假、产假、看护假等带薪假期。

第六条 劳动报酬

1. 甲方按照本市最低工资结合本单位工资制度支付乙方工资报酬。

具体标准工资为______元/月，乙方试用期工资为______元/月。

2. 甲方每月______日支付乙方(当月/上月)工资，如遇法定休假日或休息日，则提前到最近的工作日支付。

3. 甲方安排乙方加班加点工作，应按国家规定的标准安排补休或支付加班加点工资。加班加点工资的发放时间为______。

第七条 保险福利

1. 甲方必须依照国家和地方有关规定，参加社会保险，按时足额缴纳和代扣代缴乙方的社会保险费(包括养老、失业、医疗、工伤、女工生育等保险)。

2. 甲方可以根据本企业的具体情况，依法制定内部职工福利待遇实施细则。乙方有权依次享受甲方规定的福利待遇。

第八条 合同的变更

具有下列情形之一的，双方可以变更本合同：

1. 双方协商同意的。

2. 乙方不胜任合同约定的工作的。

3. 由于不可抗力或合同订立时依据的其他客观情况发生重大变化致使本合同无法履行的，本项所称重大变化主要指甲方调整生产项目，机构调整、撤并等。

第九条 合同的终止

具有下列情形之一，本合同应即终止：

1. 本合同期限届满。

2. 乙方达到法定退休条件的。

3. 法律法规规定的其他终止情形。

第十条 合同的解除

1. 甲乙双方协商一致可以解除本合同。

2. 乙方具有下列情形之一时，甲方可以解除本合同：

(1)在试用期内被证明不符合录用条件的。

(2)严重违反劳动纪律或甲方依法制定的规章制度的。

(3)严重失职，营私舞弊，给甲方利益造成重大损害的。

(4)《劳动合同法》第三十九条规定的其他情形。

（续）

3. 具有下列情形之一的，甲方提前30日以书面形式通知乙方，或者额外支付乙方______个月工资后，可以解除本合同。

（1）乙方患病或非因工负伤的，医疗期满后不能从事原工作也不能从事由甲方另行安排的工作的。

（2）乙方不能胜任工作，经甲方培训或调整工作岗位后仍不能胜任工作的。

（3）双方不能依本合同第八条第3项的规定或变更合同达成协议的。

4. 乙方具有下列情形之一的，甲方不得依据前款的规定解除本合同。

（1）患职业病或因工负伤并被劳动鉴定委员会确认丧失或部分丧失劳动能力的。

（2）患病或非因工负伤，在规定医疗期内的。

（3）《劳动合同法》第四十二条规定的其他情形。

5. 乙方提前30日（试用期提前3日）以书面形式通知甲方可以解除本合同，但乙方担任重要职务或执行关键任务并经双方约定乙方不得解除本合同的除外。

6. 具有下列情形之一的，乙方可以随时解除本合同：

（1）未按照劳动合同约定提供劳动保护或者劳动条件的。

（2）甲方以暴力、威胁或者非法限制人身自由的手段强迫劳动的。

（3）《劳动合同法》第三十八条规定的其他情形。

第十一条　本合同终止或解除

甲方应当在解除或者终止本合同时出具解除或者终止劳动合同的证明，并在15日内为乙方办理档案和社会保险关系转移手续，不得无故拖延或拒绝。

第十二条　合同的续订

1. 本合同期限届满后，经双方协商本合同可以续订。

2. 连续订立2次固定期限劳动合同，除乙方提出订立固定期限劳动合同外，应当签订无固定期限劳动合同。

第十三条　经济补偿和违约责任

1. 合同期内，有《劳动合同法》第四十六条规定的情形之一，甲方应当向乙方支付经济补偿。补偿办法按《劳动合同法》及国家和地方有关规定执行。

2. 合同期内，乙方提前解除本合同的，除本合同第十条第6款规定的情形外，甲方有权要求乙方赔偿甲方为乙方所实际支出的培训费用和招聘费用。赔偿办法按国家和地方有关规定执行。

第十四条　劳动争议的处理

双方因履行本合同发生争议，可以向本企业劳动争议调解委员会申请调解，或者自劳动争议发生之日起60天内向有管辖权的劳动争议仲裁委员会书面申请仲裁。对仲裁裁决不服的，可以向人民法院起诉。

第十五条　双方约定的其他事项

第十六条　本合同未尽事宜，由双方协商约定。

有国家规定的，按国家规定执行。合同期内，如所定条款与国家新颁布的法律、法规、规章和政策不符的，按新规定执行。

第十七条　双方事后就有关事宜达成补充或者变更协议的，由双方签订书面补充或者变更协议确定。

第十八条　本合同一次2份，双方各执一份，具有同等效力，自双方签字盖章之日起生效。

甲方（盖章）：____________________　　　　乙方（签字）：____________________

法定代表人：____________________

联系方式（电话）：________________　　　　联系方式（电话）：________________

签订日期：______年______月______日　　　　签订日期：______年______月______日

二、劳动合同的履行和变更

1. 劳动合同的履行

劳动合同的履行是指劳动合同双方当事人按照劳动合同的约定履行各自义务、实现各自权益的行为。

(1)履行的原则

1)亲自履行原则。这一原则要求劳动者作为劳动合同的一方主体必须亲自履行劳动合同。因为对于劳动者来说,劳动关系是具有人身关系性质的社会关系,劳动合同是特定主体间的合同。劳动者选择用人单位,是基于自身经济、个人发展等各方面利益关系的需要;而用人单位之所以选择该劳动者也是由于该劳动者具备用人单位所需要的基本素质和要求。劳动关系确立后,劳动者不允许将应由自己完成的工作交由第三方代办。换句话说就是,作为劳动合同关系一方当事人的劳动者在与用人单位建立劳动关系后,必须亲自履行劳动义务和享受劳动权利,不可以将自己的劳动义务通过授权委托的形式让其他人代为履行,当然劳动权利也不可以委托他人替自己享受。

2)实际履行原则。即除了法律和劳动合同另有规定或者客观上已不能履行的以外,当事人要按照劳动合同的规定履行义务,不能用完成别的义务来代替劳动合同约定的义务。

3)全面履行原则。即劳动合同双方当事人在任何时候,均应当履行劳动合同约定的全部义务。《劳动合同法》第二十九条规定,用人单位与劳动者应当按照劳动合同的约定,全面履行各自的义务。劳动合同的全面履行要求劳动合同的当事人双方必须按照合同约定的时间、期限、地点,用约定的方式,按质、按量全部履行自己承担的义务,既不能只履行部分义务而将其他义务置之不顾,也不得擅自变更合同,更不得任意不履行合同或者解除合同。对于用人单位而言,必须按照合同的约定向劳动者提供适当的工作场所和劳动安全卫生条件、相关工作岗位,并按照约定的金额和支付方式按时向劳动者支付劳动报酬;对于劳动者而言,必须遵守用人单位的规章制度和劳动纪律,认真履行自己的劳动职责,并且亲自完成劳动合同约定的工作任务。

4)协作履行原则。即劳动合同的双方当事人在履行劳动合同的过程中,有互相协作、共同完成劳动合同规定的义务,任何一方当事人在履行劳动合同遇到困难时,他方都应该在法律允许的范围,尽力给予帮助,以便双方尽可能地全面履行劳动合同。具体来说,一方面,劳动合同的协作履行要求劳动者应自觉遵守用人单位的规章制度和劳动纪律,以主人翁的姿态关心用人单位的利益和发展,理解用人单位的困难,为本单位发展献策出力;另一方面,也要求用人单位爱护劳动者,体谅劳动者的实际困难和需要。

(2)用人单位在劳动合同履行中的义务

1)用人单位应当按照劳动合同约定和国家规定,向劳动者及时足额支付劳动报酬。

用人单位拖欠或者未足额支付劳动报酬的,劳动者可以依法向当地人民法院申请支付令,人民法院应当依法发出支付令。

2)《劳动合同法》第三十一条规定,用人单位应当严格执行劳动定额标准,不得强迫或者变相强迫劳动者加班。用人单位安排加班的,应当按照国家有关规定向劳动者支付加班费。

《劳动合同法》第三十二条规定,劳动者拒绝用人单位管理人员违章指挥、强令冒险作业的,不视为违反劳动合同。劳动者对危害生命安全和身体健康的劳动条件,有权对用人单位提出批评、检举和控告。

2. 劳动合同的变更

劳动合同的变更是指劳动合同双方当事人依据法律规定或约定,对劳动合同内容进行修改或者补充的法律行为。

劳动合同变更是在用人单位的客观情况发生极大变化,有必要对当事人的权利义务加以调整的情况下发生的。其可以发生在劳动合同订立后但尚未履行时,也可以发生在履行过程中。从用人单位方面来说,由于转产、调整生产结构或经营目标等客观原因,需要对产品、经营方式等进行相应调整时,劳动者的岗位也有可能做相应的调整;从劳动者方面来说,由于劳动者身体健康、职业技能等方面的原因,在不能适应原工作岗位的情况下,也可以要求对其岗位加以调整。

(1)劳动合同的变更原则

《劳动法》规定,变更劳动合同应当遵循平等自愿、协商一致的原则,不得违反法律、行政法规的规定。

(2)劳动合同的变更情形

1)登记事项的变更:用人单位变更名称、法定代表人、主要负责人或者投资人等事项,不影响合同的履行。

2)合并、分立:用人单位发生合并或分立等情况,原劳动合同继续有效,劳动合同由承继其权利和义务的用人单位继续履行。

3)根据《劳动合同法》第四十条第3项的规定,劳动合同订立时所依据的客观情况发生重大变化,致使劳动合同无法履行,经用人单位与劳动者协商,未能就变更劳动合同内容达成协议的,用人单位提前30日以书面形式通知劳动者本人或者额外支付劳动者一个月工资的,可以解除劳动合同。由此可以确定,劳动合同订立时所依据的客观情况发生重大变化，是劳动合同变更的一个重要事由。而所谓的劳动合同订立时所依据的客观情况发生重大变化，是指：

①订立劳动合同所依据的法律、法规已经修改或者废止。劳动合同的签订和履行必须以不违反法律、法规的规定为前提。如果合同签订时所依据的法律、法规发生修改或废止，合同如果不变更，就可能出现与法律、法规不相符甚至是违反法律、法规的情况，导致合同因违法而无效。因此，根据法律、法规的变化而变更劳动合同的相关内容是必要而且是必需的。

②用人单位方面的原因。用人单位经上级主管部门批准或者根据市场变化决定转产、调整生产任务或者生产经营项目等。用人单位的生产经营不是一成不变的，而是根据上级主管部门批准或者根据市场变化可能会经常调整自己的经营策略和产品结构，这就不可避免地发生转产、调整生产任务或者生产经营项目情况。在这种情况下，有些工种、产品生产岗位就可能因此而撤销或者为其他新的工种、岗位所替代，原劳动合同就可能因签订条件的改变而发生变更。

③劳动者方面的原因。如劳动者的身体健康状况发生变化、劳动能力部分丧失、所在岗位与其职业技能不相适应、职业技能提高了一定等级等，造成原劳动合同不能履行或者如果继续履行原合同规定的义务对劳动者明显不公平。

④客观方面的原因。这种客观原因的出现使得当事人原来在劳动合同中约定的权利义务的履行成为不必要或者不可能。这时应当允许当事人对劳动合同有关内容进行变更。一是由于不可抗力的发生，使得原来合同的履行成为不可能或者失去意义。不可抗力是指当事人所不能预见、不能避免并不能克服的客观情况，如自然灾害、意外事故、战争等。二是由于物价大幅度上升等客观经济情况变化致使劳动合同的履行会花费太大代价而失去经济上的价值。这是民法的情势变更原则在劳动合同履行中的运用。

(3)劳动合同的变更形式

应当采用书面形式，变更后的文本由用人单位和劳动者各执一份。

(4)劳动合同的变更程序

1)提出要求。及时向对方提出变更劳动合同的要求，即提出变更劳动合同的主体可以是企业，也可以是职工，无论哪一方要求变更劳动合同，都应该及时向对方提出变更劳动合同的要求，说明变更劳动合同的理由、内容、条件等。

2)做出答复。按期答复对方，即当事人一方在得知对方变更劳动合同的要求后，应在对方规定的期限内给出答复。

3)双方达成书面协议。双方当事人就变更劳动合同的内容经过协商，取得一致意见后，应该达成变更劳动合同的书面协议，书面协议应指明哪些条款有所变更，并明确变更后劳动合同的生效日期，书面协议经双方当事人签字盖章后生效。

(5)劳动合同变更协议书

劳动合同变更协议书的格式范例见表6-2。

表6-2 劳动合同变更协议书的格式范例

甲方:××××公司 乙方: 经甲乙双方协商一致,对双方在____年____月____日签订/续订的劳动合同作如下变更。 一、变更后的内容 二、本协议书一式两份,甲乙双方各执一份。 甲方(盖章)　　　　乙方(盖章) 法定代表人: 或委托代理人(签章) 日期:____年____月____日　　　　日期:____年____月____日

三、劳动合同的解除和终止

解除劳动合同,是指劳动合同订立后,尚未全部履行完毕以前,由于某种原因导致劳动关系提前终止。根据《劳动合同法》的规定,劳动合同的解除主要有劳动者单方解除、用人单位单方解除以及双方协商解除三种情形。单方解除必须依法进行,必须满足法律规定的条件;而协商解除的,只要求双方在内容上、形式上以及程序上合法即可。相比较而言,双方协商解除劳动合同的效果是最好的,极少引发劳动争议纠纷。

1. 协商解除劳动合同

协商解除劳动合同,是指用人单位和劳动者协商一致,解除劳动合同。用人单位与劳动者不仅要对解除劳动合同本身达成一致,还要对一方或者双方提出的解除劳动合同的条件协商一致。比如,用人单位对劳动者提出的竞业限制和培训费用的补偿,劳动者对用人单位提出的解除劳动合同经济补偿金条件。只有双方对附加条件也达成一致,才能协商解除劳动合同。

2. 用人单位要求解除劳动合同

在具备法定条件时,用人单位对劳动合同享有单方解除权,无须双方协商达成一致意见。用人单位单方解除劳动合同,应当事先将理由通知工会。用人单位违反法律、行政法规规定或者劳动合同约定的,工会有权要求用人单位纠正;用人单位应当研究工会的意见,并将处理结果书面通知工会。用人单位单方解除劳动合同有三种情况:

(1)过错性解除劳动合同

在劳动者有过错性情形时,用人单位有权单方解除劳动合同。劳动合同法对过错性解除的程序无严格的限制,且用人单位无须支付劳动者解除劳动合同的经济补偿金。但在解除的条件上有限制性规定,一般适用于试用期内因劳动者不符合录用条件或者劳动者有严重违反规章制度、违法的情形。劳动者有下列情形之一的,用人单位可以解除劳动合同:

1)在试用期间被证明不符合录用条件的;

2)严重违反用人单位的规章制度的;

3)严重失职,营私舞弊,给用人单位造成重大损害的;

4)劳动者同时与其他用人单位建立劳动关系,对完成本单位的工作任务造成严重影响,或者经用人单位提出,拒不改正的;

5)因以欺诈、胁迫的手段或者乘人之危,使对方在违背真实意思的情况下订立或者变更劳动合同的;

6)因劳动者以欺诈、胁迫的手段或者乘人之危,使对方在违背真实意思的情况下订立或者变更劳动合同的情形致使劳动合同无效的;

7)被依法追究刑事责任的。

(2)非过错性解除劳动合同

劳动者本人无过错,但由于主客观原因致使劳动合同无法履行,用人单位在符合法律规定的情形下,履行法律规定的程序后有权单方解除劳动合同。劳动者有下列情形之一的,用人单位有权解除劳动合同:

1)劳动者患病或者非因工负伤,医疗期满后,不能从事原工作也不能从事由用人单位另行安排的工作的。医疗期,是指劳动者根据其工龄等条件,依法可以享受的停工医疗并发给病假工资的期间,也是禁止解除劳动合同的期间。根据我国劳动法规定,医疗期根据劳动者工作年限的长短确定为3～24个月。

2)劳动者不能胜任工作,经过培训或者调整工作岗位,仍不能胜任工作的。

3)劳动合同订立时所依据的客观情况发生重大变化,致使劳动合同无法履行,经用人单位与劳动者协商,未能就变更劳动合同内容达成协议的。

对非过错性解除劳动合同,用人单位应履行提前30日以书面形式通知劳动者本人的义务或者以额外支付劳动者一个月工资代替提前通知义务后,可以解除劳动合同。用人单位选择额外支付劳动者一个月工资解除劳动合同的,其额外支付的工资应当按照该劳动者上一个月的工资标准确定。用人单位还应承担支付经济补偿金的义务。

(3)裁员

裁员是指用人单位为降低劳动成本,改善经营管理,因经济或技术等原因一次裁减 20 人以上或者裁减不足 20 人但占企业职工总数 10%以上的劳动者。用人单位应当在裁员时提前 30 日向工会或者全体职工说明情况，听取工会或者职工的意见后，裁减人员方案经向劳动行政部门报告批准，方可裁减人员。

1)裁员限定的情形

①依照企业破产法规定进行重整的；

②生产经营发生严重困难的；

③企业转产、重大技术革新或者经营方式调整，经变更劳动合同后，仍需裁减人员的；

④其他因劳动合同订立时所依据的客观经济情况发生重大变化，致使劳动合同无法履行的。

2)裁员应当优先保留的人员

为保护劳动者的利益，法律规定用人单位裁减人员时，应当优先留用下列人员：

①与本单位订立较长期限的固定期限劳动合同的；

②与本单位订立无固定期限劳动合同的；

③家庭无其他就业人员，有需要扶养的老人或者未成年人的。

用人单位依法裁减人员，在 6 个月内重新招用人员的，应当通知被裁减的人员，并在同等条件下优先招用被裁减的人员。用人单位应当依法向被裁减人员支付经济补偿金。

3)禁止解除劳动合同的条件

为保护劳动者的合法权益，防止用人单位滥用解除权，法律除规定解除条件和程序、用人单位单方解除劳动合同需征求工会意见外，还规定劳动者有下列情形之一的，用人单位不得依据《劳动合同法》第四十条非过错性解除劳动合同的规定、第四十一条裁员的规定单方解除劳动合同：

①从事接触职业病危害作业的劳动者未进行离岗前职业健康检查，或者疑似职业病病人在诊断或者医学观察期间的；

②在本单位患职业病或者因工负伤并被确认丧失或者部分丧失劳动能力的；

③患病或者非因工负伤，在规定的医疗期内的；

④女职工在孕期、产期、哺乳期的；

⑤在本单位连续工作满 15 年，且距法定退休年龄不足 5 年的；

⑥法律、行政法规规定的其他情形。

3. 劳动者要求解除劳动合同

在具备法律规定的条件时，劳动者享有单方解除权，无须双方协商达成一致意见，也无须征得用人单位的同意。劳动者单方解除劳动合同的情形有：

(1)劳动者预告解除劳动合同

即劳动者履行预告程序后单方解除劳动合同。有两种预告解除:劳动者提前30日以书面形式通知用人单位,可以解除劳动合同;劳动者在试用期内提前3日通知用人单位,可以解除劳动合同。

(2)用人单位有违法、违约情形的,劳动者解除劳动合同

用人单位有下列情形之一的,劳动者可以解除劳动合同:

1)未按照劳动合同约定提供劳动保护或者劳动条件的;

2)未及时足额支付劳动报酬的;

3)未依法为劳动者缴纳社会保险费的;

4)用人单位的规章制度违反法律、法规的规定,损害劳动者权益的;

5)因用人单位以欺诈、胁迫的手段或者乘人之危,使劳动者在违背真实意思的情况下订立或者变更劳动合同而致使劳动合同无效的;

6)法律、行政法规规定劳动者可以解除劳动合同的其他情形。

(3)劳动者有权立即解除劳动合同的情形

在用人单位有危及劳动者人身自由和人身安全的情形时,劳动者有权立即解除劳动合同。用人单位以暴力、威胁或者非法限制人身自由的手段强迫劳动者劳动的,或者用人单位违章指挥、强令冒险作业危及劳动者人身安全的,劳动者可以立即解除劳动合同,不需事先告知用人单位。

4. 劳动合同的终止

劳动合同的终止,是指劳动合同双方当事人的权利义务因履行完毕而归于消灭,劳动合同关系不复存在,劳动合同对用人单位和劳动者双方不再具有法律约束力。

(1)终止的情形

1)劳动合同期满。这主要适用于固定期限劳动合同和以完成一定工作任务为期限的劳动合同两种情形;

2)劳动者开始依法享受基本养老保险待遇。一是已退休;二是个人缴费年限累计满15年或者个人缴费和视同缴费年限累计满15年;

3)劳动者死亡,或者被人民法院宣告死亡或者宣告失踪;

4)用人单位被依法宣告破产;

5)用人单位被吊销营业执照、责令关闭、撤销或者用人单位决定提前解散;

6)法律、行政法规规定的其他情形。

(2)终止的例外情形

一般情况下,劳动合同期满就应终止,劳动关系因此结束,但为了保障某些特殊人群的权益,平衡劳动关系双方的权利义务关系,更大限度地体现法律的公

平公正，在某些特定的情况下，尽管劳动合同已经届满，但法律仍然禁止即行终止劳动合同，而应等到上述特殊情况消失时才可以终止劳动合同，这就是通常所说的例外情形。具有《劳动法》第四十二条情形之一的，应当续延至相应的情形消失时终止。

工伤职工应当依照伤残等级的不同享受相关的工伤待遇。劳动合同到期终止与否，也因伤残等级的不同而有所不同。具体来说，工伤职工伤残等级为一至四级的，应当保留劳动关系，退出工作岗位，享受相关待遇；伤残等级为五到六级的，原则上保留劳动关系，由用人单位安排适当工作，但是，如果工伤职工本人提出终止劳动关系的，由用人单位支付一次性工伤医疗补助金和伤残就业补助金；伤残等级为七到十级的，劳动合同期满终止，由用人单位支付一次性工伤医疗补助金和伤残就业补助金。

第四节　劳动合同管理及意外事件处理

一、劳动合同管理

1. 做好劳动关系档案管理

(1)劳动合同关系档案材料的范围

1)劳动者入职前和入职时的档案材料包括：劳动者入职登记表；身份证件、学历证、学位证、专业资格证书、职称证书复印件；本单位指定医疗机构向劳动者开具的健康状况证明；劳动者如实填写的近亲属及家庭成员关系表；签订的劳动合同；等等。

2)劳动者入职后的档案材料包括：年度体检表、定期由劳动者签名确认的考勤记录、由劳动者签名确认的违反规章制度告知书及惩罚记录、工作表现考核记录、培训记录，等等。

(2)对每个劳动者档案实现一人一档案袋管理。档案袋表面应列有该劳动者的归档材料清单，写明该档案劳动者的姓名、性别、身份证号、所属部门、建档日期、建档人、档案袋里面的材料名称、份数、原件或复印件情况等基本情况，并做好电子查询卡，以便查找和管理。

(3)用人单位根据自身条件设立劳动档案室或档案柜，并指定专人负责劳动档案管理。档案管理人员必须定期检查有关劳动关系归档的文件资料。对于重要的纸质档案材料，应考虑扫描制作成电子档案备份，既便于档案使用和管理，也能够在纸质档案意外损毁时能够以备份的电子档案内容恢复纸质档案，减少档案材料损失。劳动合同关系档案管理人员离职时，必须向档案主管部门履行档案管理交接工作，并在交接清单上签字确认后方可办理离职手续。

(4)做好档案资料分类管理工作。例如可以根据劳动合同期限的长短、是否具有固定期限等因素，进行分别管理。针对短期固定期限劳动合同，可以每个月或每个季度检查一次是否期限已满；针对长期固定期限劳动合同，可以每半年检查一次是否期限已届满；以完成一定任务为期限的劳动合同，可以每个月或者在计划任务完成前一个月检查合同任务是否已完成。所有即将到期的劳动合同，应在合同期限届满 30 日前报请单位领导做出相应的处理，决定续签或是终止劳动合同。

(5)对于发生劳动仲裁或者诉讼的，其劳动合同关系档案中应附有劳动仲裁或者诉讼的全部案卷资料，其中劳动仲裁或者诉讼文件应单独整理组卷。

(6)查看或者借阅劳动合同档案资料的，应尽量采用电子查阅或者提供复印件。必须提供档案原件的，应要求其书面说明借阅理由或者填写档案借阅审批单，报经领导人批示后方可提供，并督促其在 15 日内归还。借阅档案原件逾期归还的，应当及时向领导报告。

(7)在与劳动者解除或终止劳动关系时，应同时为劳动者出具解除或者终止劳动合同的证明，并在 15 日内为劳动者办理档案(指劳动者的人事档案，不同于本章所说的劳动合同关系档案)和社会保险关系转移手续。

2. 做好劳动合同管理中的调查了解与沟通工作

劳动合同履行是一个动态过程，这就决定了劳动合同管理也是一个动态过程。劳动合同管理工作应该围绕劳动合同履行过程发生的问题进行，诸如工作时间、薪酬增减、技能培训、劳动条件、劳动保护等。在对相关问题进行调查了解的基础上，及时与劳动者进行沟通、交心，认真听取劳动者对于劳动合同管理的看法、意见、建议，及时调整劳动合同的管理思路与方法，做到尽早发现问题、及时解决问题，建立和谐的劳动关系。

二、工伤、死亡等意外事件处理

1. 工伤、死亡等突发意外事件的处理程序

出现伤亡事件时第一时间应组织人员抢救并按法律规定履行事故报告义务。事故发生后，事故现场有关人员应当立即向本单位负责人报告；单位负责人接到报告后，应当于 1 小时内向事故发生地县级以上人民政府安全生产监督管理部门和负有安全生产监督管理职责的有关部门报告；情况紧急时，事故现场有关人员可以直接向事故发生地县级以上人民政府安全生产监督管理部门和负有安全生产监督管理职责的有关部门报告。同时迅速组织力量进行现场的保护工作，为以后的责任查明工作奠定基础。在劳动者伤情稳定时应该根据劳动者档

案里记载的家属信息立即通知家属；在劳动者死亡后也应立即通知家属并做好安置安抚工作，防止家属情绪激动出现过激行为。一定要采取以协商为主的处理方式，杜绝引发群体性事件因素的出现，做好局面的控制工作，力求将不良影响降到最低。

2. 工伤认定和赔偿标准

(1)工伤认定标准

职工有下列情形之一的，应当认定为工伤：

1)在工作时间和工作场所内，因工作原因受到事故伤害的；

2)工作时间前后在工作场所内，从事与工作有关的预备性或者收尾性工作受到事故伤害的；

3)在工作时间和工作场所内，因履行工作职责受到暴力等意外伤害的；

4)患职业病的；

5)因工外出期间，由于工作原因受到伤害或者发生事故下落不明的；

6)在上下班途中，受到非本人主要责任的交通事故或者城市轨道交通、客运轮渡、火车事故伤害的；

7)法律、行政法规规定应当认定为工伤的其他情形。

另外，职工在工作时间和工作岗位，突发疾病死亡或者在48小时之内经抢救无效死亡的；在抢险救灾等维护国家利益、公共利益活动中受到伤害的，原在军队服役期间，因战、因公负伤致残，已取得革命伤残军人证，到用人单位后旧伤复发的职工，均视同工伤。

(2)工伤的申请

职工发生事故伤害，所在单位应当自事故伤害发生之日或者被诊断、鉴定为职业病之日起30日内，向统筹地区社会保险行政部门提出工伤认定申请。遇有特殊情况，经报社会保险行政部门同意，申请时限可以适当延长。用人单位未按前款规定提出工伤认定申请的，工伤职工或者其近亲属、工会组织在事故伤害发生之日或者被诊断、鉴定为职业病之日起1年内，可以直接向用人单位所在地统筹地区社会保险行政部门提出工伤认定申请。提出工伤认定申请应当提交的材料包括：工伤认定申请表；与用人单位存在劳动关系(包括事实劳动关系)的证明材料；医疗诊断证明或者职业病诊断证明书(或者职业病诊断鉴定书)等书面材料。职工或者其近亲属认为是工伤而用人单位不认为是工伤的，由用人单位承担举证责任。

(3)赔偿标准

1)职工因工作遭受事故伤害或者患职业病进行治疗，享受工伤医疗待遇。相关费用处理为：

①治疗工伤所需费用符合工伤保险诊疗项目目录、工伤保险药品目录、工伤保险住院服务标准的，从工伤保险基金支付；

②职工住院治疗工伤的伙食补助费，以及经医疗机构出具证明并报经办机构同意，工伤职工到统筹地区以外就医所需的交通、食宿费用，从工伤保险基金支付。工伤保险基金支付的具体标准由统筹地区人民政府规定；

③工伤职工到签订服务协议的医疗机构进行工伤康复的费用，符合规定的，从工伤保险基金支付；

④工伤职工因日常生活或者就业需要，经劳动能力鉴定委员会确认，可以安装假肢、矫形器、假眼、假牙和配置轮椅等辅助器具，所需费用按照国家规定的标准从工伤保险基金支付；

⑤职工因工作遭受事故伤害或者患职业病需要暂停工作接受工伤医疗的，在停工留薪期内，原工资福利待遇不变，由所在单位按月支付；

⑥工伤职工已经评定伤残等级并经劳动能力鉴定委员会确认需要生活护理的，从工伤保险基金按月支付生活护理费。生活护理费按照生活完全不能自理、生活大部分不能自理或者生活部分不能自理 3 个不同等级支付，其标准分别为统筹地区上年度职工月平均工资的 50％、40％或者 30％。

2)职工因工致残被鉴定为一级至四级伤残的，保留劳动关系，退出工作岗位，享受以下待遇：

①从工伤保险基金按伤残等级支付一次性伤残补助金，标准为：一级伤残为 27 个月的本人工资，二级伤残为 25 个月的本人工资，三级伤残为 23 个月的本人工资，四级伤残为 21 个月的本人工资；

②从工伤保险基金按月支付伤残津贴，标准为：一级伤残为本人工资的 90％，二级伤残为本人工资的 85％，三级伤残为本人工资的 80％，四级伤残为本人工资的 75％；

③伤残津贴实际金额低于当地最低工资标准的，由工伤保险基金补足差额；工伤职工达到退休年龄并办理退休手续后，停发伤残津贴，按照国家有关规定享受基本养老保险待遇。基本养老保险待遇低于伤残津贴的，由工伤保险基金补足差额；

④职工因工致残被鉴定为一级至四级伤残的，由用人单位和职工个人以伤残津贴为基数，缴纳基本医疗保险费。

3)职工因工致残被鉴定为五级、六级伤残的，享受以下待遇：

①从工伤保险基金按伤残等级支付一次性伤残补助金，标准为：五级伤残为 18 个月的本人工资，六级伤残为 16 个月的本人工资；

②保留与用人单位的劳动关系，由用人单位安排适当工作。难以安排工作

的，由用人单位按月发给伤残津贴，标准为：五级伤残为本人工资的70%，六级伤残为本人工资的60%，并由用人单位按照规定为其缴纳应缴纳的各项社会保险费；

③伤残津贴实际金额低于当地最低工资标准的，由用人单位补足差额；

④经工伤职工本人提出，该职工可以与用人单位解除或者终止劳动关系，由工伤保险基金支付一次性工伤医疗补助金，由用人单位支付一次性伤残就业补助金。一次性工伤医疗补助金和一次性伤残就业补助金的具体标准由省、自治区、直辖市人民政府规定。

4）职工因工致残被鉴定为七级至十级伤残的，享受以下待遇：

①从工伤保险基金按伤残等级支付一次性伤残补助金，标准为：七级伤残为13个月的本人工资，八级伤残为11个月的本人工资，九级伤残为9个月的本人工资，十级伤残为7个月的本人工资；

②劳动、聘用合同期满终止，或者职工本人提出解除劳动聘用合同的，由工伤保险基金支付一次性工伤医疗补助金，由用人单位支付一次性伤残就业补助金。一次性工伤医疗补助金和一次性伤残就业补助金的具体标准由省、自治区、直辖市人民政府规定。

5）职工因工死亡，其近亲属按照下列规定从工伤保险基金领取丧葬补助金、供养亲属抚恤金和一次性工亡补助金：

①丧葬补助金为6个月的统筹地区上年度职工月平均工资；

②供养亲属抚恤金按照职工本人工资的一定比例发给由因工死亡职工生前提供主要生活来源、无劳动能力的亲属。标准为：配偶每月40%，其他亲属每人每月30%，孤寡老人或者孤儿每人每月在上述标准的基础上增加10%。核定的各供养亲属的抚恤金之和不应高于因工死亡职工生前的工资。供养亲属的具体范围由国务院社会保险行政部门规定；

③一次性工亡补助金标准为上一年度全国城镇居民人均可支配收入的20倍。

三、劳动争议的处理

劳动争议又称劳动纠纷，是指劳动关系双方当事人因执行劳动法律、法规或履行劳动合同、集体合同发生的纠纷。根据我国劳动法律的规定，用人单位与劳动者发生劳动争议，当事人可以依法申请调解、仲裁、提起诉讼，也可以协商解决。这里主要介绍劳动争议的协商和调解。

1. 劳动争议协商

发生劳动争议，劳动者可以与用人单位协商，也可以请工会或者第三方共同与用人单位协商，达成和解协议。

劳动争议发生后，当事人应当协商解决，协商一致后，双方可达成和解协议。但和解协议没有强制履行的法律效力，而是由双方当事人自觉履行。

协商不是处理劳动争议的必经程序，当事人不愿协商或协商不成，可以向本单位所在地的劳动争议调解委员会申请调解，或者向劳动争议仲裁委员会申请仲裁。

2. 劳动争议调解

发生劳动争议，当事人不愿协商、协商不成或者达成和解协议后不自觉履行的，任何一方可以口头或者书面向本单位所在地的调解组织申请调解。

调解委员会接到调解申请后，可依据合法、公正、及时、着重调解原则进行调解。调解委员会调解劳动争议，应当自当事人申请调解之日起 15 日内结束；到期未结束的，视为调解不成，当事人可以向当地劳动争议仲裁委员会申请仲裁。

经调解达成协议的，制作调解协议书。调解协议书由双方当事人签名或者盖章，经调解员签名并加盖调解组织印章后生效，对双方当事人具有约束力，当事人自觉履行。

达成调解协议后，一方当事人在协议约定期限内不履行调解协议的，另一方当事人可以依法申请仲裁；因支付拖欠劳动报酬、工伤医疗费、经济补偿或者赔偿金等事项达成调解协议，用人单位在协议约定期限内不履行的，劳动者可以持调解协议书依法向人民法院申请支付令。人民法院应当依法发出支付令。

协商和调解均不是劳动争议解决的必经程序，当事人不愿调解、调解不成或者达成调解协议后不履行的，可以向劳动争议仲裁委员会申请仲裁。从解决劳动争议的实践来看，协商和调解是最为经济、最为彻底、负面影响最小，也是最为迅速解决劳动争议的方式。

施工项目中的劳动争议尤其涉及农民工的劳动争议往往具有人数多、涉及面广、影响大、受关注度高等特点，施工企业应当从有利于施工生产及建设、和谐劳动关系的大局出发，优先选用协商和调解的方式解决争议，切忌采取过激方式激化矛盾，引起群体性事件。

另外，需要强调的是，无论是进行协商、调解，还是仲裁甚至诉讼，都需要查明事实，分清责任，故而保留证据是十分重要的，这一点应该贯穿于劳动争议处理过程的始终。

第八章　劳务纠纷管理

第一节　劳务纠纷概述

一、劳务纠纷的概念

劳务纠纷也称劳动争议，是指劳动法律关系双方当事人即劳动者和用人单位在执行劳动法律、法规或履行劳动合同过程中，就劳动权利和劳动义务或履行劳动合同、集体合同发生的争执。劳动争议发生在劳动关系领域，具有特定的主体、内容和客体。

1. 劳动争议的主体

劳动争议的主体即劳动争议的当事人，劳动权利与义务的承受者。根据我国《劳动法》和《劳动争议调解仲裁法》的规定，劳动争议的主体包括各类用人单位和职工。职工是指与用人单位订立了劳动合同、建立了劳动关系的全体劳动者，包括企业管理人员、专业技术人员和工人及外籍员工等；不包括公务员及全民所有制教育、医疗卫生、科研机构等事业单位中未与之建立劳动合同关系的教师、医务工作者和专业技术人员。

2. 劳动争议的内容

劳动争议的内容涉及劳动权利与义务，发生在《劳动法》规定权利义务和劳动合同约定的条件范围内；利益争议的内容在法定权利义务之外。

3. 劳动争议的客体

劳动争议的客体即劳动争议主体权利义务所指向的对象，包括行为，如解除劳动合同的通知；物质待遇，如工资、福利待遇等。

二、劳务纠纷的特征

1. 是劳动关系当事人之间的争议

劳动关系当事人，一方为劳动者；另一方为用人单位。劳动者主要是指与在中国境内的企业、个体经济组织建立劳动合同关系的职工和与国家机关、事业组织、社会团体建立劳动合同关系的职工。用人单位是指在中国境内的企业、个体经济组织以及国家机关、事业组织、社会团体等与劳动者订立了劳动合同的单位。不具有劳动法律关系主体身份者之间所发生的争议,不属于劳动纠纷。如果争议不是发生在劳动关系双方当事人之间,即使争议内容涉及劳动问题,也不构成劳动争议。如劳动者之间在劳动过程中发生的争议,用人单位之间因劳动力流动发生的争议,劳动者或用人单位与劳动行政部门在劳动行政管理中发生的争议,劳动者或用人单位与劳动服务主体在劳动服务过程中发生的争议等,都不属于劳动纠纷。

2. 内容涉及劳动权利和劳动义务

劳动纠纷的内容涉及劳动权利和劳动义务,是为实现劳动关系而产生的争议。劳动关系是劳动权利义务关系,如果劳动者与用人单位之间不是为了实现劳动权利和劳动义务而发生的争议,则不属于劳动纠纷的范畴。劳动权利和劳动义务的内容非常广泛,包括就业、工资、工时、劳动保护、劳动保险、劳动福利、职业培训、民主管理、奖励惩罚等。

3. 可表现为非对抗性矛盾和对抗性矛盾

劳动纠纷既可以表现为非对抗性矛盾,也可以表现为对抗性矛盾,而且两者在一定条件下可以相互转化。在一般情况下,劳动纠纷表现为非对抗性矛盾,给社会和经济带来不利影响。

三、引发劳动争议的种类

劳动争议按照不同的标准,可以有不同的分类方法。劳动争议的分类有助于加强对劳动争议的研究。健全劳动争议处理制度的立法,有助于对劳动争议的分析,采取有针对性的措施加以解决和预防。劳动争议的分类可以有以下几种。

1. 从劳动争议的主体上划分

劳动争议都发生在企业与劳动者之间,作为劳动争议的主体、当事人,企业一方是确定的,而职工一方当事人的人数则有多少的区别。

(1)个别劳动争议。个别劳动争议指个别职工与企业之间发生的劳动争议。

(2)集体劳动争议。集体劳动争议指发生劳动争议的劳动者一方当事人达到法定的人数并且具有共同的争议理由。《劳动争议调解仲裁法》规定,发生劳动争议的劳动者一方在 10 人以上,并有共同请求的,可以推举代表参加调解、仲裁或者诉讼活动。集体劳动争议必须具备如下两个条件:

1)劳动者一方当事人不能是 1 人,而应当是多人,符合法定的人数,即 10 人以上。

2)10 人以上的劳动者当事人必须有共同的争议原因和请求，即对权利义务有共同的请求。简言之，劳动争议当事人发生争议的原因是共同的，每个当事人的请求也是共同的，不存在个人的独立请求。集体劳动争议的职工当事人，应当推举代表参加调解、仲裁或者诉讼，他的活动对所有的劳动者当事人都是有效的。

集体劳动争议的处理程序与个别劳动争议的处理程序是基本相同的。但《劳动争议仲裁委员会办案规则》规定，对劳动者一方在 30 人以上的集体劳动争议适用案件特别审理程序。

(3)团体争议。团体争议指以工会组织为一方，代表劳动者与企业、事业单位因签订和执行集体合同而发生的争议，这类争议目前在我国劳动争议处理程序的立法中尚未涉及。

2. 从劳动争议的客体上划分

从劳动争议涉及的劳动关系上区分，可分为：

(1)因执行劳动法律、法规、集体合同和劳动合同的规定而发生的劳动争议。这类劳动争议是对法定的或合同约定的劳动权利的实现进行的争议，即一方当事人不按规定履行义务，而侵犯对方的合法权益，也叫权利争议。

(2)因为确定或者变更劳动者的权利与义务而发生的劳动争议。这类劳动争议是劳动争议双方当事人为确定某种权利义务关系或变更原定的权利义务关系引起的争议，这里所说的确定或变更的劳动权利义务都是原来没有确定的，是新的内容，也称为利益争议。这主要是指集体谈判发生争议的情况。

3. 从劳动争议的性质上划分

(1)从劳动争议的性质上划分，劳动争议可分为社会主义性质的劳动争议和资本主义性质的劳资纠纷。在资本主义制度下，劳动争议带有尖锐的对立性。

(2)从劳动争议的性质上分，劳动争议还可分为因政治地位权利引起的劳动争议，如因参加、组织工会及举行罢工与企业产生的争议；因经济利益产生的争议，如要求增加工资等。性质不同的劳动争议处理程序也不相同。

第二节　劳务纠纷常见类型

一、劳务分包合同纠纷

在目前的建筑市场上，建筑工程施工总承包单位对所承包的工程进行必要的专业工程分包和劳务作业分包已成为建筑业发展的必然趋势；随着劳务作业分包这种用工形式的大量增加，劳务纠纷以及与其有关的其他纠纷逐渐增多。

这些纠纷根据法律关系的性质不同主要分为建设工程劳务分包合同纠纷和建设工程劳务分包引起的劳动争议纠纷，其中建设工程劳务分包合同纠纷为数最多。

劳务分包合同纠纷主要分为两大类，一类系与劳务分包合同效力有关的纠纷，另一类为劳务分包合同违约纠纷；对于必须进行招标的劳务分包工程，还会出现劳务分包黑白合同纠纷。

1. 劳务分包合同效力纠纷

劳务分包合同效力纠纷是指合同双方当事人就劳务分包合同法律效力的有无发生的争议，一般合同一方主张劳务分包合同合法有效，对双方当事人具有法律拘束力，合同另一方主张合同无效，合同条款对合同双方没有法律拘束力。

任何一种合同均可能存在效力之争，劳务分包合同也不例外，甚至该类纠纷已经是劳务纠纷中的一大类。这是因为在工程实践中，不合法、不规范的劳务分包情况大量存在。

(1)劳务分包合同的生效要件

劳务分包合同是建设工程合同的一种，认定其法律效力应该适用《合同法》关于合同效力的相关规定；同时签订劳务分包合同亦是一种民事法律行为。综合《合同法》第五十二条关于无效合同情形的规定和《民法通则》第五十五条关于民事法律行为生效条件的规定，劳务分包合同的生效要件包括如下几项：

1)缔约人具有相应的缔约能力

缔约能力就是行为能力，它是指当事人能够签订合同的资格。行为人具有相应的行为能力的要件，在学理上又被称为有行为能力原则或主体合格原则。《最高人民法院关于适用〈中华人民共和国合同法〉若干问题的解释》第十条规定："当事人超越经营范围订立合同，人民法院不因此认定合同无效。但违反国家限制经营、特许经营以及法律、行政法规禁止经营规定的除外。"建设工程劳务分包恰恰是国家限制经营的领域。《建筑法》《建筑业企业资质管理规定》和《房屋建筑和市政基础设施工程施工分包管理办法》均明确规定，劳务分包合同的双方当事人均应当具备相关资质要求，特别是劳务作业承包人应具备相关作业种类的劳务承包资质。因为自然人无法取得劳务承包资质，所以自然人没有缔结劳务分包合同的缔约能力。只有取得相关作业种类的劳务承包资质的法人和其他组织才具有缔结劳务分包合同的缔约能力。

2)意思表示真实

所谓意思表示，指向外部表明意欲发生一定私法上法律效果之意思的行为。意思表示的构成要素包括效果意思、表示意思和表示行为。关于表示意思是否为意思表示的构成要素，学说上存在分歧。意思表示上的意思指效果意思。表意者内心意欲发生法律上效果的意思，为内心的效果意思，即所谓真意。表示行为，指以书面或口头等形式将意思外部化的行为有以上意思表示的构成要素即可成立意思表示，但意思表示要发生法律效力还必须是真实的，意思表示真实是合同生效的重要构成要件。所谓意思表示真实，是指表意人的表示行为应当真实地反映其内心的效果意思；也就是说，意思表示真实要求表示行为应当与效果意思相一致。由于合同在本质上乃是当事人之间的一种合意，此种合意符合法律规定，依法律可以产生法律拘束力；而当事人的意思表示能否产生此种拘束力，则取决于此种意思表示是否同行为人的真实意思相符合，也就是说取决于当事人意思表示是否真实。因此，意思表示真实是合同生效的重要构成要件，意思表示不真实的情况通常可以分为意思表示不一致和意思表示不自由，意思表示不一致包括真意保留、虚伪表示、错误等，意思表示不自由包括欺诈、胁迫等。

在劳务分包合同中，意思表示真实即要求合同内容是合同双方当事人的内心真意。

3)不违反法律和行政法规的效力性强制性规定

从法律上看，合同之所以能产生拘束力是因为合同的内容和形式符合法律规定；如果合同内容违反法律规定，合同就不会得到法律的保护，合同也就不会对当事人产生拘束力。此处的“法律”仅指全国人民代表大会及其常务委员会制定并颁布的法律；“行政法规”指国务院制定并颁布的行政规范。

并不是违反任何法律或行政法规的规定均会导致合同无效。法律规范按权利义务的刚性程度可以分为任意性规范和强制性规范，所谓任意性规范是允许法律主体变更、选择适用或者排除适用的法律规范；强制性规范是指必须依照法律适用、不能以个人意志予以变更和排除适用的法律规范。所以只有违反法律和行政法规的强制性规定的合同才可能不具有法律效力。

4)不损害公共利益

我国现行法律中所谓“公共利益”，在性质和作用上与公序良俗原则相当。所谓公序良俗原则，指法律行为的内容及目的不得违反公共秩序和善良风俗。各国均确立了违反公序良俗的合同无效的原则，我国虽然没有采用公序良俗的概念，但确立了公共利益的概念。根据《合同法》第五十二条的规定，损害社会公共利益的合同无效。在我国，一般认为公共利益主要包括两大类，即公共秩序和公共道德两个方面。业内通说认为公序良俗违反行为的类型包括：

①危害国家公序行为类型；

②危害家庭关系行为类型；

③违反人权和人格尊重行为类型；

④限制经济自由行为类型；

⑤违反公正竞争行为类型；

⑥违反消费者保护行为类型；

⑦违反劳动者保护行为类型；

⑧暴利行为类型。

对于劳务分包合同来说，不损害公共利益就意味着合同内容不得损害上述8个方面的公共秩序和公共道德。

(2)劳动分包合同的无效情形

无效合同，是指虽然已经成立但不具备法律规定的生效条件，不发生法律效力的合同。这里所说的不发生法律效力，是指不发生合同当事人缔约时所期望的法律效果，而不是指不发生任何法律后果。在合同无效的情况下，也会发生一定的民事法律后果，如返还财产、损害赔偿等。

无效合同在性质上是自始无效和绝对无效的合同，这是无效合同违法性的本质所决定的。对这类合同，当事人无须向法院或仲裁机构主张其无效，也不得履行，已经开始履行的，应立即停止履行。

根据《合同法》第五十二条的规定，有下列情形之一的劳务分包合同无效：

1)一方以欺诈、胁迫的手段订立合同，损害国家利益；

2)恶意串通，损害国家、集体或者第三人利益；

3)以合法形式掩盖非法目的；

4)损害社会公共利益；

5)违反法律、行政法规的强制性规定。

最常见的劳务分包合同无效的情形如下：

1)没有经营资格。没有经营资格是指没有从事建筑经营活动的资格。根据企业登记管理的有关规定，企业法人或者其他经济组织应当在经依法核准的经营范围内从事经营活动。《建筑市场管理规定》第十四条规定承包工程勘察、设计、施工和建筑构配件、非标准设备加工生产的单位(以下统称承包方)，必须持有营业执照、资质证书或产品生产许可证、开户银行资信证明等证件，方准开展承包业务，对从事建设工程承包业务的企业明确提出了必须具备相应资质条件的要求。

另外，建设工程承包合同的标的是建设工程项目，工程的质量关系到人民生命和财产的安全，其发包和承包属于国家严格管制的范围，根据最高人民法院法发[1993]8号文件《全国经济审判工作座谈会纪要》的精神，凡承包人没有从事建筑经营活动资格而订立的合同应当认定无效。

2)超越资质等级。《工程勘察和设计单位资格管理办法》和《工程勘察设计单位登记管理暂行办法》规定，工程勘察设计单位的资质等级分为甲、乙、丙、丁四级，不同资质等级的勘察设计单位承揽业务的范围有严格的区别；而根据《建筑业企业资质管理规定》，建筑安装企业应当按照《建筑业企业资质证书》所核定的承包工程范围从事工程承包活动，无《建筑业企业资质证书》或擅自超越《建筑业企业资质证书》所核定的承包工程范围从事承包活动的，由工程所在地县级以上人民政府建设行政主管部门给予警告、停工的处罚，并可处以罚款。

实践中有人认为，施工企业的资质等级不是固定不变的，如果施工企业虽未持有与所承揽的建设项目相适应的资质等级证书，但确已具备《施工企业资质等级标准》规定的可上浮与建设项目的要求相符的等级条件，具有完成施工任务、交付合格或优良工程的能力的，不应仅因为其资质条件在形式上存在欠缺而认定合同无效。这种看法是有一定道理的。但是，为了严格资质管理的规定，即使在这种情况下，承包企业仍应履行严格的审批手续，所订合同才具有法律效力。

《建筑业企业资质管理规定》规定，少数市场信誉好、素质较高的企业，经征得业主同意和工程所在省、自治区、直辖市人民政府建设行政主管部门批准后，可适度超出所核定的承包工程范围承揽工程。

3)跨越省级行政区域承揽工程，但未办理审批许可手续。根据《建筑市场管理规定》第十五条规定，跨省、自治区、直辖市承包工程或者分包工程、提供劳务的施工企业，应当持单位所在省、自治区、直辖市人民政府建设行政主管部门或者国务院有关主管部门出具的外出承包工程的证明和资质等级证书等证件，向工程所在省、自治区、直辖市人民政府建设行政主管部门办理核准手续，并到工商行政等机关办理有关手续。勘察、设计单位跨省承揽任务的，应依照《全国工程勘察、设计单位资格认证管理办法》的有关规定办理类似的许可手续。

4)违反国家、部门或地方基本建设计划。建设工程承包合同的显著特点之一就是合同的标的具有计划性，即工程项目的建设大多数必须经过国家、部门或者地方的批准。《建设工程施工合同管理办法》规定，工程项目已经列入年度建设计划的方可签订合同。《工程建设施工招标投标管理办法》和一些地方性法规如《广西壮族自治区建设工程施工招标投标管理条例》《北京市建设工程施工招标投标管理暂行办法》等也有同样的规定。因此，凡依法应当申请国家和地方有关部门批准而未获批准，没有列入国家、部门和地方的基本建设计划而签订的合同，由于合同的订立没有合法依据，应当认定合同无效。

实践中，有的工程建设项目虽系根据经过批准的建设计划进行建设，但在建设过程中由于种种原因擅自增加投资，扩大建设规模。对于此类承包合同，应分别据情况认定合同的效力：如果在合同履行过程中或合同履行完毕后，建设单位擅自增加的建设计划经过有关部门确认，补办了有关审批手续的，应当确认合同的效力；如果建设计划中擅自增加的部分未取得有关部门的确认并补办有关审批手续，应当确认合同部分无效。

5)未取得或者违反《建设工程规划许可证》的规定。《建设工程规划许可证》是新建、扩建、改建建筑物、构筑物和其他工程设施等申请办理开工许可手续的法定条件,由城市规划行政主管部门根据规划设计要求核发。没有该证或者违反该证的规定进行建设,影响城市规划但经批准尚可采取改正措施的,可维持合同的效力;严重影响城市规划的,因合同的标的系违法建筑而导致合同无效。

6)未取得《建设用地规划许可证》。《中华人民共和国城市规划法》第三十一条规定,在城市规划区内进行建设,需要申请用地的,必须持国家批准建设项目的有关文件,向城市规划行政主管部门申请定点,由城市规划行政主管部门核定其用地位置和界限,提供规划设计条件,核发建设用地规划许可证。取得建设用地规划许可证是申请建设用地的法定条件。无证取得用地的,属非法用地,以此为基础而进行的工程建设显然属于违法建设合同即因内容违法而无效。

7)未依法取得土地使用权。进行工程建设,必须合法取得土地使用权。任何单位和个人没有依法取得土地使用权(如未经批准或采取欺骗手段骗取批准)进行建设的,均属非法占用土地,合同的标的—建设工程为违法建筑物,导致合同无效。实践中,如果施工承包合同订立时,发包方尚未取得土地使用证的,应区别不同情况认定合同的效力;如果发包方已经取得《建设用地规划许可证》,并经土地管理部门审查批准用地,只是用地手续尚未办理完毕未能取得土地使用证的,不应因发包方用地手续在形式上存在欠缺而认定合同无效;如果未经审查批准用地的,合同无效。

8)未依法办理报建手续。为了有效掌握建设规模,规范工程建设实施阶段程序管理,统一工程项目报建的有关规定,达到加强建筑市场管理的目的,原建设部于 1994 年颁布《工程建设项目报建管理办法》,简称《办法》,实行严格的报建制度。根据该《办法》的规定,凡未报建的工程建设项目,不得办理招标投标手续和发放施工许可证,设计、施工单位不得承接该项工程的设计和施工任务。

9)未办理招标投标手续。《建筑市场管理规定》和《工程建设施工招标投标管理办法》规定,凡政府和公有制企、事业单位投资的新建、改建、扩建和技术改造的工程项目,除某些不宜招标的军事、保密等工程,以及外商投资、国内私人投资、境外个人捐资和县级以上人民政府确认的抢险、救灾等工程可以不实行招投标以外,必须采取招标投标的方式确定施工单位。对于应实行招标投标确定施工单位而未实行即签订合同的,合同无效,如果工程尚未开工,不准开工;如果已经开工,则责令停止施工。

10)无效根据定标结果。依法实行招标投标确定施工单位的工程,招标单位应当与中标单位签订合同。中标是承包单位与发包单位签订合同的依据,如果定标结果是无效的,则所订合同因无合法基础而无效。

11)非法转包。转包可分为全部工程整体转包与肢解工程转包两种基本形式。转包行为有损发包人的合法权益,扰乱建筑市场管理秩序,为《建筑法》等法律、法规和规章明文禁止。

12)不符合分包条件。承包人欲将所承包的工程分包的,应当征得发包人的同意,并且分包工程的承包人必须具备相应的资质等级条件。分包单位所承包的工程不得再行分包。凡违反规定分包的合同均属无效合同。

13)违法垫资施工。合同内容违法是多方面的,实践中较为突出的是关于带资、垫资施工的约定。垫资往往是发包方强行要求的,也有施工单位以垫资作为竞争手段以达到能承揽工程的目的的情况。1996 年 6 月,原建设部、国家计委和财政部联合颁布了《关于严格禁止在工程建设中带资承包的通知》,指出这类行为不仅干扰了国家对固定资产投资的宏观调控和工程建设的正常进行,严重影响了投资效益的提高,也加重了建筑业企业生产经营的困难,必须禁止。并规定任何建设单位都不得以要求施工单位垫资承包作为招标投标条件,更不得强行要求施工单位将此类内容写入工程承包合同。对于在工程建设过程中出现的资金短缺,应由建设单位自行筹集解决,不得要求施工单位垫款施工。同时也规定施工单位不得以带资承包作为竞争手段承揽工程。因此,凡是关于垫资、带资、垫款等约定的条款,都是无效的;以带资、垫资作为合同生效和履行的先决条件或者要求全部垫资的,合同无效,合同的双方当事人应当根据各自的过错,分别承担相应的民事责任。

实践中有人认为,以包工包料的方式承包的,可以要求施工单位先自行筹资、备料施工后结算,并认为这种承包方式不属于带资承包的范围。这种认识是错误的。以包工包料的形式发包,并不能改变建设单位在施工前支付备料款、施工过程中及时支付工程进度款的责任。

但应注意,关于禁止带资、垫资施工的规定也有例外,根据《关于严格禁止在工程建设中带资承包的通知》,外商投资建筑业企业依据我国有关规定,在我国境内带资承包工程是被允许的。

14)采取欺诈、胁迫的手段。这两种情形并不鲜见。一些不法分子虚构、伪造工程项目情况,以骗取财物为目的,引诱施工单位签订所谓“施工承包合同”。有的不法分子则强迫投资者将建设项目由其承包。凡此种种,不仅合同无效,而且极有可能触犯刑律。

15)损害国家利益和社会公共利益。例如以搞封建迷信活动为目的,建造庙堂、宗祠的合同即为无效合同。

16)违反国家指令性建设计划。《合同法》第二百七十三条规定,国家重大建设工程合同的订立,应当符合国家规定的程序和国家批准的投资计划、可行性研究报告等要求。国家指令性计划对国家重大建设工程项目建设的作用不言而喻。

2. 劳务分包合同违约纠纷

劳务分包合同违约纠纷系指合同双方因合同一方未按劳务分包合同的约定全面适当地履行合同义务而发生的纠纷。劳务作业发包人最常见的违约行为是拒绝或迟延支付合同价款；而劳务作业承包人最常见的违约行为是劳务作业质量不合格或工期迟延。绝大多数劳务分包合同违约纠纷为以下3种情形之一。

(1)劳务作业发包人拒绝或迟延支付合同价款

《合同法》第六十七条规定："当事人互负债务，有先后履行顺序，先履行一方未履行的，后履行一方有权拒绝其履行要求。先履行一方履行债务不符合约定的，后履行一方有权拒绝其相应的履行要求。"本条是关于先履行抗辩权的规定。根据该法律规定，在因劳务作业承包人原因导致的拒绝或迟延支付的情况下，劳务作业承包人违约在先，劳务作业发包人有权拒绝或迟延支付合同价款且无须因此向劳务作业承包人承担违约责任，而劳务作业承包人须就其违约行为向劳务作业发包人承担相应的违约责任。

相反，根据合同严守原则，如果劳务作业承包人按合同约定适当履行了相应的合同义务，劳务作业发包人应严格按合同约定履行付款义务。所以在因劳务作业发包人自身原因导致的拒绝或迟延支付合同价款的情况下，劳务作业发包人须向劳务作业承包人承担拒绝或迟延支付的违约责任。

一般情况下，劳务分包合同双方会在合同中明确约定迟延支付合同价款的违约责任；如果合同中没有约定或约定不明，劳务作业发包人即应按《合同法》及《司法解释》的规定承担违约责任。劳务作业发包人无正当理由迟延支付工程款的法律后果主要包括：

1)劳务作业发包人应根据合同约定或法律规定支付迟延支付合同价款的违约金或利息。《司法解释》第十七条规定，当事人对欠付工程价款利息计付标准有约定的，按照约定处理；没有约定的，按照中国人民银行发布的同期同类贷款利率计息。《司法解释》第十八条规定，利息从应付工程价款之日计付。当事人对付款时间没有约定或者约定不明的，下列时间视为应付款时间：

①建设工程已实际交付的，为交付之日；

②建设工程没有交付的，为提交竣工结算文件之日；

③建设工程未交付，工程价款也未结算的，为当事人起诉之日。

2)劳务作业承包人有权停工，并有权要求劳务作业发包人支付因停工、窝工造成的损失，同时工期顺延。《合同法》第二百八十三条规定："发包人未按照约定的时间和要求提供原材料、设备、场地、资金、技术资料的，承包人可以顺延工程日期，并有权要求赔偿停工、窝工等损失。"需要注意的是，如果劳务作业发包人按合同约定支付的违约金或利息已经足以弥补劳务作业承包人停工窝工的损失，则劳务作业承包人不能要求劳务作业发包人在支付违约金或利息的同时再赔偿停工窝工损失。

3)劳务作业发包人承担因此导致的合同解除的法律责任。《司法解释》第九条规定，发包人具有下列情形之一，致使承包人无法施工，且在催告的合理期限内仍未履行相应义务，承包人请求解除建设工程施工合同的，应予以支持：

①未按约定支付工程价款的；

②提供的主要建筑材料、建筑构配件和设备不符合强制性标准的。

4)劳务作业承包人有权要求对建设工程进行优先受偿。《合同法》第二百八十六条规定："发包人未按照约定支付价款的，承包人可以催告发包人在合理期限内支付价款。发包人逾期不支付的，除按照建设工程的性质不宜折价、拍卖的以外，承包人可以与发包人协议将该工程折价，也可以申请人民法院将该工程依法拍卖。建设工程的价款就该工程折价或者拍卖的价款优先受偿。"据此，劳务作业承包人在要求支付应付结算款未果的情况下依法就该建设工程享有优先受偿权；但劳务作业承包人在主张优先受偿权时须符合《最高人民法院关于建设工程价款优先受偿权问题的批复》规定的限制性条件，即优先受偿权的行使须自竣工之日起或自合同约定的竣工之日起六个月内行使，且不得对抗已支付全部或部分房价款的买房人。

(2)劳务作业质量不合格

提供质量合格的劳务作业是劳务作业承包人的主要义务。劳务作业质量不合格，劳务作业承包人须根据合同约定或法律规定向劳务作业发包人承担违约责任。通常情况下，劳务分包合同双方会在合同中约定劳务作业质量不合格的违约责任；如果双方在合同中没有约定或约定不明，则合同双方应按《合同法》第二百八十一条的规定承担违约责任。《合同法》第二百八十一条规定，因施工人的原因致使建设工程质量不符合约定的，发包人有权要求施工人在合理期限内无偿修理或者返工、改建。经过修理或者返工、改建后，造成逾期交付的，施工人应当承担违约责任。

其次，《建筑工程质量管理条例》第二十七条规定，总承包单位依法将建设工程分包给其他单位的，分包单位应当按照分包合同的约定对其分包工程的质量向总承包单位负责，总承包单位与分包单位对分包工程的质量承担连带责任。《房屋建筑和市政基础设施工程施工分包管理办法》第十六条规定，分包工程承包人应当按照分包合同的约定对其承包的工程向分包工程发包人负责。分包工程发包人和分包工程承包人就分包工程对建设单位承担连带责任。根据上述规定，如果劳务作业质量不合格，不仅劳务作业发包人有权要求劳务作业承包人承担质量违约责任，而且建设单位亦有权要求劳务作业承包人承担质量责任。

再次，《合同法》第二百八十二条规定，因承包人的原因致使建设工程在合理使用期限内造成人身和财产损害的，承包人应当承担损害赔偿责任。根据上述规定，如果劳务作业质量不合格导致建设工程在合理使用期内造成人身和财产损害的，劳务作业承包人还应当承担损害赔偿责任。

(3)劳务作业工期延误

工期延误是指工程的实际进度落后于计划进度的情况。《合同法》第二百八十三条规定，发包人未按照约定的时间和要求提供原材料、设备、场地、资金、技术资料的，承包人可以顺延工程日期，并有权要求赔偿停工、窝工等损失。根据该条规定和公平原则，劳务分包合同一般会约定：由于建设单位、劳务作业发包人原因造成的工期延误和不可抗力造成的工期延误应当顺延。即使合同没有此类约定，对于建设单位、劳务作业发包人原因及不可抗力造成的工期延误，劳务作业承包人也可以根据上述法律规定主张工期顺延。

在以工期索赔为主的劳务分包合同纠纷中，劳务作业承包人一般会主张工期应予顺延，劳务作业发包人一般主张工期不应顺延；在此等情况下，劳务作业承包人承担举证责任，劳务作业承包人必须证明存在导致工程顺延的事实，如果劳务作业承包人无法证明，则工期不顺延。工期可顺延的情况一般包括：

1)劳务作业发包人原因造成的工期延误

①劳务作业发包人迟延支付预付款或进度款导致劳务作业承包人无法继续施工。如果发生劳务作业发包人迟延付款且经催告仍不支付的情况，且施工合同没有特别约定，劳务作业承包人有权停工；因此造成工期延误的，停工期间给予顺延；如果劳务作业承包人并没有因为劳务作业发包人迟延付款而停工，那么工期能否顺延？我们认为只要劳务作业承包人存在部分停工的情况就应该顺延工期。因为劳务作业发包人在明知迟延付款将会对工程建设造成不利影响的情况下仍然迟延付款，且发生了劳务作业承包人停工或部分停工的实际不利后果，劳务作业发包人应对停工或部分停工的结果承担责任；故工期应予以顺延。

②劳务作业发包人迟延提供施工条件，包括劳务作业发包人未按合同约定时间提供施工图纸、施工场地、工程地质和地下管线等相关技术资料，导致劳务作业承包人无法施工。在上述情况下，开工日期从劳务作业发包人提供满足施工要求的施工条件之日起开始计算。

③劳务作业发包人提供的施工图纸、工程地质和地下管线等相关技术资料错误，造成劳务作业承包人停工、窝工、返工。在此等情况下，劳务作业承包人停工、窝工、返工的期间应予顺延。

④劳务作业发包人未按合同约定提供符合要求的材料、设备，包括未按时提

供材料设备,或所提供材料、设备的质量、数量与合同约定不符。在上述情况下,劳务作业发包人迟延供货的期间应予顺延。

⑤建设单位或监理人指示延误或错误,造成劳务作业承包人停工、窝工、返工。在此等情况下,劳务作业承包人停工、窝工、返工的期间应予顺延。

2)建设单位应承担的风险

建设单位应承担的风险是指非建设单位原因造成的应由建设单位承担工期损失的风险。一般来说,建设单位应承担的风险主要包括文物和地下障碍物、古树名木、不利地下条件、指定分包迟延及民扰等。

①不利地下条件是指承包人不能预见的对施工不利的水文、地质等地下条件。不论施工中出现的不利地下条件是招标文件、施工图纸和地质勘测资料中陈述错误的,还是上述文件中没有提及的,一般都是承包人难以预料的。按照公平原则和建设工程施工合同的承揽性质,此类风险应属于建设单位应承担的风险,由该类风险造成的工期延误应予顺延。

②文物和地下障碍物、古树名木情况类似于不利地下条件,由此等原因造成的工期延误应予顺延。

③指定分包迟延。一般情况下,施工总承包人应对其专业分包工程的分包单位的行为向建设单位承担责任。但如果专业分包单位是建设单位直接指定的,而不是施工总承包人自由选择的,依据《司法解释》第十二条的规定,因指定专业分包人导致的工期延误的损失应由建设单位承担。故由于指定分包单位造成的工期延误应予顺延。

3)不可抗力和恶劣气候条件

不可抗力是一项公认的免责条款,指不是由于合同当事人的过失或疏忽,而是由于发生了合同当事人在签订合同时无法预见、无法预防、无法避免和无法控制的事件,以致不能履行或不能如期履行合同,发生意外事件的一方可以免除履行合同的责任或者推迟履行合同。《中华人民共和国民法通则》将不可抗力定义为:不能预见、不能避免和不能克服的客观情况。不可抗力通常被认为包括自然现象和社会现象两种,自然现象诸如地震、台风、洪水、海啸,社会现象如战争、海盗、罢工、政府行为等。由于不可抗力造成的工期延误理所当然可以顺延。

恶劣气候条件是指尚未达到不可抗力的程度但是已经严重影响了劳务作业承包人的正常施工的气候条件。对于恶劣气候条件造成的工期延误能否顺延这一问题,业内一直存在不同的认识。从国际工程惯例来看,一般认为恶劣气候条件属于建设单位应承担的风险。我们认为在我国目前的市场竞争条件下,从公平原则出发考虑,应将恶劣气候条件纳入建设单位承担的风险中,即由恶劣气候条件造成的工期延误应给予顺延。

4)工程变更或工程量增加

在实际施工过程中,工程变更和额外增加的工作一般会对工期造成不利影响。因为如果发生工程变更,一般会涉及等待变更指令、协商工程变更价款及提出施工方案等,所以一般认为在工程变更或工程量增加的情况下工期应予顺延。但是,如果工程变更不在关键线路上或增加的工程量比较少,一般工期不会因此受到影响的,工期不应顺延。无论是哪种情况,劳务作业承包人因工程变更或工程量增加主张顺延工期时必须承担举证责任。

3. 劳务分包黑白合同纠纷

对于必须进行招标的劳务分包工程,合同双方为了规避建设行政主管机关对于中标合同备案审查,有时会就一项劳务分包工程签订实质内容不同的“黑白”两份合同。黑合同用于实际履行,白合同用于备案审查。黑白两份合同通常在合同价款、支付方式、工期、劳务作业质量标准等方面存在明显差异。在这种情况下,合同双方在进行工程结算时有时会因合同依据的确定而发生争议,一般情况下,劳务作业承包人会主张合同价款高的白合同为工程结算依据,劳务作业发包人会主张合同价款低且实际履行的黑合同为工程结算依据。

建筑工程施工领域的“黑白合同”,其表现形式有很多,按照不同的标准可以分为下面几种情形,对于这些“黑白合同”的法律效力要作具体分析:

(1)根据两份合同签订的时间先后顺序,“黑白合同”主要有两种表现形式

1)“黑合同”产生于“白合同”之前的情形,在实际中又可以分为两种不同的情况。一是,建设单位在工程招标前与投标人进行实质性谈判,要求投标者承诺中标后按投标文件签订的合同不作实际履行,另行按招投标之前约定的条件签订合同并实际履行,以压低工程款或让施工单位垫资承包等;二是,建设单位在与施工单位直接签订建设工程合同后,由施工单位串通一些关系单位与招标单位配合进行徒具形式的招投标并签订双方明确不实际履行的合同,或者干脆连招投标形式都不要,而直接编造招投标文件和与招投标文件相吻合的合同,用以备案登记而不实际履行。

上述情况属于典型的虚假招投标,是串标行为,违反《合同法》第五十二条、《招标投标法》第四十三条、第五十五条的规定,所签订的无论是“黑合同”还是“白合同”,均为无效合同。

2)另一种情形是“黑合同”产生于“白合同”之后,即在发包人与承包人按招投标程序签订一份备案合同之后,再根据双方协商对备案合同进行实质内容变更,签订实际履行的私下协议或补充协议。此种情况,如果“白合同”的成立合法有效,是依据招投标文件、中标通知书签订的中标合同,建设方利用优势迫使承包方接受其不合理要求,订立与“白合同”实质性内容相背离的合同,或者承包方

以优势迫使建设方签订，或者双方为了共同利益而签订，由此形成的合同即为“黑合同”。可见，在这种情况下，“黑合同”内容并不是合同双方的真实意愿。

依据招投标法第四十六条规定，招标人和中标人应当自中标通知书发出之日起30日内，按照招标文件和中标人的投标文件订立书面合同。招标人和中标人不得再行订立背离合同实质性内容的其他协议。而“黑合同”的签订违反了该条规定中的“招标人和中标人不得再行订立背离合同实质性内容的其他协议。“黑合同”因其内容违反这一规定而无效。

(2)根据两份合同的价格高低，“黑白合同”存在以下两种情形

1)“白合同”价格高于“黑合同”的价格。这种情况在建筑工程领域中最为普遍。由于建筑市场的买方市场格局，承包商为了获取工程，往往将工程价格压到远低于定额价格的程度，但建设行政主管部门对合同价格的审批却主要以定额为依据，如果建设方用双方按市场价格签订的合同去报批则很有可能因低于所谓的成本而被否决。因此，现实中双方往往达成一致，签订两份合同，即一份报批的“白合同”，另一份是双方将要实际履行的合同。

2)“白合同”的价格低于“黑合同”的价格。这种情况主要在房地产开发领域中比较常见。根据《城市房地产开发经营管理条例》第二十三条规定，房地产开发企业预售商品房，应当符合下列条件：……3. 按提供的预售商品房计算，投入开发建设的资金达到工程建设总投资的25%以上，并已确定施工进度和竣工交付日期。在实践中，房地产开发企业为了达到尽快预售商品房的目的，往往会与承包商签订两份合同，一份为报批的“白合同”，此合同的价款较低，目的是为了尽快满足投资额25%的预售条件；另一份是双方准备实际履行的“黑合同”，此合同的价款准确反映了市场情况，是双方真实意思的表示。房地产开发企业的这种规避法律的行为显然是违法的，但并未违反效力规定，我们应把对这种违法行为的行政处罚与对合同效力的认定区分开，不能因此而否认双方之间签订的“黑合同”的效力。

二、劳务分包中劳动争议纠纷

劳务分包中劳动争议纠纷是指发生在劳务分包过程中的劳动者和用人单位(包括劳务作业发包人和劳务作业承包人)就劳动权利和劳动义务关系所产生的争议。劳务分包中劳动争议主要有两种类型，一种是劳动者主张用人单位支付劳动报酬；一种是劳动者主张用人单位承担工伤赔偿责任。

上述两种劳动争议纠纷大量产生的直接原因是劳务分包作业中的劳动者与劳务作业发包人或劳务作业承包人之间没有签订书面的劳动合同。劳动者主张与劳务作业发包人或劳务作业承包人之间存在劳动关系，而劳务作业发包人或

劳务作业承包人否认与劳动者存在劳动关系。

1. 劳动者主张劳务作业发包人或劳务作业承包人支付劳动报酬

这种劳动争议主要是由以下两种原因造成：

(1)劳务作业发包人为了降低用工成本选择与不具备用人资格的施工队伍的负责人(俗称"包工头")签订劳务分包合同。在劳务作业发包人没有按时向"包工头"支付劳务费用时,或者虽然劳务作业发包人按时支付了劳务费用但"包工头"由于其他原因没有按时向劳动者支付劳动报酬时,劳动者就会主张其与劳务作业发包人存在劳动关系并向劳务作业发包人索要劳动报酬,从而发生劳动争议。

(2)为了降低用工成本,具备劳务作业资质的劳务作业承包人选择不直接招募建筑工人并与其订立劳动合同,而是选择将劳务作业再次分包给小规模的不成建制的劳务作业班组长,由劳务作业班组长根据情况直接招募建筑工人。这样,当劳务作业班组长没有自劳务作业承包人处取得劳务费用或虽然取得劳务费用但没有按时支付给劳动者的,劳动者就会主张其与劳务作业承包人存在劳动关系并向劳务作业承包人索要劳动报酬,从而发生劳动争议。

2. 劳动者主张劳务作业发包人或劳务作业承包人承担工伤赔偿责任

众所周知,建筑行业是一个工伤发生几率很高的行业。所以《建筑法》第四十八条规定,建筑施工企业应当依法为职工参加工伤保险缴纳工伤保险费。鼓励企业为从事危险作业的职工办理意外伤害保险,支付保险费。虽然有上述法律规定,但还是有很多从事建筑业的劳动者没有参加工伤保险。当发生工伤事故时,受到人身伤害的劳动者就无法根据《工伤保险条例》从工伤保险基金中享受各种工伤保险待遇。劳动者为了维护自身的合法权益只能要求用人单位承担工伤赔偿责任。此类劳动争议的发生主张基于以下三种情况：

(1)具有劳务作业资质的劳务作业承包人怠于履行为劳动者参加工伤保险的义务,从而在工伤事故发生后导致该等纠纷的发生。

(2)劳务作业发包人为了降低用工成本将劳务作业发包给不具备用工主体资格的组织或自然人并与之签订劳务分包合同。该等组织和自然人由于不具备用工资格而无法为劳动者参加工伤保险,从而在工伤事故发生后产生纠纷。

(3)为了降低用工成本,具备劳务作业资质的劳务作业承包人不直接招募建筑工人并与其订立劳动合同,而是选择将劳务作业再次分包给小规模的不成建制的劳务作业班组长,由劳务作业班组长根据情况直接招募建筑工人。在这种情况下,不具备用人资格的劳务作业班组长当然无法给劳动者参加工伤保险,劳务作业承包人也不给劳动者参加工伤保险,一旦工伤事故发生,极易因赔偿问题产生纠纷。

第三节　劳务纠纷解决方式

劳务纠纷是一种民事纠纷。民事纠纷的解决方式主要包括协商、调解、仲裁和诉讼。这四种纠纷解决方式也是劳务纠纷的主要解决方式。

纠纷解决方式的正式选择对于劳务纠纷的妥善解决有着重要意义，适当的纠纷解决方式不仅能够以较低的成本在较短的时间内使劳务纠纷得到解决，平息纠纷各方内心的怨愤；而且能够使纠纷各方的关系恢复到纠纷发生前的状态，从而促进社会生产和社会和谐。

一、劳务纠纷解决原则

1. 劳务纠纷调解的基本原则

(1)合法原则

合法原则是指劳务纠纷处理机构在处理劳务纠纷案件的过程中应当坚持以事实为根据，以法律为准绳，依法处理劳务纠纷。

(2)公正原则

劳务纠纷处理机构必须保证双方当事人处于平等的法律地位，具有平等的权利义务，不得偏袒任何一方。

(3)及时处理原则

及时处理原则是指劳务纠纷案件处理中，当事人要及时申请调解或者仲裁，超过法定期限将不予受理。劳务纠纷处理机构要在规定的时间内完成劳务纠纷的处理，及时保护当事人合法权益，防止矛盾激化，否则要承担相应的责任。

(4)调解为主原则

调解是指在第三方的主持下，依法劝说争议双方当事人进行协商，在互谅互让的基础上达成协议，从而解决争议的一种方法。

2. 劳务纠纷调解的一般程序

(1)申请和受理

劳务纠纷发生后，双方当事人都可以自知道或应当知道其权利被侵害之日起的 30 日内，以口头或者书面的形式向调解委员会提出申请，并填写《调解申请书》。如果是劳动者在 3 人以上并具有共同申请理由的劳务纠纷案件，劳动者当事人一方应当推举代表参加调解活动。调解委员会对此进行审查并做出是否受理的决定。

(2)调解

调解委员会主任或者调解员主持调解会议，在查明事实、分清是非的基础上，依照法律、法规及依法制定的企业规章制度和合同公证调解。在调查和调解时，应进行相应的笔录。

(3)制作调解协议书或调解意见书

调解达成协议，制作调解协议书，写明争议双方当事人的姓名、职务、争议事项、调解结果及其他应说明的事项。调解意见书是调解委员会单方的意思表示，仅是一种简易型的文书，对争议双方没有约束力。若遇到双方达不成协议、调解期限届满而不能结案或调解协议送达后当事人反悔的情况时，则制作调解意见书。调解委员会调解争议的期限为30日，即调解时应当自当事人申请调解之日起的30日内结束，双方协商未果或者达成协议后不履行协议的，双方当事人在法定期限内，可以向仲裁委员会申请仲裁。

二、解决劳务纠纷的合同内方法

1. 承担继续履约责任

也称强制继续履行、依约履行、实际履行，是指在一方违反合同时另一方有权要求其依据合同约定继续履行。

2. 按合同赔偿损失

也称为违约赔偿损失，是指违约方因不履行或不完全履行合同义务而给对方造成损失，依照法律的规定或者按照当事人的约定应当承担赔偿损失的责任。

3. 支付违约

是指由当事人通过协商预先确定的、在违约发生后做出的独立于履行行为以外的给付，违约金是当事人事先协商好，其数额是预先确定的。违约金的约定虽然属于当事人所享有的合同自由的范围，但这种自由不是绝对的，而是受限制的。《合同法》第一百一十四条规定，约定的违约金低于造成的损失的，当事人可以请求人民法院或者仲裁机构予以增加；约定的违约金过分高于造成的损失的，当事人可以请求人民法院或者仲裁机构予以适当减少。

4. 执行定金罚则

《合同法》第一百一十五条规定，当事人可以依照《中华人民共和国担保法》约定一方向对方给付定金作为债权的担保。债务人履行债务后，定金应当抵作价款或者收回。给付定金一方不履行约定的债务的，无权要求返还定金；收受定金方不履行约定的债务的，应当双倍返还定金。因此，定金具有惩罚性，是对违约行为的惩罚。《担保法》规定，定金的数额不得超过主合同标的额的20%，这一比例为强制性规定，当事人不得违反；如果当事人约定的定金比例超过了20%，并非整个定金条款无效，而只是超出部分无效。

5. 采取其他补救措施。

三、解决劳务纠纷的合同外方法

1. 协商

(1)协商的概念

协商是由合同当事人双方在自愿互谅的基础上,按照法律、法规的规定,通过摆事实讲道理就争议事项达成一致意见的一种纠纷解决方式。实际上,在众多的劳务纠纷中,最后以仲裁或诉讼方式解决的纠纷数量所占比例并不大,更多的劳务纠纷是通过纠纷各方协商一致解决的。另外,在一般情况下,协商也是劳务纠纷各方解决争议的首选方式;通常情况下,劳务纠纷各方只会在协商不成时才会选择采取其他方式解决纠纷。

当事人以协商方式解决合同纠纷时,应当坚持依法协商,尊重客观事实,采取主动、抓住时机,采用书面和解协议书的原则。

(2)协商的特点

作为一种纠纷解决方式,协商具有如下特点:

1)成本低。由于协商是纠纷各方自行进行的,没有第三方参与,协商方式、协商地点等均以纠纷各方的意愿为准,所以以协商方式解决纠纷成本非常低。

2)效率高。由于协商没有第三方参与,程序上亦没有要求,以方便纠纷各方为原则;所以以协商方式解决纠纷的效率比较高。

3)充分体现纠纷各方的意愿。以协商方式解决纠纷时,只要纠纷各方自愿同意并接受解决方案即可,不需要纠纷解决方案完全符合法律法规的规定;所以协商是纠纷各方的意志体现最全面最彻底的纠纷解决方式。

4)最大限度地保护纠纷各方之间的感情和联系。在以协商方式解决纠纷时,协商一般是在友好的氛围下进行的,解决方案是纠纷各方自愿达成并接受的,纠纷各方在协商过程中一般会求同存异,避免伤害感情。

5)纠纷解决的不确定性。以协商方式解决劳务纠纷不一定能够使纠纷获得解决。在劳务纠纷各方的要求差异过大,或纠纷各方不能相互妥协的情况下,劳务纠纷无法通过协商方式解决。

(3)劳动争议协商的形式

劳动争议协商的形式可以是灵活多样的。根据劳动争议的具体情况以及解决的难易程度,劳动争议协商主要有以下几种形式:

1)即时协商。即时协商是指在劳动争议发生后,劳动者和用人单位马上进行协商,并在短时间内达成和解以解决劳动争议的方式。一般适用于简单劳动争议,即争议事实清楚、内容单一、标的不大且解决难度较小的劳动争议。

2)协商会议。协商会议是指劳动争议双方当事人的代表通过召开会议进行共同协商以解决争议的方式。协商会议的方式较即时协商的方式要正式,由双方代表在会议上陈述各自一方的观点和理由,并提出解决争议的方案。一般适用于较复杂的劳动争议,即争议内容复杂、涉及人数较多且争议标的较大的劳动争议。

3)集体合同争议协商。集体合同是企业工会代表职工与企业签订的有关保护职工劳动权益的协议。集体合同争议包括工会与企业因签订集体合同发生的争议和因履行集体合同发生的争议。根据《劳动法》的规定,在集体合同争议发生后,协商是解决争议的必经程序。

总之,合同当事人之间发生争议时,首先应当采取友好协商的方式解决纠纷,这种方式可以最大限度地减少由于纠纷而造成的损失,从而达到合同所涉及的权利得到实现的目的。此外,还可以节省人力、时间和财力,有利于双方往来的发展,提高社会信誉。

2. 调解

(1)调解的概念

调解是指合同当事人对合同所约定的权利、义务发生争议,不能达成和解协议时,在经济合同管理机关或有关机关、团体等的主持下,通过对当事人进行说服教育,促使双方互相做出适当的让步,平息争端,自愿达成协议,以求解决经济合同纠纷的方法。

调解的原则也是自愿、平等、合法。在实践中,依据调解人的不同,合同调解有民间调解、行政调解、仲裁机关调解和法庭调解。

(2)调解的特点

与其他纠纷解决方式相比,调解有如下特点:

1)程序相对灵活。相对于仲裁和诉讼来说,调解无须遵循严格的程序。

2)纠纷解决结果具有一定的合理性。因为调解人员一般是以中立的地位根据国家法律、法规以及社会公德对纠纷各方进行劝导并促使纠纷各方达成协议。

3)在一定程度上保护纠纷当事人之间的感情,维持纠纷当事人之间的商业联系。

(3)调解的分类

调解按照调解机构的不同可以分为人民调解、仲裁机构调解和人民法院调解。

1)人民调解。人民调解是指人民调解委员会通过说服、疏导等方法,促使当事人在平等协商基础上自愿达成调解协议,解决民间纠纷的活动。人民调解又称"诉讼外调解",是具有中国特色的调解方式。人民调解委员会是村民委员会和居民委员会下设的调解民间纠纷的群众性自治组织，在基层人民政府和基层人民法院指导下进行工作。人民调解工作应遵循的原则有：

①必须严格遵守国家的法律、政策进行调解；

②必须在双方当事人自愿平等的前提下进行调解；

③必须在查明事实、分清是非的基础上进行调解；

④不得因未经调解或者调解不成而阻止当事人向人民法院起诉。经调解达成的协议具有法律效力。

2）仲裁机构调解。仲裁机构调解又称仲裁中调解，是指在仲裁过程中按照当事人自愿原则组织进行的协调活动。在当事人同意的情况下，可以由仲裁员担任调解员，并可以应当事人的要求出具调解书，该调解书是具有执行力的法律文书。仲裁中调解在建设工程劳务纠纷中得到了积极有效的应用。

3）人民法院调解。又称诉讼中调解。是指在人民法院审判人员的主持下，各方当事人就民事权益争议自愿、平等的进行协商，达成协议，解决纠纷的诉讼活动和结案方式。人民法院调解是人民法院和当事人进行的诉讼行为，纠纷各方在审判人员参与下达成的调解书经人民法院确认并为纠纷当事人签收后即具有法律上的拘束力和强制执行力。

对于建设工程劳务纠纷来说，仲裁机构调解和人民法院调解在纠纷当事人申请仲裁或提起诉讼后才可能发生，而人民调解也无法适应建设工程劳务纠纷专业性强、技术性强的特点。为了使更多的建设工程劳务纠纷在起诉或申请仲裁前通过具备专业背景的调解人员的调解活动而定纷止争，中国建筑业协会成立了专门的劳务纠纷调解机构——中国建筑业协议劳务纠纷调解委员会，该调解机构专门对建设工程领域中的劳务纠纷进行解调。这种行业协会组织的调解也属于机构调解。

3. 仲裁

仲裁又称为公断，就是当发生合同纠纷而协商不成时，仲裁机构根据当事人的申请，对其相互之间的合同争议，按照仲裁法律规范的要求进行仲裁并做出裁决，从而解决合同纠纷的法律制度。

劳动争议仲裁作为处理劳动争议最基本的法律制度，在市场经济国家已普遍建立。在我国的劳动争议处理体制中，劳动争议仲裁作为诉讼前的法定必经程序，是处理劳动争议的一种主要方式，在实践中发挥着重要的作用。

（1）仲裁的原则

1）自愿原则。解决合同争议是否选择仲裁方式以及选择仲裁机构本身并无强制力。当事人采用仲裁方式解决纠纷，应当贯彻双方自愿原则，达成仲裁协议。如有一方不同意进行仲裁的，仲裁机构即无权受理合同纠纷。

2)公平合理原则。仲裁员应依法公平合理的进行裁决。

3)仲裁依法独立进行原则。仲裁机构是独立的组织,相互间也无隶属关系。仲裁依法独立进行,不受行政机关、社会团体和个人的干涉。

4)一裁终局原则。裁决做出后,当事人就同一纠纷再申请仲裁或者向人民法院起诉的,仲裁委员会或者人民法院不予受理,依据《仲裁法》规定撤销裁决的除外。

(2)仲裁委员会

仲裁委员会是我国的仲裁机构。仲裁委员会可以在直辖市和省、自治区人民政府所在地的市设立,也可以根据需要在其他设区的市设立,不按行政区划层设立。仲裁委员会由主任1人、副主任2～4人和委员7～11人组成。仲裁委员会应当从公道正派的人员中聘任仲裁员。仲裁委员会应当具备下列条件:

1)有自己的名称、住所和章程;

2)有必要的财产;

3)有该委员会的组成人员;

4)有聘任的仲裁员。

仲裁委员会独立于行政机关,与行政机关没有隶属关系,仲裁委员会之间也无隶属关系。

(3)仲裁协议

仲裁协议是纠纷当事人愿意将纠纷提交仲裁机构仲裁的协议。仲裁协议包括合同中订立的仲裁条款和以其他书面方式在纠纷发生前或者纠纷发生后达成的请求仲裁的协议。

仲裁协议应具有下列内容:请求仲裁的意思表示,仲裁事项,选定仲裁委员会。仲裁协议是合同的组成部分,是合同的内容之一。有下列情形之一的,仲裁协议无效:

1)约定的事项超出法律规定的仲裁范围的;

2)无民事行为能力人或者限制民事行为能力人订立的仲裁协议;

3)一方采取胁迫手段,迫使对方订立仲裁协议的。

仲裁协议是仲裁机构对纠纷进行仲裁的先决条件,合同双方当事人均受仲裁协议的约束,仲裁协议排除了法院对纠纷的管辖权,仲裁机构应按照仲裁协议进行仲裁。

(4)仲裁程序

1)仲裁申请和受理。当事人申请仲裁,应当向仲裁委员会递交仲裁协议或合同副本、仲裁申请书及副本。仲裁申请书应依据规范载明有关事项。当事人、法定代理人可以委托律师和其他代理人进行仲裁活动。

委托律师和其他代理人进行仲裁活动的，应当向仲裁委员会提交授权委托书。仲裁机构收到当事人的申请书，首先要进行审查，经审查符合申请条件的，应当在 7 天内立案，对不符合规定的，也应当在 7 天内书面通知申请人不予受理，并说明理由。申请人可以放弃或者变更仲裁请求。

被申请人可以承认或者反驳仲裁请求，有权提出反请求。

2）仲裁庭的组成。当事人如果约定由 3 名仲裁员组成仲裁庭的，应当各自选定或者各自委托仲裁委员会主任指定一名仲裁员，第三名仲裁员由当事人共同选定或者共同委托仲裁委员会主任指定。第三名仲裁员是首席仲裁员。当事人也可约定由一名仲裁员组成仲裁庭。法律规定，当事人有权依据法律规定请求仲裁员回避。提出请求者应当说明理由，并在首次开庭前提出。回避事由在首次开庭后知道的，可以在最后一次开庭终结前提出。

3）开庭和裁决。仲裁应当开庭进行。当事人协议不开庭的，仲裁庭可以根据仲裁申请书、答辩书以及其他材料做出裁决，仲裁不公开进行。当事人协议公开的，可以公开进行，但涉及国家秘密的除外。申请人经书面通知，无正当理由不到庭或者未经仲裁庭许可中途退庭的，可以视为撤回仲裁申请。

被申请人经书面通知，无正当理由不到庭或者未经仲裁庭许可中途退庭的，可以缺席裁决。

裁决应当按照多数仲裁员的意见做出，少数仲裁员的不同意见可以记入笔录。仲裁庭不能形成多数意见时，裁决应当按照首席仲裁员的意见做出。仲裁的最终结果以仲裁决定书给出。

4）执行。仲裁委员会的裁决做出后，当事人应当履行。当一方当事人不履行仲裁裁决时，另一方当事人可以依照民事诉讼法的有关规定向人民法院申请执行，受申请人民法院应当执行。

被申请人提出证据证明仲裁裁决有下列情形之一的，经人民法院组成合议庭审查核实，裁定不予执行：

①没有仲裁协议的；

②裁决的事项不属于仲裁协议的范围或者仲裁委员会无权仲裁的；

③仲裁庭的组成或者仲裁的程序违反法定程序的；

④裁决所根据的证据是伪造的；

⑤对方当事人隐瞒了足以影响公正裁决的证据的；

⑥仲裁员在仲裁该案时有索贿受贿，徇私舞弊，枉法裁决行为的。

4. 诉讼

诉讼是指合同当事人依法请求人民法院行使审判权，审理双方之间发生的合同争议，做出有国家强制保证实现其合法权益、从而解决纠纷的审判活动。合同双方当事人如果未约定仲裁协议，则只能以诉讼作为解决争议的最终方式。

(1)诉讼管辖

1)级别管辖

这是不同级别的人民法院受理第一审合同纠纷案件的权限分工。

在全国有重大影响由最高人民法院受理；在本辖区内有重大影响由各省、自治区、直辖市高级人民法院受理；各省辖市、地区、自治州中级人民法院则受理在本辖区内有重大影响以及重大涉外的合同纠纷；除此之外的第一审合同纠纷案件，都由基层人民法院管辖。

2)地域管辖

这是指同级人民法院在受理第一审合同纠纷案件时的权限分工。

因合同纠纷提起的诉讼，由被告住所地或者合同履行地人民法院管辖。合同的双方当事人可以在书面合同中协议选择被告住所地、合同履行地、合同签订地、原告住所地、标的物所在地人民法院管辖。

(2)起诉条件

根据我国《民事诉讼法》规定，因为合同纠纷，向人民法院起诉的，必须符合以下条件：

1)原告是与本案有直接利害关系的企事业单位、机关、团体或个体工商户、农村承包经营户；

2)有明确的被告、具体的诉讼请求和事实依据；

3)属于人民法院管辖范围和受诉人民法院管辖。

人民法院接到原告起诉状后，要审查是否符合起诉条件。符合起诉条件的，应于 7 天内立案，并通知原告；不符合起诉条件的，应于 7 天内通知原告不予受理，并说明理由。

(3)审判程序

1)起诉与受理。符合起诉条件的起诉人首先应向人民法院递交起诉状，并按被告法人数目呈交副本。起诉状上应加盖本单位公章。案件受理时，应在受案后 5 天内将起诉状副本发送被告。被告应在收到副本后 15 天内提出答辩状。被告不提出答辩状时，并不影响法院的审理。

2)诉讼保全。在诉讼过程中，人民法院对于可能因当事人一方的行为或者其他原因，使将来的判决难以执行或不能执行的案件，可以根据对方当事人的申请，或者依照职权做出诉讼保全的裁定。

3)调查研究搜集证据。立案受理后，审理该案人员必须认真审阅诉讼材料进行调查研究和收集证据。证据主要有书证、物证、视听资料、证人证言、当事人的陈述、鉴定结论、勘验笔录。

当事人对自己提出的主张，有责任提供证据。当事人及其诉讼代理人因客观原因不能自行收集的证据，或者人民法院认为审理案件需要的证据，人民法院应当调查收集。人民法院应当按照法定程序，全面地、客观地审查核实证据。

证据应当在法庭上出示，并由当事人互相质证。对涉及国家秘密、商业秘密和个人隐私的证据应当保密，需要在法庭出示的，不得在公开开庭时出示。经过法定程序公证证明的法律行为、法律事实和文书，人民法院应当作为认定事实的根据。但有相反证据足以推翻公证证明的除外。书证应当提交原件。物证应当提交原物。提交原件或者原物确有困难的，可以提交复制品、照片、本、节录本。提交外文书证，必须附有中文译本。人民法院对视听资料，应当辨别真伪，并结合本案的其他证据，审查确定能否作为认定事实的根据。

4)调解与审判。法院审理经济案件时，首先依法进行调解。如达成协议，则法院制定有法定内容的调解书。调解未达成协议或调解书送达前有一方反悔时，人民法院应当及时判决。在开庭审理前3天，法院应通知当事人和其他诉讼参与人，通过法庭上的调查和辩论，进一步审查证据、核对事实，以便根据事实与法律，做出公正合理的判决。

当事人不服地方人民法院第一审判决的，有权在判决书送达之日起15天内向上一级人民法院提起上诉。对第一审裁决不服的则应在10天内提起上诉。

第二审人民法院应当对上诉请求的有关事实和适用法律进行审查。经过审理，应根据不同情形，分别做出维持原判决、依法改判、发回原审人民法院重审的判决、裁定。

第二审判决是终审判决，当事人必须履行；否则法院将依法强制执行。

5)执行。对于人民法院已经发生法律效力的调解书、判决书、裁定书，当事人应自动执行。不自动执行的，对方当事人可向原审法院申请执行。法院有权采取措施强制执行。

第四节　劳务工资纠纷应急预案

一、劳务工资纠纷应急预案的编制

应急预案的编制应包含以下内容：

1. 应急预案的目的、编写依据和适用范围

(1)应急预案的目的

应急预案的目的是，为了最大限度降低劳务纠纷突发事件造成的经济损失和社会影响，积极稳妥地处理因劳务纠纷等问题引发的各种群体性事件，有效地控制事态,将不良影响限制在最小范围,保证建安施工企业的正常生产和管理秩序。

(2)应急预案的编写依据

应急预案的编写,要本着确保社会稳定,建立和谐社会,预防为主,标本兼治的原则,按照住房和城乡建设部的相关要求编制。

(3)应急预案的适用范围

1)发生劳务纠纷突发事件,造成一定的经济损失和社会影响的;

2)因劳务纠纷引发的各种群体性事件,造成一定的经济损失和社会影响的。

2. 应急机构体系及职责

(1)应急机构体系

1)成立各级应急指挥领导小组,领导小组下设应急指挥领导小组办公室,各级领导小组包括集团公司、二级(子)公司和项目部;

2)成立行政保障和法律援助工作组、保稳定宣传工作组,确保应急预案的正常启动;

3)应急情况紧急联系电话应包括:

①领导小组办公室电话及联系人电话;

②火警电话:119;

③急救电话:120、999;

④当地派出所电话;

⑤当地建筑业主管部门电话。

(2)工作职责

1)各级领导小组工作职责

①总承包单位领导小组职责

领导小组办公室负责分包劳务费拖欠情况及劳务费结算、支付、农民工工资发放情况的摸底排查,纠纷协调、督办,紧急情况处理等指导工作,并与施工单位形成保稳定管理体系,与分包队伍上级单位或相关省、市驻京办事处保持联络。处理解决群体性突发事件。

公司法定代表人是群体性突发事件第一责任人,负责组织协调各方面工作,及时化解矛盾,防止发生群体性事件。领导本单位工作组处理群体性突发事件,确保应急资金的落实到位。

②总承包单位的子公司领导小组职责

了解各项目部劳务作业人员动态,掌握劳务分包合同履约及劳务费支付情况,督促、检查、排查、通报劳务费结算、兑付情况,加强实名制备案的监督管理工作,及时发现有矛盾激化趋势的事件,负责协助项目部协调纠纷、处理紧急情况;与分包队伍上级单位保持联络,出现应急前兆时应派人到现场与项目部配合随时控制事态发展，保持与领导小组的联系，促使问题及时解决。进入应急状态紧急阶段时，及时向上级报告，并保证有专人在现场，尽可能控制事态，必要时与分包队伍的上级单位、相关省市驻本地建设管理部门联系取得支持，并上报集团公司领导小组。

子、分公司领导小组应做好日常与劳务企业（队伍）人员维护稳定的宣传、教育、沟通、合作交流等工作，与本地区建设行政管理部门、劳动和社会保障局、公安局、内保局、街道办事处、相关各省市驻本地区建设管理部门、集团公司等劳务企业保持日常联络，以备应急状态时及时发现、处理问题和便于求助。

③项目经理部职责

各项目部劳务管理人员应掌握分包合同履约情况、工程量、劳务工作量和劳务费结算、支付、农民工工资发放的具体情况，还应按照“实名制”管理工作要求，将本项目部所有劳务作业队伍的人员花名册、合同备案资料、上岗证、考勤表、工资发放表按规定要求认真收集，归档备案。要认真观察本项目作业人员的思想动态和异常动态，认真做好思想政治工作，对有矛盾激化趋势的事件，应按组织体系及时汇报，及时化解矛盾，防止矛盾升级，不得忽视、隐瞒有矛盾激化趋势的事件发生。出现应急前兆时，原则上由发生群体性事件的项目部组织本项目部人员出面调解处理，并保持与本单位应急小组的联系，随时汇报事态进展。进入应急状态紧急阶段时，项目经理必须到现场，组织本项目部应急小组与劳务企业（作业队伍、作业班组）进行沟通，负责通过各种方式解决纠纷，确保稳定。

2）行政保障和法律援助工作组职责

保证应急领导小组成员通讯畅通，准备应急车辆，配合项目部工作，提供法律方面的支持。出现应急前兆时应随时关注并与项目部保持联系，进入应急状态紧急阶段时，应保证备齐车辆、急救器材和药品，上级或地方政府领导到场时，负责相应的接待工作，并为项目部解决纠纷提供法律方面的支持。

3）保稳定宣传工作组职责

调查劳务企业人员的思想动态，负责协助及时调解矛盾，做好联系媒体宣传工作。出现应急前兆做好相关人员的思想工作，维护稳定，负责接待新闻媒体和协调处理与新闻媒体的关系，负责对新闻媒体发布消息。

3. 应急措施

（1）在施工单位机关或总承包单位机关办公楼出现紧急情况阶段时，由应急指挥领导小组成员及工作组各司其职，维护现场秩序，进行劝阻和力争谈判解决矛盾。

（2）机关各部门人员在出现紧急情况阶段时，部门内应当至少留一名员工负责保护部门内部的财物、资料。

(3)局势得到控制后,由群体性突发事件工作组和项目部有关人员出面与劳务企业对话,要求对方派代表与总包单位就具体问题进行谈判,除代表外的其他人员应遣散或集中到会议室。

(4)如果对方不能够按总包单位要求进行谈判,并且继续冲击总包单位机关、扰乱总包单位办公秩序,由现场总指挥决定报警,由行保、安全监管部门内勤进行报警。

4. 责任处理

(1)突发事件的处理

1)突发劳务纠纷事件,要立即上报加强农民工及劳务管理工作领导小组,相关人员按预案要求在第一时间赶到事件发生现场,当即启动应急程序、开展工作。

2)发生纠纷事件的项目经理要协助公司处理突发纠纷事件,相关部门应积极配合。

3)对突发劳务纠纷事件,要严格控制事态,坚持就地解决的原则。

4)事件得到控制、平息后,要立即组织恢复生产秩序,采取一切措施消除负面影响。

(2)责任处理

1)对违反各项规章制度,侵犯工人权益的劳务队伍视情节给予警告直至清理出场。

2)按相关责任要求,对发生纠纷事件的总承包企业、总承包二级公司和项目相关责任人,追究责任。

3)对纠纷事件不上报或瞒报、报告不及时的单位,视情节处以一定数额的罚款、通报批评并追究行政责任。

4)对措施不得力,贻误时机,造成重大损失或影响的单位和项目经理,除通报批评、处以罚款外,要追究行政责任。

二、劳务工资纠纷应急预案的组织实施

1. 突发事件应急状态描述

突发事件应急状态,分为如下四个阶段:

(1)前兆阶段

劳务企业(作业队伍、作业班组)向项目部或有关部室索要劳务费、材料费、租赁费、机具费等,出现矛盾并煽动员工以非正常手段解决时;劳务作业人员出现明显不满情绪时;按施工进度劳务作业队伍应撤场但占据施工场地或生活区拒不撤场时;劳务作业人员聚集到建设单位、总承包单位办公地点或围堵建设单位、总承包单位管理人员时;劳务作业人员聚集到项目部干扰妨碍正常办公时。

(2)紧急阶段

劳务作业人员聚集到建设单位、总承包单位办公机关，干扰妨碍正常办公时；劳务作业人员聚集到建设单位、总承包单位以外政府部门群访、群诉时；劳务作业人员采取影响社会治安等非正常手段制造影响时。

(3)谈判阶段

聚众妨碍正常办公的劳务作业人员情绪得到控制，所属施工单位负责人能与劳务企业负责人或代表正式对话时。

(4)解决阶段

与劳务企业负责人或代表达成一致意见且聚集的劳务作业人员已经疏散或退出占据的施工现场时；正常生产、办公秩序得到恢复时。

2. 应急状态的报告程序

当发现出现应急状态的前兆阶段和紧急阶段所描述的情况时，相关工作人员必须向有关部门报告，报告顺序如下：

(1)应急状态前兆阶段：

(2)直接进入紧急阶段

接到报告的项目经理或各级群体性劳务费纠纷突发事件应急工作组应及时核实情况，并迅速向上一级报告，同时，尽可能控制事态发展。出现联络障碍不能按上述顺序报告时，可越级上报，直至报告给应急指挥领导小组。

3. 预案的启动和解除权限

各级突发事件应急领导小组组长接到报告后，应迅速组织应急领导小组成员核实情况，情况属实需要启动本预案时，应由组长宣布进入应急状态，并启动本预案。应急领导小组成员接到通知后组织工作组人员，履行应急职责，并由领导小组组长决定是否向上级主管部门汇报。事态进入解决阶段后，应急小组组长视实际情况决定解除本预案。

4. 应急资金准备

各施工单位应筹措一定比例资金，作为专项用于协调解决重大群体性事件的应急资金。

第九章　农民工权益保护

第一节　农民工权益保护的一般规定

一、农民工的就业服务

据国家人力资源和社会保障部有关资料显示，截止“十一五”期末，全国有 1.5 亿外出务工农民，其中新生代农民工有近 1 亿，是当今社会最大的流动群体。新生代农民工需要更为安全、稳定、有效的流动渠道，更为优质、专业的就业服务，更为快捷、有效的信息传递，更为公平、公正的就业环境。

在就业方面，主要矛盾是政府提供的公共就业服务资源与新生代农民工自身状况以及现实需求存在差距，导致新生代农民工实现就业过程中付出的成本过高。

《国务院关于转移农村劳动力保障农民工权益工作情况的报告》显示，国家相关部门正在落实积极的就业政策，拓宽农民工就业渠道。主要做法有：

(1)在编制国民经济和社会发展“十二五”规划时，始终把扩大就业摆在经济社会发展的突出位置，积极发展就业容量大的劳动密集型产业、服务业和各类所有制的中小型企业。

(2)在制定产业政策时，坚持把引导包括农民工在内的各类人员就业作为促进相关产业发展的重要目标，加大对现代农业和服务业的投入支持力度。

(3)壮大县域经济，加快小城镇建设，积极组织农民工参与农村公共设施和农田水利建设。

(4)实施“五缓四减三补贴”就业扶持政策。即允许困难企业缓缴 5 项社会保险费，阶段性降低四项社会保险费率，使用结余的失业保障基金对不裁员的困难企业给予社保补贴和岗位补贴，使用就业专项资金支持困难企业开展在岗培训。

二、农民工享有的权益

农民工与其他劳动者一样，享有宪法和法律规定的权利，按照《劳动法》相关规定，劳动者享有以下基本权利：

(1)劳动者享有平等就业和选择职业的权利。即劳动者在就业时，不会因民族、种族、性别、宗教信仰不同而受到用人单位的歧视；选择职业时，有权选择适合自己的才能、爱好、兴趣的职业。

(2)取得劳动报酬的权利。劳动者按用人单位的要求付出了劳动，就有权获得相应的报酬。

(3)休息休假的权利。休息休假是指劳动者在法律规定的时间里不必从事生产和工作，自由支配自己时间的活动，即有权在规定的工作时间以外自行支配时间(《劳动法》规定职工每日工作不超过 8 小时、每周工作不超过 40 小时以外的时间)。休息休假时间包括：工作日内的间歇时间，即工作日内应给予职工休息和用餐的间歇时间、每周公休假日(用人单位应当保证劳动者每周至少休息一天)、法定节假日、职工探亲假、年休假。

(4)获得劳动安全卫生保护的权利。

(5)接受职业技能培训的权利。

(6)提请劳动争议处理的权利。

(7)检举和控告的权利。对违反劳动法律的行为有向国家机关反映真实情况、对企业领导干部提出批评和控告的权利。

(8)法律规定的其他劳动权利。包括依法组织参加工会的权利，通过职工大会、职工代表大会或者其他形式参与民主管理，或者就保护劳动者合法权益与用人单位平等协商的权利，依法解除劳动合同的权利等。

第二节　农民工权益保护

一、农民工工资保障

近些年来，农民工欠薪问题一直是全社会关注的焦点，这一痼疾的根除，不仅关系到广大农民工的切身利益，还影响到社会的稳定。彻底解决拖欠农民工工资问题，须标本兼治，完善立法，做到有法可依，通过法律措施从源头上预防和制止农民工工资的拖欠。

建筑行业作为劳动密集型行业，吸纳了大量的农民工。建筑行业农民工的欠薪问题也成了难点中的热点。为维护建设领域农民工合法报酬权益，规范建设领域农民工工资支付行为，预防和解决建筑业企业拖欠或克扣农民工工资问题。2004 年，原劳动和社会保障部与原建设部联合下发了《建设领域农民工工资支付管理暂行办法》(劳社部发[2004]22 号)。

1. 建设领域农民工工资支付管理暂行办法规定如下

(1)本办法适用于在中华人民共和国境内的建筑业企业(以下简称企业)和

与之形成劳动关系的农民工。

本办法所指建筑业企业，是指从事土木工程、建筑工程、线路管道设备安装工程、装修工程的新建、扩建、改建活动的企业。

(2)县级以上劳动和社会保障行政部门负责企业工资支付的监督管理，建设行政主管部门协助劳动和社会保障行政部门对企业执行本办法的情况进行监督检查。

(3)企业必须严格按照《劳动法》《工资支付暂行规定》和《最低工资规定》等有关规定支付农民工工资，不得拖欠或克扣。

(4)企业应依法通过集体协商或其他民主协商形式制定内部工资支付办法，并告知本企业全体农民工，同时抄报当地劳动和社会保障行政部门与建设行政主管部门。

(5)企业内部工资支付办法应包括以下内容：支付项目、支付标准、支付方式、支付周期和日期、加班工资计算基数、特殊情况下的工资支付以及其他工资支付内容。

(6)企业应当根据劳动合同约定的农民工工资标准等内容，按照依法签订的集体合同或劳动合同约定的日期按月支付工资，并不得低于当地最低工资标准。具体支付方式可由企业结合建筑行业特点在内部工资支付办法中规定。

(7)企业应将工资直接发放给农民工本人，严禁发放给“包工头”或其他不具备用工主体资格的组织和个人。企业可委托银行发放农民工工资。

(8)企业支付农民工工资应编制工资支付表，如实记录支付单位、支付时间、支付对象、支付数额等工资支付情况，并保存两年以上备查。

(9)工程总承包企业应对劳务分包企业工资支付进行监督，督促其依法支付农民工工资。

(10)业主或工程总承包企业未按合同约定与建设工程承包企业结清工程款，致使建设工程承包企业拖欠农民工工资的，由业主或工程总承包企业先行垫付农民工被拖欠的工资，先行垫付的工资数额以未结清的工程款为限。

(11)企业因被拖欠工程款导致拖欠农民工工资的，企业追回的被拖欠工程款，应优先用于支付拖欠的农民工工资。

(12)工程总承包企业不得将工程违反规定发包、分包给不具备用工主体资格的组织或个人，否则应承担清偿拖欠工资连带责任。

(13)企业应定期如实向当地劳动和社会保障行政部门及建设行政主管部门报送本单位工资支付情况。

(14)企业违反国家工资支付规定拖欠或克扣农民工工资的，记入信用档案，并通报有关部门。建设行政主管部门可依法对其市场准入、招投标资格和新开工项目施工许可等进行限制，并予以相应处罚。

(15)企业应按有关规定缴纳工资保障金，存入当地政府指定的专户，用于垫付拖欠的农民工工资。

(16)农民工发现企业有下列情形之一的，有权向劳动和社会保障行政部门举报：

1)未按照约定支付工资的；

2)支付工资低于当地最低工资标准的；

3)拖欠或克扣工资的；

4)不支付加班工资的；

5)侵害工资报酬权益的其他行为。

(17)各级劳动和社会保障行政部门依法对企业支付农民工工资情况进行监察，对违法行为进行处理。企业在接受监察时应当如实报告情况，提供必要的资料和证明。

(18)农民工与企业因工资支付发生争议的，按照国家劳动争议处理有关规定处理。对事实清楚、不及时裁决会导致农民工生活困难的工资争议案件，以及涉及农民工工伤、患病期间工资待遇的争议案件，劳动争议仲裁委员会可部分裁决；企业不执行部分裁决的，当事人可依法向人民法院申请强制执行。

2. 国务院对农民工工资的保障规定

2006 年，国务院又下发了《关于解决农民工问题的若干意见》(国发[2006]5号)，对农民工工资水平偏低和拖欠问题进行管理。

(1)建立农民工工资支付保障制度

严格规范用人单位工资支付行为，确保农民工工资按时足额发放给本人，做到工资发放月清月结或按劳动合同约定执行。建立工资支付监控制度和工资保证金制度，从根本上解决拖欠、克扣农民工工资问题。劳动保障部门要重点监控农民工集中的用人单位工资发放情况。对发生过拖欠工资的用人单位，强制在开户银行按期预存工资保证金，实行专户管理。切实解决政府投资项目拖欠工程款问题。所有建设单位都要按照合同约定及时拨付工程款项，建设资金不落实的，有关部门不得发放施工许可证，不得批准开工报告。对重点监控的建筑施工企业实行工资保证金制度。加大对拖欠农民工工资用人单位的处罚力度，对恶意拖欠、情节严重的，可依法责令停业整顿、降低或取消资质，直至吊销营业执照，并对有关人员依法予以制裁。各地方、各单位都要继续加大工资清欠力度，并确保不发生新的拖欠。

(2)合理确定和提高农民工工资水平

规范农民工工资管理，切实改变农民工工资偏低、同工不同酬的状况。各地要严格执行最低工资制度，合理确定并适时调整最低工资标准，制定和推行小时最低工资标准。制定相关岗位劳动定额的行业参考标准。用人单位不得以实行计件工资为由拒绝执行最低工资制度，不得利用提高劳动定额变相降低工资水平。严格执行国家关于职工休息休假的规定，延长工时和休息日、法定假日工作的，要依法支付加班工资。农民工和其他职工要实行同工同酬。国务院有关部门要加强对地方制定、调整和执行最低工资标准的指导监督。各地要科学确定工资指导线，建立企业工资集体协商制度，促进农民工工资合理增长。

二、农民工社会保险

社会保险是国家通过立法形式，由社会集中建立基金，使劳动者在年老、患病、工伤、生育、失业等暂时或永久丧失劳动能力及失去劳动岗位的情况下，可获得国家和社会补偿及帮助的一种社会保障制度。我国的社会保险包括养老保险、医疗保险、工伤保险、生育保险和失业保险，费用由国家、企业、个人三方或企业、个人双方共同承担。

长期以来，我国一直由各地方政府自行制定社会保险政策，造成各地政策不一，社会保险关系无法接续。2011 年 7 月 1 日我国开始实施第一部《社会保险法》(以下简称《社保法》)，把各地不一的社保政策统一到一部法律之中，为促进城乡一体化、维护社会公平正义、推进覆盖城乡全体居民的社会保障体系建立，提供了法治保障。

1. 社会保险的覆盖范围

依据《社保法》条文规定，社会保险的覆盖范围如下：

第二条　国家建立基本养老保险、基本医疗保险、工伤保险、失业保险、生育保险等社会保险制度，保障公民在年老、疾病、工伤、失业、生育等情况下依法从国家和社会获得物质帮助的权利。

第四条　中华人民共和国境内的用人单位和个人依法缴纳社会保险费，有权查询缴费记录、个人权益记录，要求社会保险经办机构提供社会保险咨询等相关服务。个人依法享受社会保险待遇，有权监督本单位为其缴费情况。

第十条　职工应当参加基本养老保险，由用人单位和职工共同缴纳基本养老保险费。无雇工的个体工商户、未在用人单位参加基本养老保险的非全日制从业人员以及其他灵活就业人员可以参加基本养老保险，由个人缴纳基本养老保险费。

第二十三条　职工应当参加职工基本医疗保险，由用人单位和职工按照国家规定共同缴纳基本医疗保险费。

无雇工的个体工商户、未在用人单位参加职工基本医疗保险的非全日制从业人员以及其他灵活就业人员可以参加职工基本医疗保险，由个人按照国家规定缴纳基本医疗保险费。

第三十三条　职工应当参加工伤保险，由用人单位缴纳工伤保险费，职工不缴纳工伤保险费。

第四十四条　职工应当参加失业保险，由用人单位和职工按照国家规定共同缴纳失业保险费。

第五十三条　职工应当参加生育保险，由用人单位按照国家规定缴纳生育保险费，职工不缴纳生育保险费。

第九十五条　进城务工的农村居民依照本法规定参加社会保险。

从以上条款不难看出《社保法》将中国境内所有用人单位和个人都纳入了社会保险制度的覆盖范围，对进城务工的农民工也明确规定要参加社会保险。具体是：

(1)基本养老保险制度和基本医疗保险制度覆盖了中国城乡全体居民。即用人单位及其职工应当参加职工基本养老保险和职工基本医疗保险；无雇工的个体工商户、未在用人单位参加社会保险的非全日制从业人员以及其他灵活就业人员可以参加职工基本养老保险和职工基本医疗保险；农村居民可以参加新型农村社会养老保险和新型农村合作医疗；城镇未就业的居民可以参加城镇居民社会养老保险和城镇居民基本医疗保险；进城务工的农村居民依照该法规定参加社会保险；公务员和参照公务员法管理的工作人员养老保险的办法由国务院规定。

(2)工伤保险、失业保险和生育保险制度覆盖了所有用人单位及其职工。

(3)被征地农民按照国务院规定纳入相应的社会保险制度。被征地农民到用人单位就业的，都应当参加全部五项社会保险。对于未就业，转为城镇居民的，可以参加城镇居民社会养老保险和城镇居民基本医疗保险，继续保留农村居民身份的，可以参加新型农村社会养老保险和新型农村合作医疗。

2. 社会保险的待遇和享受条件

(1)基本养老保险待遇

依据《中华人民共和国社会保险法》条文规定，基本养老保险待遇规定如下：

第十五条　基本养老金由统筹养老金和个人账户养老金组成。

基本养老金根据个人累计缴费年限、缴费工资、当地职工平均工资、个人账户金额、城镇人口平均预期寿命等因素确定。

第十六条　参加基本养老保险的个人，达到法定退休年龄时累计缴费满十五年的，按月领取基本养老金。

参加基本养老保险的个人，达到法定退休年龄时累计缴费不足十五年的，可以缴费至满十五年，按月领取基本养老金；也可以转入新型农村社会养老保险或者城镇居民社会养老保险，按照国务院规定享受相应的养老保险待遇。

第十七条　参加基本养老保险的个人，因病或者非因工死亡的，其遗属可以领取丧葬补助金和抚恤金；在未达到法定退休年龄时因病或者非因工致残或完全丧失劳动能力的，可以领取病残津贴。所需资金从基本养老保险基金中支付。

第二十一条　新型农村社会养老保险待遇由基础养老金和个人账户养老金组成。

参加新型农村社会养老保险的农村居民，符合国家规定条件的，按月领取新型农村社会养老保险待遇。

(2)基本医疗保险待遇

由于中国各地经济发展水平不同，医疗服务提供能力和医疗消费水平等差距都很大，国务院只对基本医疗保险起付标准、支付比例和最高支付限额等作了原则规定，具体待遇给付标准由统筹地区人民政府按照以收定支的原则确定。考虑到这个实际，该法没有对基本医疗保险待遇项目和享受条件作更为具体的规定。需要特别指出的有两点：

1)为了缓解个人垫付大量医疗费的问题，该法规定了基本医疗保险费用直接结算制度。参保人员就医发生的医疗费用中，按照规定应当由基本医疗保险基金支付的部分，由社会保险经办机构与医疗机构、药品经营单位直接结算；社会保险行政部门和卫生行政部门应当建立异地就医医疗费用结算制度，方便参保人员享受基本医疗保险待遇。

2)在明确应当由第三人负担的医疗费用不纳入基本医疗保险基金支付范围的同时，该法规定，医疗费用依法应当由第三人负担，第三人不支付或者无法确定第三人的，由基本医疗保险基金先行支付后，向第三人追偿。

(3)工伤保险待遇

在《工伤保险条例》规定的工伤保险待遇基础上，《社保法》有三项突破：

1)将现行规定由用人单位支付的工伤职工“住院伙食补助费”、“到统筹地区以外就医的交通食宿费”和“终止或者解除劳动合同时应当享受的一次性医疗补助金”改为由工伤保险基金支付，在进一步保障工伤职工权益的同时，减轻了参保用人单位的负担。

2)为保证工伤职工得到及时救治，该法规定了工伤保险待遇垫付追偿制度。即职工所在用人单位未依法缴纳工伤保险费，发生工伤事故的，由用人单位支付工伤保险待遇。

用人单位不支付的，从工伤保险基金中先行支付，然后由社会保险经办机构依照该法规定追偿。

3)规定由于第三人的原因造成工伤，第三人不支付工伤医疗费用或者无法确定第三人的，由工伤保险基金先行支付后，向第三人追偿。

(4)失业保险待遇

在《失业保险条例》规定的失业保险待遇基础上,《社保法》进一步规定:

1)对失业人员在领取失业保险金期间患病就医,由现行规定可以申领少量的医疗补助金,改为参加职工基本医疗保险并享受相应的基本医疗保险待遇,其应当缴纳的基本医疗保险费从失业保险基金中支付,从而提高了失业人员的医疗保障水平。

2)明确个人死亡,同时符合领取基本养老保险丧葬补助金、工伤保险丧葬补助金和失业保险丧葬补助金条件的,其遗属只能选择领取其中的一项。

(5)生育保险待遇

在总结生育保险制度实施经验的基础上,《社保法》规定,用人单位已经缴纳生育保险费的,其职工享受生育保险待遇,生育保险待遇包括生育医疗费用和生育津贴;职工未就业配偶按照国家规定享受生育医疗费用待遇。

(6)社会保险关系转移接续

《社保法》规定了基本养老保险、基本医疗保险、失业保险的转移接续制度。

1)个人跨统筹地区就业的,其基本养老保险关系随本人转移,缴费年限累计计算。个人达到法定退休年龄时,基本养老金分段计算、统一支付。

2)个人跨统筹地区就业的,其基本医疗保险关系随本人转移,缴费年限累计计算。

3)职工跨统筹地区就业的,其失业保险关系随本人转移,缴费年限累计计算。

以上内容简而言之,社会保险具有以下两个特点:

1)农民工和城镇职工同样依法享有社会保险权利。社会保险不再是城镇职工的专利,而是城乡全体居民共同享有的社会福利。

2)社会保险具有强制性,任何单位不得以任何理由剥夺农民工享有社会保险的权利,否则社会保险征缴机构可依法采取强制措施。《社保法》规定:

①用人单位未按时足额缴纳社会保险费,经社会保险费征收机构责令其限期缴纳或者补足,逾期仍不缴纳或者补足的,社会保险费征收机构可以申请县级以上有关行政部门做出从用人单位存款账户中划拨社会保险费的决定,并书面通知其开户银行或者其他金融机构划拨社会保险费。

②用人单位账户余额少于应当缴纳的社会保险费的,社会保险费征收机构可以要求该用人单位提供担保,签订延期缴费协议。

③用人单位未足额缴纳社会保险费且未提供担保的,社会保险费征收机构可以申请人民法院扣押、查封、拍卖其价值相当于应当缴纳社会保险费的财产,以拍卖所得抵缴社会保险费。

需要特别说明的是,《社保法》从法律上破除了阻碍各类人才自由流动、劳动者在地区之间和城乡之间流动就业的制度性障碍,但同时基于我国社会保险体系建设正处在改革发展过程中,新情况、新问题不断出现,需要继续探索和实践,《社保法》也保持了必要的灵活性,做出了一些弹性的或授权性的规定,既为今后的制度完善和机制创新留出了空间,同时也表现为很多条款可操作性不强。随着《社保法》的出台,各级政府陆续出台了相关的规定和细则,企业及农民工都应及时了解所在地的社会保险的有关规定,保障企业和农民工的利益。

三、农民工工伤认定

进城务工的农民工多从事体力劳动,特别是建筑行业的农民工,极易发生工伤事故。工伤事故发生后如何进行鉴定,如何保障农民工的切身利益,2011 年 1 月 1 日,我国修改后的《工伤保险条例》有了明确的规定。

1. 工伤保险的覆盖范围

《工伤保险条例》第二条规定中华人民共和国境内的企业、事业单位、社会团体、民办非企业单位、基金会、律师事务所、会计师事务所等组织和有雇工的个体工商户(以下称用人单位)应当依照本条例规定参加工伤保险,为本单位全部职工或者雇工(以下称职工)缴纳工伤保险费。

中华人民共和国境内的企业、事业单位、社会团体、民办非企业单位、基金会、律师事务所、会计师事务所等组织的职工和个体工商户的雇工,均有依照本条例的规定享受工伤保险待遇的权利。

2. 工伤的认定

《工伤保险条例》第十四条规定职工有下列情形之一的,应当认定为工伤:

(1)在工作时间和工作场所内,因工作原因受到事故伤害的;

(2)工作时间前后在工作场所内,从事与工作有关的预备性或者收尾性工作受到事故伤害的;

(3)在工作时间和工作场所内,因履行工作职责受到暴力等意外伤害的;

(4)患职业病的;

(5)因工外出期间,由于工作原因受到伤害或者发生事故下落不明的;

(6)在上下班途中,受到非本人主要责任的交通事故或者城市轨道交通、客运轮渡、火车事故伤害的;

(7)法律、行政法规规定应当认定为工伤的其他情形。

第十五条规定职工有下列情形之一的,视同工伤:

(1)在工作时间和工作岗位,突发疾病死亡或者在 48 小时之内经抢救无效死亡的;

(2)在抢险救灾等维护国家利益、公共利益活动中受到伤害的；

(3)职工原在军队服役，因战、因公负伤致残，已取得革命伤残军人证，到用人单位后旧伤复发的。

但《工伤保险条例》第十六条也明确规定职工符合第十四条、第十五条的规定，但是有下列情形之一的，不得认定为工伤或者视同工伤：

(1)故意犯罪的；

(2)醉酒或者吸毒的；

(3)自残或者自杀的。

3. 工伤认定的申请流程

(1)工伤认定申请的时限

职工发生事故伤害或者按照职业病防治法规定被诊断、鉴定为职业病，所在单位应当自事故伤害发生之日或者被诊断、鉴定为职业病之日起30日内，向统筹地区社会保险行政部门提出工伤认定申请。遇有特殊情况，经报社会保险行政部门同意，申请时限可以适当延长。

用人单位未按前款规定提出工伤认定申请的，工伤职工或者其近亲属、工会组织在事故伤害发生之日或者被诊断、鉴定为职业病之日起1年内，可以直接向用人单位所在地统筹地区社会保险行政部门提出工伤认定申请。

(2)提出工伤认定申请需提交的材料

依据《工伤保险条例》第十八条规定，提出工伤认定申请应当提交下列材料：

1)工伤认定申请表；

2)与用人单位存在劳动关系(包括事实劳动关系)的证明材料；

3)医疗诊断证明或者职业病诊断证明书(或者职业病诊断鉴定书)。

工伤认定申请表应当包括事故发生的时间、地点、原因以及职工伤害程度等基本情况。

工伤认定申请人提供材料不完整的，社会保险行政部门应当一次性书面告知工伤认定申请人需要补正的全部材料。申请人按照书面告知要求补正材料后，社会保险行政部门应当受理。

(3)工伤认定受理

社会保险行政部门受理工伤认定申请后，根据审核需要可以对事故伤害进行调查核实，用人单位、职工、工会组织、医疗机构以及有关部门应当予以协助。职业病诊断和诊断争议的鉴定，依照职业病防治法的有关规定执行。对依法取得职业病诊断证明书或者职业病诊断鉴定书的，社会保险行政部门不再进行调查核实。职工或者其近亲属认为是工伤，用人单位不认为是工伤的，由用人单位承担举证责任。

社会保险行政部门应当自受理工伤认定申请之日起 60 日内做出工伤认定的决定，并书面通知申请工伤认定的职工或者其近亲属和该职工所在单位。

社会保险行政部门对受理的事实清楚、权利义务明确的工伤认定申请，应当在 15 日内做出工伤认定的决定。做出工伤认定决定需要以司法机关或者有关行政主管部门的结论为依据的，在司法机关或者有关行政主管部门尚未做出结论期间，做出工伤认定决定的时限中止。

社会保险行政部门工作人员与工伤认定申请人有利害关系的，应当回避。

4. 工伤保险待遇

《工伤保险条例》对工伤保险待遇规定如下：

第三十条　职工因工作遭受事故伤害或者患职业病进行治疗，享受工伤医疗待遇。

职工治疗工伤应当在签订服务协议的医疗机构就医，情况紧急时可以先到就近的医疗机构急救。

治疗工伤所需费用符合工伤保险诊疗项目目录、工伤保险药品目录、工伤保险住院服务标准的，从工伤保险基金支付。工伤保险诊疗项目目录、工伤保险药品目录、工伤保险住院服务标准，由国务院社会保险行政部门会同国务院卫生行政部门、食品药品监督管理部门等部门规定。

职工住院治疗工伤的伙食补助费，以及经医疗机构出具证明，报经办机构同意，工伤职工到统筹地区以外就医所需的交通、食宿费用从工伤保险基金支付，基金支付的具体标准由统筹地区人民政府规定。工伤职工到签订服务协议的医疗机构进行工伤康复的费用，符合规定的，从工伤保险基金支付。

第三十一条　社会保险行政部门做出认定为工伤的决定后发生行政复议、行政诉讼，行政复议和行政诉讼期间不停止支付工伤职工治疗工伤医疗费用。

第三十二条　工伤职工因日常生活或者就业需要，经劳动能力鉴定委员会确认，可以安装假肢、矫形器、假眼、假牙和配置轮椅等辅助器具，所需费用按照国家规定的标准从工伤保险基金支付。

第三十三条　职工因工作遭受事故伤害或者患职业病需要暂停工作接受工伤医疗的，在停工留薪期内，原工资福利待遇不变，由所在单位按月支付。

停工留薪期一般不超过 12 个月。伤情严重或者情况特殊，经设区的市级劳动能力鉴定委员会确认，可以适当延长，但延长不得超过 12 个月。工伤职工评定伤残等级后，停发原待遇，按照本章的有关规定享受伤残待遇。工伤职工在停工留薪期满后仍需治疗的，继续享受工伤医疗待遇。

生活不能自理的工伤职工在停工留薪期需要护理的，由所在单位负责。

第三十四条　工伤职工已经评定伤残等级并经劳动能力鉴定委员会确认需要生活护理的，从工伤保险基金按月支付生活护理费。

生活护理费按照生活完全不能自理、生活大部分不能自理或者生活部分不能自理3个不同等级支付，其标准分别为统筹地区上年度职工月平均工资的50％、40％或者30％。

第三十五条　职工因工致残被鉴定为一级至四级伤残的，保留劳动关系，退出工作岗位，享受以下待遇：

(1)从工伤保险基金按伤残等级支付一次性伤残补助金，标准为：一级伤残为27个月的本人工资，二级伤残为25个月的本人工资，三级伤残为23个月的本人工资，四级伤残为21个月的本人工资。

(2)从工伤保险基金按月支付伤残津贴，标准为：一级伤残为本人工资的90％，二级伤残为本人工资的85％，三级伤残为本人工资的80％，四级伤残为本人工资的75％。伤残津贴实际金额低于当地最低工资标准的，由工伤保险基金补足差额。

(3)工伤职工达到退休年龄并办理退休手续后，停发伤残津贴，按照国家有关规定享受基本养老保险待遇。基本养老保险待遇低于伤残津贴的，由工伤保险基金补足差额。

职工因工致残被鉴定为一级至四级伤残的，由用人单位和职工个人以伤残津贴为基数，缴纳基本医疗保险费。

第三十六条　职工因工致残被鉴定为五级、六级伤残的，享受以下待遇：

(1)从工伤保险基金按伤残等级支付一次性伤残补助金，标准为：五级伤残为18个月的本人工资，六级伤残为16个月的本人工资。

(2)保留与用人单位的劳动关系，由用人单位安排适当工作。难以安排工作的，由用人单位按月发给伤残津贴，标准为：五级伤残为本人工资的70％，六级伤残为本人工资的60％，并由用人单位按照规定为其缴纳应缴纳的各项社会保险费。伤残津贴实际金额低于当地最低工资标准的，由用人单位补足差额。

经工伤职工本人提出，该职工可以与用人单位解除或者终止劳动关系，由工伤保险基金支付一次性工伤医疗补助金，由用人单位支付一次性伤残就业补助金。一次性工伤医疗补助金和一次性伤残就业补助金的具体标准由省、自治区、直辖市人民政府规定。

第三十七条　职工因工致残被鉴定为七级至十级伤残的，享受以下待遇：

(1)从工伤保险基金按伤残等级支付一次性伤残补助金，标准为：七级伤残为13个月的本人工资，八级伤残为11个月的本人工资，九级伤残为9个月的本人工资，十级伤残为7个月的本人工资。

(2)劳动、聘用合同期满终止,或者职工本人提出解除劳动、聘用合同的,由工伤保险基金支付一次性工伤医疗补助金,由用人单位支付一次性伤残就业补助金。一次性工伤医疗补助金和一次性伤残就业补助金的具体标准由省、自治区、直辖市人民政府规定。

第三十八条　工伤职工工伤复发,确认需要治疗的,享受本条例第三十条、第三十二条和第三十三条规定的工伤待遇。

第三十九条　职工因工死亡,其近亲属按照下列规定从工伤保险基金领取丧葬补助金、供养亲属抚恤金和一次性工亡补助金:

(1)丧葬补助金为6个月的统筹地区上年度职工月平均工资。

(2)供养亲属抚恤金按照职工本人工资的一定比例发给由因工死亡职工生前提供主要生活来源、无劳动能力的亲属。标准为:配偶每月40%,其他亲属每人每月30%,孤寡老人或者孤儿每人每月在上述标准的基础上增加10%。核定的各供养亲属的抚恤金之和不应高于因工死亡职工生前的工资。供养亲属的具体范围由国务院社会保险行政部门规定。

(3)一次性工亡补助金标准为上一年度全国城镇居民人均可支配收入的20倍。

伤残职工在停工留薪期内因工伤导致死亡的,其近亲属享受本条第一款规定的待遇。一级至四级伤残职工在停工留薪期满后死亡的,其近亲属可以享受本条第一款第1项、第2项规定的待遇。

第四十条　伤残津贴、供养亲属抚恤金、生活护理费由统筹地区社会保险行政部门根据职工平均工资和生活费用变化等情况适时调整。调整办法由省、自治区、直辖市人民政府规定。

第四十一条　职工因工外出期间发生事故或者在抢险救灾中下落不明的,从事故发生当月起3个月内照发工资,从第4个月起停发工资,由工伤保险基金向其供养亲属按月支付供养亲属抚恤金。生活有困难的,可以预支一次性工亡补助金的50%。职工被人民法院宣告死亡的,按照本条例第三十九条职工因工死亡的规定处理。

企业应该及时了解国家最新的关于工伤赔偿的标准及规定,了解各自的责任和义务,并严格按照国家的工伤标准对职工进行赔偿和承担责任。同时职工一方面要避免工伤事故的出现,另一方面要了解相关法律,根据国家规定来维护自己的权利。

四、农民工的其他权益保护

《劳动合同法》第十七条规定,劳动合同除应必备劳动合同期限、劳动报酬、社会保险条款,还当必备工作内容和工作地点、工作时间和休息休假、劳动保护、劳动条件和职业防护条款。

1. 工作内容和工作地点

所谓工作内容，是指劳动法律关系所指向的对象，即劳动者具体从事什么种类或者内容的劳动，这里的工作内容是指工作岗位和工作任务或职责。这一条款是劳动合同的核心条款之一。它是用人单位使用劳动者的目的，也是劳动者通过自己的劳动取得劳动报酬的缘由。劳动合同中的工作内容条款应当规定得明确具体，便于遵照执行。如果劳动合同没有约定工作内容或约定的工作内容不明确，用人单位将可以自由支配劳动者，随意调整劳动者的工作岗位，难以发挥劳动者所长，也很难确定劳动者的劳动报酬，造成劳动关系的极不稳定，因此是必不可少的。工作地点是劳动合同的履行地，是劳动者从事劳动合同中所规定的工作内容的地点，它关系到劳动者的工作环境、生活环境以及劳动者的就业选择，劳动者有权在与用人单位建立劳动关系时知悉自己的工作地点。

2. 工作时间和休息休假

工作时间是指劳动时间在企业、事业、机关、团体等单位中，必须用来完成其所担负的工作任务的时间。一般由法律规定劳动者在一定时间内（工作日、工作周）应该完成的工作任务，以保证最有效地利用工作时间，不断的提高工作效率。劳动者与用人单位形成用工关系时应确定工作时间的长短、方式，比如是 8 小时工作制还是 6 小时工作制，是日班还是夜班，是正常工时还是实行不定时工作制，或者是综合计算工时制。在确定工作时间时，劳动者和用人单位都应对相关的法律法规有所了解。《劳动法》第四十一条规定，用人单位由于生产经营需要，经与工会和劳动者协商后可以延长工作时间，一般每日不得超过 1 小时；因特殊原因需要延长工作时间的，在保障劳动者身体健康的条件下延长工作时间每日不得超过 3 小时，但是每月不得超过 36 小时。因此，用人单位不得随意延长劳动者的工作时间或安排劳动者加班。即使是劳动者本人愿意，用人单位也不得违反法律法规的规定。休息休假是指企业、事业、机关、团体等单位的劳动者按规定不必进行工作，而自行支配的时间。休息休假的权利是每个国家的公民都应享受的权利。《劳动法》第三十八条规定，用人单位应当保证劳动者每周至少休息一日。

3. 劳动保护、劳动条件和职业危害防护

在劳动生产过程中，存在着各种不安全、不卫生因素，如不采取措施加以保护，将会发生工伤事故。建筑施工可能发生高空坠落、物体打击和碰撞等。劳动保护就是为了防止在劳动过程中发生安全事故，要求用人单位必须采取各种措施来保障劳动者的生命安全和健康。

《劳动法》明确规定：

第五十三条　劳动安全卫生设施必须符合国家规定的标准。

第五十六条　劳动者对用人单位管理人员违章指挥、强令冒险作业，有权拒绝执行；对危害生命安全和身体健康的行为，有权提出批评、检举和控告。

第九十三条　用人单位强令劳动者违章冒险作业，发生重大伤亡事故，造成严重后果的，对责任人员依法追究刑事责任。

职业危害是指用人单位的劳动者在职业活动中，因接触职业性有害因素如粉尘、放射性物质和其他有毒、有害物质等而对生命健康所引起的危害。根据《职业病防治法》第三十条的规定，用人单位与劳动者订立劳动合同时，应当将工作过程中可能产生的职业病危害及其后果、职业病防护措施和待遇等如实告知劳动者，并在劳动合同中写明，不得隐瞒或者欺骗。

职业病防治法中还规定了用人单位在职业病防护中的义务：用人单位应当为劳动者创造符合国家职业卫生标准和卫生要求的工作环境和条件，并采取措施保障劳动者获得职业卫生保护；应当建立、健全职业病防治责任制，加强对职业病防治的管理，提高职业病防治水平，对本单位产生的职业病危害承担责任；必须采用有效的职业病防护设施，并为劳动者提供个人使用的职业病防护用品；应当对劳动者进行上岗前的职业卫生培训和在岗期间的定期职业卫生培训，普及职业卫生知识，督促劳动者遵守职业病防治法律、法规、规章和操作规程，指导劳动者正确使用职业病防护设备和个人使用的职业病防护用品。

4. 女职工和未成年工特殊保护

(1)女职工的劳动保护

为了维护女职工的合法权益，解决女职工在劳动和工作中因生理特点造成的特殊困难，保护其健康。《劳动法》及《女职工保护规定》等法律法规明确规定，对女职工实行特殊劳动保护。对女职工进行特殊保护的内容有两个方面。

一是规定一定的禁忌劳动范围，即禁止安排女职工从事矿山、井下、国家规定的第四级体力劳动强度的劳动以及其他禁忌从事的劳动。

二是对女职工在“四期”(经期、孕期、生育期、哺乳期)提供特殊保护。对“四期”女职工实行的劳动保护主要包括：

1)不得安排女职工在经期从事高处、低温、冷水作业和国家规定的第三级体力劳动强度的劳动；

2)不得安排女职工在怀孕期间从事国家规定的第三级体力劳动强度的劳动和孕期禁忌从事的劳动。对怀孕七个月以上的女职工，不得安排其延长工作时间和夜班劳动；

3)女职工生育或流产都可以休产假，产假期间，工资照发；

4)不得安排女职工在哺乳未满一周岁的婴儿期间从事国家规定的第三级体力劳动强度的劳动和哺乳期禁忌从事的其他劳动,不得安排其延长工作时间和夜班劳动;

5)用人单位不得在女职工怀孕期、产期、哺乳期降低其基本工资。除《劳动合同法》规定的解除劳动合同的情形外,也不得解除劳动合同。劳动合同期满的,用人单位不得终止劳动合同,劳动合同的期限自动延长至孕期、产期和哺乳期期满为止。

(2)未成年工保护

《劳动法》规定,对未成年工实行特殊的劳动保护。未成年工是指年满十六周岁、未满十八周岁的劳动者。由于未成年工正处在身体发育的重要时期,因此对未成年工的保护主要是针对未成年工的特点以及接受义务教育的需要采取的特殊劳动保护措施。主要有以下几方面:

1)不得安排未成年工从事矿山井下、有毒有害、国家规定的第四级体力劳动强度的劳动和其他禁忌从事的劳动;

2)用人单位应当对未成年工定期进行健康检查。

第三节 农民工权益保护监督与保障

一、农民工合法权益未得到保障的主要原因

农民工的合法权益受损状况反映了目前我国农民工合法权益保障中存在的突出问题,农民工合法权益受到损害的原因,有以下几个方面:

(1)一些有关部门对农民工合法权益问题认识模糊,只知道他们受《宪法》的保护,付出劳动应该获取报酬,对于农民工的其他权利不甚了解,履行职责时互相推诿,未形成合力。

(2)用人单位重效益轻安全的思想严重。有的用人单位法律意识淡薄,只顾生产经营,最大限度地追求经济效益,不进行安全生产设施、设备投入,劳动工作条件较差,农民工的身体健康得不到应有的劳动保护,发生了安全生产事故,又得不到及时医治,给社会和家庭留下许多隐患。

(3)农民工自身的维权意识和能力弱。部分农民工自身素质较低,无文化、无技术,择业困难,有的农民工长期从事有毒、有害、采矿、建筑等高危工作,安全事故频繁,由于自己对劳动保障法律法规知之甚少,缺乏自我防范意识,不知道怎样用法律武器来保护自己。

(4)地方保护主义思想严重。近年来,各地相当一部分民营企业、外资企业

都是通过招商引资来的，为了留住企业，发展地方经济，一些地方罔顾国家法律法规，为不依法用工的企业大开方便之门，或把依法监察误解为是影响招商引资环境，不准劳动保障部门到企业进行劳动保障法律法规宣传和依法实施监察。

（5）劳动保障监察机构、人员、经费未得到有效落实。由于人员编制、业务经费没有到位，部分地方的劳动保障监察机构没有专职人员，致使监察工作难以开展。加之缺乏强有力的行政执法手段，目前的劳动保障监察执法工作基本上是处于被动式“监察”，没有起到事中监察和主动监察的作用，更没有起到维护外出务工农民合法权益的职能作用。

二、保护农民工合法权益的主要措施

农民工合法权益受到侵害是多方面因素综合作用的结果。因此，农民工合法权益的保护与监管也是一项系统工程，需要从多方面入手，致力于建立全方位的保护体系。

1. 加强立法，进一步完善现有的法律法规

制订和完善针对保护“农民工”合法权益的有关法律、法规，建立起劳动者工资支付责任制和欠薪预警制度等劳动权益保障制度，解决企业拖欠、拒发、克扣农民工工资的行为。劳动执法部门可依法对那些可能发生欠薪的用人单位向农民工发出预警信号，警示他们不要到这些企业就业，并可出台相应的处置办法，从而对那些随意拖欠、拒发、克扣农民工工资的行为从立法上加以制止，维护农民工的劳动报酬权。

2. 加大劳动执法力度，保证劳动者应享有的基本劳动权利得到落实

对农民工工资拖欠问题定期进行严格的监察，既要解决旧的拖欠，又要防止新的拖欠。对一些存在克扣农民工工资问题以及工时过长、不支付加班工资和劳动环境恶劣等问题的企业加强监察。通过广泛推行企业工资集体协商制度，并安排农民工参与其中，使农民工获得平等的对话权利，从制度上保证农民工工资增长的合法权益，保证农民工享有企业效益增长的成果。在小企业多、农民工集中的地区、行业建立集体合同制度。在具备条件的城镇，地方工会和行业工会可以代表农民工与相关用人单位签订集体合同，从总体上维护农民工的合法权益。

3. 针对农民工的特点，制定可行的社会保险政策

当前，社会保险分为养老、失业、医疗、工伤、生育保险5大类，对于农民工应参加何种保险，农民工是否与城镇就业人员享受同等社会保险待遇，参保费用和险种是否与城镇企业和个体工商户一样等问题，都应作明确的规定。从目前的情况看，对于农民工，要把几种保险都全保，不可能一下子实现，应分步实施，可将人身意外保险列为强制性保险放在第一位考虑，最后实现社会保险全覆盖。

4. 完善劳动用工合同制度

所有用人单位必须与农民工签订劳动用工合同。根据目前情况，农民工临时性、流动性大，特别是短期用工大多是口头协议，形成了事实上的劳动关系，他们的劳动报酬、福利、人身安全也很难得到保障。为此应制定切实可行的地方法规和政策措施，如失地农民工、长期农民工（在一个单位做工1年以上的）、短期农民工（在一个单位做工1年以下的）分别应怎样建立劳动关系，应得到何种保护和保障，都应该有明确的规定。

5. 加强农民工培训，提高农民工素质

农民工常年在外，大多是在过年或农忙期间回乡，在劳务输出地参加技术培训者寥寥无几，国家应在农民工需求地建立农民工培训基地，讲授业务技能和维权知识。同时，整合职业教育资源，特别是要加快民办职业教育的发展。中西部地区职业教育应把农民工作为重要对象，政府对解决农民工问题的投入主要体现在组织对农民工的职业培训上。加快实现“先培训、后就业，持证上岗”的要求，坚决杜绝“不培训就输出”的现象。

6. 完善劳动争议机制

为使农民工的劳动权益得到有效保护，应对现行劳动争议的司法制度进行不断完善。对于劳动争议处理的程序的改革，重在简捷和快速，以方便农民工。

三、权益保护的监督检查

《劳动保障监察条例》第三条规定，国务院劳动保障行政部门主管全国的劳动保障监察工作。

《劳动合同法》第七十三条规定，国务院劳动行政部门负责全国劳动合同制度实施的监督管理。

《劳动合同法》第七十四条规定，县级以上地方人民政府劳动行政部门依法对下列实施劳动合同制度的情况进行监督检查：

（1）用人单位制定直接涉及劳动者切身利益的规章制度及其执行的情况；

（2）用人单位与劳动者订立和解除劳动合同的情况；

（3）劳务派遣单位和用工单位遵守劳务派遣有关规定的情况；

（4）用人单位遵守国家关于劳动者工作时间和休息休假规定的情况；

（5）用人单位支付劳动合同约定的劳动报酬和执行最低工资标准的情况；

（6）用人单位参加各项社会保险和缴纳社会保险费的情况；

(7)法律、法规规定的其他劳动监察事项。

因此,依据《劳动合同法》和《劳动保障监察条例》等规定,当劳动者认为用人单位侵犯其劳动保障合法权益的有权向劳动保障行政部门投诉。可以投诉的事项包括:

(1)用人单位违反录用和招聘职工规定的。如招用童工、收取风险抵押金、扣押身份证件等;

(2)用人单位违反劳动合同规定的。如拒不签订劳动合同、违法解除劳动合同、解除合同不按国家规定支付经济补偿金、国有企业终止劳动合同后不按规定支付生活补助费等;

(3)用人单位违反女职工和未成年工特殊劳动保护规定的。如安排女职工和未成年工从事国家规定的禁忌劳动,未对未成年工进行健康检查等;

(4)用人单位违反工作时间和休假规定的。如超时加班加点、强迫加班加点、不依法安排劳动者休假等;

(5)用人单位违反工资支付规定的。如克扣或无故拖欠工资、拒不支付加班加点工资、拒不遵守最低工资保障制度规定等;

(6)用人单位制定的劳动规章制度违反法律法规规定的。如用人单位规定农民工不参加工伤保险、工伤责任由农民工自负等;

(7)用人单位违反社会保险规定的。如不依法为农民工参加社会保险和缴纳社会保险费,不依法支付工伤保险待遇等;

(8)未经工商部门登记的非法用工主体违反劳动保障法律法规、侵害农民工合法权益的;

(9)职业中介机构违反职业中介有关规定的。如提供虚假信息、违法乱收费等;

(10)从事劳动能力鉴定的组织或者个人违反劳动能力鉴定规定的。如提供虚假鉴定意见、提供虚假诊断证明、收受当事人财物等;

(11)劳动者认为用人单位等侵犯其他劳动保障合法权益的。

但实践中很多劳动者发生上述权益侵害时,并不知道如何投诉。首先劳动者应当向对自己所在企业依法有管辖权的劳动保障行政部门举报。如果向没有管辖权的部门举报,不仅浪费自己的时间和精力,而且会导致自己的合法权益不能及时得到维护。劳动者举报时应遵循下列程序:

(1)举报

劳动者举报劳动保障违法行为时,首先要通过向劳动保障部门咨询的途径了解清楚应当向哪一个劳动保障部门(具体由劳动保障监察机构承办)举报。《处理举报劳动违法行为规定》规定,地方各级劳动保障行政部门受理举报的管辖范围，由省级劳动保障行政部门依法规定。劳动者举报违法行为，可以电话举报、写信举报，也可以当面口述举报。劳动保障行政部门接到举报，应当如实记录、登记，并为举报人保密。

(2)登记立案

劳动保障行政部门对发现的违法行为，经过审查，认为有违法事实、需要依法追究的，应当登记立案。符合规定的举报，应当在7日内立案受理。举报人要求告知举报的受理结果的，劳动保障行政部门应当通知该举报人。劳动保障部门没有在7日内立案受理的，或者没有按要求告知举报的受理结果的，或者举报人对结果有异议的，可以依法申请行政复议或者提起行政诉讼。

(3)调查取证

劳动保障部门对已立案的案件，应当及时组织调查取证。劳动保障监察机构及监察员根据工作需要，可以随时进入有关单位进行检查；在必要时可向单位或劳动者下达《劳动保障监察询问通知书》或《劳动保障监察指令书》，并要求在收到该《通知书》或《指令书》之日起10日内据实向劳动保障监察机构做出书面答复；可以调阅(查阅)或复制被检查单位的有关资料，询问有关人员。

(4)处理

在调查取证后，发现用人单位确实存在劳动保障违法行为的，劳动保障部门可以根据情况做出以下处理：

1)对用人单位违反劳动法律法规，侵害劳动者权益的行为，劳动保障行政部门应依照《劳动合同法》《劳动监察规定》等规定做出相应行政处理决定，并下达《行政处理决定书》；

2)用人单位有违法行为，且违法行为轻微并能及时改正的，劳动保障行政部门应口头责令其改正，对立即改正有困难的，应下达《劳动监察限期改正指令书》，责令其限期改正；

3)用人单位实施了法律法规明确规定应给予行政处罚的违法行为，劳动保障监察部门应依照《行政处罚法》和劳动合同法对用人单位做出行政处罚决定，并下达《行政处罚决定书》。

(5)送达

劳动保障行政部门应在处理决定做出之日起7日内，将处罚决定书送达当事人。处罚决定书自送达之日起生效。

对用人单位不服行政处理决定和行政处罚决定，在法定期限内不申请行政复议或不起诉又不履行的，劳动保障行政部门可根据最高人民法院的有关规定，申请人民法院强制执行。

第十章　劳务统计和劳务资料管理

第一节　劳务管理资料收集、整理

一、劳务管理资料的种类与内容

1. 总承包企业管理资料和基本内容

(1)劳务分包合同

1)劳务分包合同应当由双方企业法定代表人或授权委托人签字并加盖企业公章，不得使用分公司、项目经理部印章；

2)劳务分包合同不得包括大型机械、周转性材料租赁和主要材料采购内容；

3)发包人、承包人约定劳务分包合同价款计算方式时，不得采用“暂估价”方式约定合同总价。

(2)中标通知书和新队伍引进考核表，项目部劳务员必须按照下述规定，保存好中标通知书和新队伍引进考核表备查：

1)单项工程劳务合同估算价 50 万以上的须进行招投标选择队伍；

2)劳务企业、作业队伍引进须进行项目推荐、公司考察、综合评价和集团公司审批手续。

(3)劳务费结算台账和支付凭证

劳务费结算台账和支付凭证是反映总承包方是否按规定及时结算和支付分包方劳务费的依据，也是检查分包企业劳务作业人员能否按时发放工资的依据：

1)承包人完成劳务分包合同约定的劳务作业内容后，发包人应当在 3 日内组织承包人对劳务作业进行验收；验收合格后，承包人应当及时向发包人递交书面结算资料，发包人应当自收到结算资料之日起 28 日内完成审核并书面答复承包人；逾期不答复的，视为发包人同意承包人提交的结算资料；双方的结算程序完成后，发包人应当自结算完成之日 28 日内支付全部结算价款；

2)发包人、承包人就同一劳务作业内容另行订立的劳务分包合同与经备案的劳务分包合同实质性内容不一致的，应当以备案的劳务分包合同作为结算劳务分包合同价款的依据。

(4)人员增减台账

项目部劳务管理人员根据分包企业现场实际人员变动情况登记造册，是保证进入现场分包人员接受安全教育、持证上岗、合法用工的基础管理工作，必须每日完成人员动态管理，建安施工企业、项目经理部应当按照“八统一”标准做好施工人员实名管理。

(5)农民工夜校资料

总承包单位必须建立“农民工夜校”，将农民工教育培训工作纳入企业教育管理体系，其管理资料有：

1)“农民工夜校”组织机构及人员名单；

2)“农民工夜校”管理制度；

3)农民工教育师资队伍名录及证书、证明；

4)“农民工夜校”培训记录。

(6)日常检查记录

1)项目部劳务员对分包方进场人员日常检查记录，是判定分包方该项目实际使用人员与非实际使用人员的重要资料；

2)各项目经理部日常用工检查制度和劳务例会记录。

(7)劳务作业队伍考评表

1)《劳务作业队伍考评表》；

2)对作业队伍相关月度检查、季度考核、年度评价，分级评价的相关资料及报表。

(8)突发事件应急预案

1)项目部突发事件应急预案；

2)定期检测、评估、监控及相应措施的资料记录。

(9)总承包企业和二级公司管理文件汇编

(10)劳务员岗位证书

(11)行业和企业对劳务企业和施工作业队的综合评价资料

2. 分包企业管理资料和基本内容

(1)劳务作业人员花名册和身份证明

1)劳务分包企业提供的进入施工现场人员花名册，是总承包单位掌控进场作业人员自然情况的重要材料。花名册必须包含姓名、籍贯、年龄、身份证号码、岗位证书编号、工种等重要信息。花名册也是总承包方在处理分包方劳务纠纷时识别是否参与发包工程施工作业的依据。因此，劳务员必须将分包企业人员花名册和身份证明作为重要文件收集保管；

2)劳务分包企业提供的进入施工现场人员花名册，必须由分包企业审核盖章，必须由分包企业所属省建管处审核盖章，必须由当地建设主管部门审核盖章，必须与现场作业人员实名相符；

3)《劳动合同法》第七条规定，用人单位自用工之日起即与劳动者建立劳动关系。用人单位应当建立职工名册备查。

(2)劳务作业人员劳动合同

1)在处理大量的劳动纠纷过程中，分包企业是否与所使用农民工签订劳动合同，是解决纠纷的重要保障。凡是未与农民工签订劳动合同的纠纷，往往在工资分配、劳动时间、医疗保险、工伤死亡等方面难以有效辨别责任，也是纠纷激化的主要原因；

2)《劳动合同法》第十条规定，建立劳动关系，应当订立书面劳动合同。已建立劳动关系，未同时订立书面劳动合同的，应当自用工之日起一个月内订立书面劳动合同；

3)项目经理部要监督劳务企业与作业人员签订《劳动合同》。

(3)劳务作业人员工资表和考勤表

1)劳务作业人员工资表和考勤表，是劳务分包企业进场作业人员实际发生作业行为工资分配的证明，也是总承包单位协助劳务分包企业处理劳务纠纷的依据。因此，劳务作业人员工资表和考勤表应该作为劳务管理重要资料存档备查。

2)《北京市建筑施工企业劳动用工和工资支付管理暂行规定》第十二条规定，建筑施工企业应当对劳动者出勤情况进行记录，作为发放工资的依据，并按照工资支付周期编制工资支付表，不得伪造、变造、隐匿、销毁出勤记录和工资支付表。

(4)施工作业人员岗位技能证书

(5)施工队长备案手册

劳务企业在承揽劳务分包工程时，应当向劳务发包企业提供《建筑业企业档案管理手册》(以下简称《手册》)，《手册》中应当包括拟承担该劳务分包工程施工队长的有关信息。劳务企业也可自愿到建设行政主管部门领取《建筑业企业劳务施工队长证书》。劳务发包企业不得允许《手册》中未记录的劳务企业施工队长进场施工。

(6)劳务分包合同及劳务作业人员备案证明

1)劳务分包合同备案证和劳务作业人员备案证是建设行政主管部门和总承包企业对总承包单位发包分包工程及进场作业人员的管理证明，凡是未办理合同备案和人员备案的分包工程及人员，均属违法分包和非法用工。

2)发包人应当在劳务分包合同订立后 7 日内，到建设行政主管部门办理劳务分包合同及在京施工人员备案。

(7)劳务员岗位证书

劳务员岗位证书是总承包单位和劳务分包企业施工现场劳务管理岗位人员经培训上岗从事劳务管理工作的证明。各项目部必须按照建设行政主管部门和总承包企业要求设置专兼职劳务员，经培训持证上岗。

(8)行业和企业对劳务企业和施工作业队的信用评价资料

1)建筑行业劳务企业施工作业队伍信用评价等级名录；

2)行业协会颁发的《建筑业施工作业队信用等级证书》。

二、劳务资料管理

1. 总承包企业各单位劳务管理部门是劳务档案资料的职能管理部门，应配备档案管理人员。

2. 在劳务管理工作中形成的各项资料，应由档案人员按各类档案归档范围的要求做好日常的收集、整理、保管工作。

日常的收集整理包括：建立“五个档案盒”，分别为《工程资料管理》《总包单位管理》《劳务分包单位管理》《劳务人员管理》和《劳务人员工资管理》。

(1)工程资料管理档案盒，档案盒内目录与具体内容要求见表10-1。

表10-1　工程资料管理

序号	档案盒内目录	具体内容要求
1	工程团体人身伤害保险	从安全报监中复印存档
2	上级主管部门及公司例行检查记录及整改措施	公司月检及季度评分资料、上级主管部门检查资料及整改回执，存档备查
3	项目部对分包方例行检查记录及整改措施	项目周检中应包含劳务检查内容，将周检资料存档
4	项目劳务月报	报公司的劳务月报

(2)总包单位管理档案盒，档案盒内目录与具体内容要求见表10-2。

表10-2　总包单位管理

序号	档案盒内目录	具体内容要求
1	总包单位管理	存放总包单位的资质等整套资料(包括总包企业营业执照、税务登记证、资质证书、安全生产许可证、外地企业信用登记证，每证加盖公章)及总包合同
2	现场管理人员花名册	现场实际管理人员花名册
3	现场管理人员上岗证	现场实际管理人员上岗证
4	现场管理人员劳动合同、社保	现场实际管理人员的劳动合同及社保(加盖公章)(人力资源)
5	现场管理人员身份证复印件	现场实际管理人员身份证复印件(人力资源)
6	现场管理人员考勤	现场实际管理人员考勤
7	其他	分包款拨付证明等

(3)劳务分包单位管理档案盒,档案盒内目录与具体内容要求见表 10-3。

表 10-3 劳务分包单位管理

序号	档案盒内目录	具体内容要求
1	劳务分包登记表、劳务分包公示牌	劳务分包登记表为监理单位对劳务分包单位的认可证明,此表须加盖劳务单位、总包单位、监理或甲方公章,劳务分包公示牌,应有监理单位填写,内容工整齐全
2	劳务分包单位资料	存放分包单位的资质等整套资料[包括分包企业营业执照、税务登记证、资质证书、安全生产许可证、法人证明书(法人授权委托书)、外地企业信用登记证,每证加盖公章]及劳务分包合同
3	劳务分包管理人员管理	分包管理人员花名册 身份证复印件存档 劳动合同——劳务公司与管理人员签订的合同(应有劳务公司法人签字),劳动合同加盖劳务公司公章 社保——劳务公司为其管理人员所投社保证明复印件加盖公章存档 管理人员(五大员)岗位证书原件、复印件盖公章存档 劳务工长证书原件存档,数量不足应及时办理

(4)劳务人员管理档案盒,档案盒内目录与具体内容要求见表 10-4。

表 10-4 劳务人员管理

序号	档案盒内目录	具体内容要求
1	劳务人员花名册登记	劳务人员花名册登记表
2	劳动合同、身份证	劳动合同须 100%签订一式三份,(分包单位须盖公章,委托代理人签字,农民工签字摁手印),身份证复印件存档
3	持证上岗管理、考勤记录管理	上岗证办理(100%办理),考勤表格
4	宿舍信息卡	宿舍信息书(标准化示范工地)

(5)劳务人员工资管理档案盒,档案盒内目录与具体内容要求,见表 10-5。

表 10-5 劳务人员工资管理

序号	档案盒内目录	具体内容要求
1	农民工工资管理制度	发放制度、监控制度、应急预案(建立公司级及项目部级)
2	总、分包企业及项目部清欠机构电话公示	应将总、分包企业及项目部清欠机构电话进行公示

（续）

序号	档案盒内目录	具体内容要求
3	月度农民工工资结算	月度农民工工资结算
4	工资发放表	工资发放表（工资发放表须附“银行返盘文件”）
5	个人工资台账	个人工资台账
6	退场工资结算	退场工资结算
7	农民工工资公示	公示加盖劳务公司公章的“银行返盘文件”；无返盘文件，公示工资发放表

第二节　劳务管理资料档案编制

一、劳务管理资料档案编制要求

1. 劳务资料必须真实准确，与实际情况相符。资料尽量使用原件，为复印件时需注明原件存放位置。

2. 劳务资料要保证字迹清晰、图样清晰，表格整洁，签字盖章手续完备，打印版的资料，签名栏需手签，照片采用照片档案相册管理，要求图像清晰，文字说明准确。

3. 归档的资料要求配有档案目录，档案资料必须真实、有效、完整。

4. 按照“一案一卷”的档案资料管理原则进行规范整理，按照形成规律和特点，区别不同价值，便于保管和利用。

二、劳务管理资料档案保管

1. 劳务管理资料档案最低保存年限：合同协议类 8 年，文件记录类 8 年，劳务费发放类 8 年，统计报表类 5 年。

2. 档案柜架摆放要科学和便于查找。要定期进行档案的清理核对工作，做到账物相符，对破损或变质的档案要及时进行修补和复制。

3. 要定期对保管期限已满的档案进行鉴定，准确地判定档案的存毁。档案的鉴定工作，应在档案分管负责人的领导下，由相关业务人员组成鉴定小组，对确无保存价值的档案提出销毁意见，进行登记造册，经主管领导审批后销毁。

4. 档案管理人员要认真做好劳务档案的归档工作。劳务档案现代化管理应与企业信息化建设同步发展，列入办公自动化系统并同步进行，不断提高档案管理水平。

5. 档案资料应使用统一规格的文件盒、文件夹进行管理保存。